미나모토노 요리토모

하야시 이사무 지음
박현석 옮김

玄人

미나모토노 요리토모
源 頼朝

하야시 이사무
林 勇

* 일러두기

1. 이 책의 내용 중 일부는 출판사의 견해와 다름을 밝혀둔다.
2. 이해의 편의를 돕기 위해 본문의 내용 뒤에 작은 글씨를 덧붙여 가능한 한 많은 정보를 줄 수 있도록 노력했다.
3. 본문 속 일본어 표기의 경우 'か'와 'た' 계열의 글이 어두에 올 때도 원래의 발음을 살려 'ㅋ', 'ㅌ' 등으로 표기하였다.

    예) 교토→쿄토 / 도쿄→토쿄 / 지바→치바

4. 일본어의 '大'가 '오'로 발음되는 경우, 장음을 살려서 '오오'로 표기하였다.

    예) 오사카→오오사카

5. 한자를 일본어로 읽은 경우에는 ( ) 안에 넣었으며, 우리말로 읽은 경우에는 [ ] 안에 넣어 표기했다.
6. 본문 속 단위환산은 대략적인 수치다.
7. 인명 및 지명, 사건 등에 여러 가지 설이 존재하여 다른 책과 차이가 있을 수 있으나 되도록 원서에 따랐으며, 명백히 오류라고 인정되는 부분만 손보았다. 또한 역사적 사실과는 달리 후대에 만들어진 일화도 수록되어 있으나 대부분 생략하지 않고 원서에 있는 대로 번역하여 실었다.
8. 일본의 관직은 4등급으로 나뉘어 있었는데 대체로 장관을 '카미', 차관을 '스케', 삼등관을 '조', 사등관을 '사칸'이라고 했다. 예를 들어 '사마노카미'는 사마라는 관청의 장관을 말하며, '카즈사노스케'는 카즈사라는 지방의 차관을 말한다. 일본의 역사에서는 이러한 관직명이 사람의 호칭으로 쓰이는 경우가 매우 흔해서 읽는 이를 혼란스럽게 한다. 이에 그 관직명이 조정이나 무가의 관직일 때에는 뒤에 (관)을 붙여 나타내고, 지역명일 때에는 (지)를 붙여 나타냈다. 위 예의 양 명칭에 공통적으로 들어가는 일본어 '노'는 우리말의 소유격인 '의'와 같은 뜻임도 아울러 밝혀둔다.

목 차

서

제1장 은혜를 중히 여기는 토고쿠(東国) 무사 _ 13

제2장 참패를 맛본 겐지의 후손
    (1) 호겐의 난 _ 23
    (2) 헤이지의 난 _ 27
    (3) 뺨을 맞은 노부요리 _ 35
    (4) 아오하카의 눈 속의 집 _ 40
    (5) 바람 차가운 노마에서의 신년 _ 49

제3장 어린 무사 요리토모 _ 57

제4장 유배자 요리토모
    (1) 머리카락을 아끼시기 바랍니다 _ 75
    (2) 신불[神佛]을 섬기며 _ 80
    (3) 오쿠노의 사냥터 _ 84
    (4) 무자비한 이토 스케치카 _ 87
    (5) 요리토모, 마사코를 아내로 삼다 _ 92
    (6) 몬가쿠 상인 _ 95

제5장 헤이케 토멸의 효종 _ 99

제6장 승려가 될 수 없었던 요리토모

  (1) 새싹 향기로운 마을에 내린 영지 _ 113

  (2) 밤에 몰아친 야마키의 폭풍 _ 120

  (3) 요리토모 가신을 불러모으다 _ 127

제7장 이시바시야마에서의 패전

  (1) 용감한 요이치의 충의 _ 133

  (2) 카지와라 카게토키의 공명 _ 141

  (3) 요리토모, 하코네로 달아나다 _ 145

  (4) 요리토모, 보소 반도로 _ 147

제8장 백기 나부끼는 칸토 8개 주 _ 153

제9장 요리토모의 세력과 조정

  (1) 기둥이 썩기 시작한 헤이케 일문 _ 173

  (2) 백기 펄럭이는 카모가와 둑 _ 177

  (3) 법황, 요리토모를 부르다 _ 180

  (4) 요시나카의 말로 _ 187

제10장 카마쿠라를 떠나지 않고 천하를 평정한 요리토모

  (1) 요시쓰네, 가신 대우를 받다 _ 193

  (2) 다이칸 요시쓰네의 전공 ① _ 197

  (3) 요리토모와 무사의 절도 ① _ 201

  (4) 다이칸 요시쓰네의 전공 ② _ 208

(5) 요리토모와 무사의 절도 ② _ 215

(6) 요리토모와 요시쓰네와 카게토키 _ 219

(7) 요리토모와 요시쓰네와 유키이에 _ 226

(8) 각 지방에 슈고, 장원에 지토 _ 238

(9) 야스히라, 요시쓰네를 주살하다 _ 243

제11장 오슈 정벌 _ 257

제12장 세이이타이쇼군 미나모토노 요리토모

(1) 요리토모의 쿄토 입성 ① _ 279

(2) 후지에서의 사냥 _ 285

(3) 카바노카자 노리요리의 최후 _ 291

(4) 요리토모의 쿄토 입성 ② _ 296

(5) 카마쿠라 막부 _ 300

(6) 슈고와 지토 _ 303

(7) 우다이쇼 요리토모의 죽음 _ 307

제13장 인기를 얻지 못한 요리토모 _ 311

제14장 요리토모의 일화

(1) 민력의 휴양 _ 325

(2) 요리토모의 효행 _ 329

(3) 화미함을 경계한 요리토모 _ 331

(4) 재능을 갖춘 인재 _ 333

(5) 무네모리와 요리토모 _ 335

서

 오래 전부터 요리토모의 전기를 써보고 싶었다. 거기에는 대략 두 가지 이유가 있었다.

 그 하나는, 13세에 부모형제와 헤어진 이른바 고아가 마침내는 천하의 커다란 인물이 된, 그 기구한 운명의 요리토모를 써보고 싶었기 때문이었다. 다른 하나의 이유는, 요리토모가 세상 사람들에게 미움의 대상이 된 것에 대한 변명을 해보고 싶었기 때문이었다.

 참수당했어야 할 요리토모가 참수당하지 않고 목숨을 건진 것도 신기한 일이지만, 이케노아마[1]의 애정 어린 마음에 감동하여 승려가 되려 했던 그가 결국에는 승려가 되지 못하고 타이쇼군(大将軍)이 된 것은 더욱 신기한 일이다. 승려와 타이쇼군, 아무리 생각해봐도 신기한 일이 아닐 수 없다.

 승려가 되어야겠다고 마음먹은 것도 사실은 세상을 떠난 부모님과 목숨을 바친 망신[亡臣]들의 명복을 빌기 위해서였다. 그리고 실제로 20년이라는 오랜 세월 동안 신을 모시고 부처님을 섬겨왔다.

---

1) 池の尼(1104?~1164?). 타이라노 키요모리의 아버지인 타다모리의 정실이었던 이케노젠니를 말한다. 자세한 내용은 후술.

그런데 그 사이에 일어난 일신상의 변화와, 그의 선조들에게서 은혜를 입어온 케닌2)들의 권유와, 헤이케3)의 횡포 때문에 빚어진 천하의 형세로 인하여 끝내는 승려가 되지 못하고 타이쇼군이 된 것이다.

게다가 칸토4)의 구석진 시골에서 자란 요리토모가 당시의 문명인이었던 헤이케를 멸망시킨 뒤 쿄토(京都)에 자리 잡지 않고 끝끝내 카마쿠라(鎌倉)에 머무른 것은, 그때까지 없었던 방법이었으며, 또 일본의 문명 위에도 각별한 파문을 던진 방법이었다.

이런 사실을 생각한다면 요시쓰네5)를 살해했다며 요리토모를 미워하던 사람들에게도 또 다른 시점이 생겨날 것이라 여겨진다. 이 서문을 쓰려 한 날의 신문에서 토쿠토미 소호(德富 蘇峯) 선생이 한 다음과 같은 말이 나의 생각을 더욱 굳건한 것으로 만들어주었다.

〈무릇 세상에서 요리토모만큼 오해를 받고 있는 사람도 드물다. 그 주요한 이유 가운데 하나는 이른바 호간비이키6)의 유행이 안티 요리토모의 경향을 고취해온 데 있다. 그러나 요리토모는

---

2) 家人. 귀족이나 무사집단의 통솔자에 예속된 사무라이. 막부 등장 이후에는 쇼군 직속의 무사를 일컬었다. 이하 가신으로 표기.
3) 平家. 미나모토(源) 씨와 대립했던 타이라(平) 씨 집안을 말한다. 타이라 씨는 헤이시(平氏)라고 부르기도 한다. 마찬가지로 미나모토 씨는 겐지(源氏)라고 부르기도 하며, 그 집안은 겐케(源家)라고 부르기도 한다.
4) 関東. 지금의 토쿄와 사이타마·군마·토치기·이바라키·치바 현으로 이루어진 지방.
5) 미나모토노 요시쓰네(源 義経, 1159~1189). 요리토모의 이복동생으로 형의 거병에 절대적인 공헌을 했으나, 이후 형과 대립하여 목숨을 잃고 말았다. 자세한 내용은 후술.
6) 判官贔屓. 요시쓰네를 객관적인 시선으로 바라보지 못하고 동정과 애석한 마음으로 바라보는 것을 말한다. 전하여 약자의 편을 드는 마음을 뜻하기도 한다.

참으로 다정다감한 영웅이었다. 그는 결코 피도 눈물도 없는 냉혈귀가 아니었다.

요리토모는 정치가였다. 정치가였던 그는 사사로운 감정에 사로잡힐 수 없었다. 그는 정치가의 입장에서 꽤나 매정한 행동까지 굳이 했다. 그러나 같은 정치가라 할지라도 요리토모는 이에야스[7)]에 비하자면 오히려 훨씬 더 인간미 넘치는 사람이었다. 아니, 때에 따라서는 지나치게 인간적인 경우도 있었을 정도였다.〉

단, 뜻만은 가득하나 나의 힘이 부족하여 충분한 결과를 얻지 못했다는 사실이 부끄러울 따름이다.

역사를 살펴보면 요리토모는 53세에 세상을 떠났다. 그렇다면 그가 세상에 나와서 활동한 시간은 20년인 셈이다. 그 사이에 그런 커다란 대업을 잘도 이루어냈다고 놀라지 않을 수 없다. 이 책은 가능한 한 쉽게 쓰려 노력했기에 복잡한 논의에 대해서는 다루지 않았다. 요리토모에 대한 평가는 독자 여러분의 몫으로 남겨두겠다.

---

7) 도쿠가와 이에야스(德川 家康, 1542~1616). 혼란스러웠던 전국시대에 오다 노부나가·토요토미 히데요시의 뒤를 이어 패권을 쥐었으며, 에도 막부의 초대 쇼군이 되었다. 자세한 내용은 『(인물과 사건으로 읽는 일본, 칼의 역사) 도쿠가와 이에야스』(2023.1. 현인)를 참고하시기 바란다.

제1장 은혜를 중히 여기는 토고쿠(東国) 무사

반도8)의 무사라고 하면 질박한 복장에 안장도 얹지 않은 말을 타고 자유롭게 돌아다니는 시골무사가 떠오른다. 실제로 간소한 생활, 말 위의 용사는 토고쿠 무사의 모습을 말해주는 것이다. 반도 무사가 은의[恩誼]에 두텁고 의리를 중히 여겼다는 점을 생각하면, 그 아름답고 강인한 그들의 마음에 감탄하지 않을 수 없다. 돌아보면 이러한 성정이야말로 요리토모로 하여금 대업을 이루게 한 커다란 힘이었다. 요리토모가 제아무리 훌륭하다 할지라도 토고쿠 무사의 이러한 마음에 둘러싸이지 않았다면 혼자서는 도저히 대업을 이룰 수 없었을 것이다.

생각해보기 바란다. 헤이지의 난9)에서 패한 요시토모10)는 한때의 목숨을 토고쿠에서 구하려 하지 않았는가. 그 토고쿠야말로

---

8) 坂東. 칸토 지방을 일컫는 말. 이번 장의 제목에 있는 토고쿠도 역시 칸토 지방을 일컫는 다른 말이다.
9) 平治の乱. 헤이지 원년(1159)에 쿄토에서 일어난 내란. 후지와라노 미치노리와 손을 잡고 세력을 키운 타이라노 키요모리를 타도하기 위해 미나모토노 요시토모가 후지와라노 노부요리와 손을 잡고 군사를 일으킨 사건. 결국 요시토모와 노부요리는 목숨을 잃었으며, 헤이시 정권이 출현하게 되었다.
10) 미나모토노 요시토모(源 義朝, 1123~1160). 요리토모의 아버지. 호겐의 난 때 타이라노 키요모리와 손을 잡고 승리를 거둔 뒤 자신의 아버지와 일족을 처형했다. 이후 키요모리와 대립하여 헤이지의 난을 일으켰으나 패하여 목숨을 잃었다.

겐지(미나모토 씨)가 대대로 연고지로 삼았던 땅이기 때문이었다. 그리고 아버지도 목숨을 잃고 형들도 세상을 떠나 홀로 남은 요리토모는 절의 천장 속에 몸을 숨겨 헤이케(타이라 가)의 손길을 피했지만 결국은 헤이케의 사무라이들에게 잡히고 말았는데 이것도 토고쿠를 향해서 가는 도중에 벌어진 일이었다. 이처럼 싸움에서 진 부자가 토고쿠로 향했던 것은 그곳이 조상 대대로 인연을 맺어온 땅이기 때문이었다. 몰락한 주인 집안의 자손이 한때의 목숨을 구하려 했을 만큼 두터운 의리가 옛 가신들에게 있었기 때문이었다.

또한 참수를 당했어야 할 요리토모가 이케노젠니(池禪尼)의 온정에 의해 참수를 면한 일은 참으로 신기한 운명이라고 할 수 있는데 그때 겐지(미나모토 씨)의 옛 가신들조차 대부분은,

"출가하시기 바랍니다."라고 권했으나, 코케쓰 겐고 모리야스(纐纈 源吾 盛安)만은,

"누가 뭐래도 머리카락을 소중히 여기시기 바랍니다. 주군께서 목숨을 건지신 것은 예삿일이 아닙니다."(『헤이지 이야기11)』)라고 은밀하게 권했다.

겐지가 몰락한 세상에서 그 혈맥을 이은 요리토모에게 희망을 건 옛 가신들의 진심이 여기에 있었다. 물론 훗날 요리토모가 헤이케 토벌에 성공하여 타이쇼군이 되리라고는 꿈에도 생각지 못했을 테지만, 은밀하게 승려가 되어서는 안 된다고 권한 것은 주군인 겐지(미나모토 씨)를 마음에 품고 요리토모에게 기대를 걸었기

---

11) 平治物語(헤이지모노가타리). 헤이지의 난을 소재로 한 군담[軍談].

때문이었다. 표면적으로는 당대를 주름잡던 헤이케(타이라 가)에 굴복하고 있는 것처럼 보이면서도 충심에서 우러나는 소망은 여기에 있었다고 생각하면 참으로 눈물 나는 말이 아닐 수 없다. 이러한 마음, 이러한 말이 바로 요리토모로 하여금 대업을 이루게 한 힘이었다고 하지 않을 수 없다.

요리토모가 이즈노쿠니[12]로 가는 길에 망부(요시토모)와 망신(카마타 마사이에[13])의 조문을 가장 중히 여겼던 것은 당연한 일이었다.

생명의 은인이라고 할 수 있는 이케노젠니에게 작별인사를 하러 갔을 때,

"궁시[弓矢]·장검·왜장도·사냥·수렵 같은 건 귀담아들으려 하지도 마세요. 사람들은 험담하기를 좋아하는 법입니다. 그대까지 또 일을 당하여 제가 다시 근심스러운 말을 듣지 않도록 해주세요."(『헤이지 이야기』)라는 진심 어린 말을 듣고 요리토모는 더없이 고마운 자비심을 마음 깊이 느껴 밤새도록 울었다고 한다.

그 정을 봐서라도, 의리를 봐서라도 이케노젠니에게 폐를 끼쳐서는 안 된다고 생각한 것은 당연한 일이었다. 실제로 요리토모는 이케노젠니의 말을 지켜 평생 이즈의 히루가코지마(蛭ヶ小島)에서 얌전히 생을 보낼 생각이었기에 서른네 살이 되어 기치를 올리기 전까지 20년 동안 매일매일 몇 번씩이고 부처님의 이름을 읊조렸던 것이다.

---

12) 伊豆国. 지금의 이즈 반도와 이즈 제도. 즈슈(豆州).
13) 鎌田 政家(1123~1160). 요시토모의 부하로 어머니가 요시토모의 유모였기에 가장 커다란 신뢰를 얻었다.

훗날 요리토모는, 이케노젠니 덕분에 목이 붙어 있는 것이고 코케쓰 겐고 덕분에 머리카락이 붙어 있는 것이라며 겐고와 이케노젠니의 아들인 요리모리(賴盛)를 우대했을 정도였으니 마음 깊은 곳에는 헤이케(타이라 가) 퇴치의 싹도 있었을 테지만, 20년 동안의 일과는 신불을 섬기는 조용한 생활이었다.

그 사이에도 유모인 히키노아마[14]는 무사시노쿠니[15]의 히키군에서 1년도 빼먹지 않고 식량을 보내주는 깊은 정을 보여주었다. 이는 자신의 젖으로 키운 주군이 어린 몸으로 유배되어 누구 하나 친절하게 돌봐주는 사람이 없음을 보고 다정한 마음에서 요리토모를 감싸주려 했던 것이리라. 또한 쿄토에 있는 미요시 야스노부(三善 康信)는 유모의 여동생의 아들인데 1달에 3번씩 쿄토의 동정을 전해주었다. 식량을 보내주는 것도, 소식을 전해주는 것도 간단한 일인 듯하지만 20년 동안 그것을 계속한다는 것은 결코 쉬운 일이 아니다. 세상에는 자신의 이익을 위해서라면 물불을 가리지 않는 사람들이 얼마든지 있는데 앞날이 어떻게 될지도 모를 요리토모를 위해서 당대 권력의 눈을 피해 20년이라는 오랜 세월 동안 지치지도 않고 정성을 다했다는 것은 보통 일이 아니다.

그리고 요리토모가 이즈에 유배되어 있던 20년 동안 단 하루도 곁을 떠나지 않고 보살펴준 자 가운데 토쿠로 모리나가[16]라는

---

14) 比企尼(?~?). 무사시노쿠니 히키군의 다이칸(주군을 대신하여 행정을 보던 자)으로 후지와라 씨의 피를 물려받은 히키 카몬노조의 아내. 요리토모의 유모.
15) 武蔵国. 지금의 토쿄 및 사이타마·카나가와 현을 일컫는 옛 지명. 부슈(武州).
16) 아다치 토쿠로 모리나가(安達 藤九郎 盛長, 1135~1200). 카마쿠라 막부의 신하. 유배지에서부터 요리토모를 섬겼다.

신하가 있었다. 모리나가의 아내는 유모인 히키노아마의 장녀이고, 그 딸이 카바노카자(蒲冠者)라 불렸던 미나모토노 노리요리(源範賴 요리토모의 동생)의 아내가 되었을 정도로 가까운 관계에 있는 사람이었다. 그 사람이 20년을 하루같이 정성껏 섬겼는데, 거기서는 몰락한 요리토모가 외로운 생활을 보냈음에도 불구하고 주종 간의 깊은 정을 다한 아름다운 마음을 엿볼 수 있다.

어린 나이에 부모와 헤어져 죄인 취급을 받았던 요리토모에게도 이런 온정이 보내졌다. 이것도 생각해보면 겐케(미나모토 가)에서 대대로 베푼 은혜에 대한 토고쿠 무사의 정의[情誼]라고 하지 않을 수 없다.

이것뿐만이 아니다. 이토 지로 스케치카(伊東 次郎 祐親)가 분노하여 요리토모를 죽이려 했을 때 이를 구한 것은 스케치카의 아들인 스케키요(祐淸)였다. 원래 이토 씨는 칸토의 여덟 헤이시[17] 가운데 하나로, 키요모리[18] 등의 이세 헤이시(伊勢 平氏)와는 관계가 없고 오히려 겐지의 가신과 다를 바 없는 집안이었다. 스케치카의 아들인 스케키요는 의를 중히 여기는 사람이었기에 주군 집안의 적자를 죽일 수 없었던 것이다. 그랬기에 아버지로부터 죽이라는 명령을 받았으면서도 요리토모를 살려주고 호조(北条)로 달아나게 한 것이었다.

---

17) 関東 八平氏. 헤이안 시대(794~1185) 중기에 칸토 지방으로 내려간 타이라노 요시후미의 피를 물려받은 8개 집안.
18) 타이라노 키요모리(平 淸盛, 1118~1181). 헤이안 시대 말기의 무장. 호겐의 난·헤이지의 난 때 약진하여 겐지의 세력을 제압하고 태정대신(다이조다이진)이 되었다. 이후 황실의 외척이 되어 세력을 떨쳤으나 헤이시에 반발한 세력과의 내란 중에 병으로 세상을 떠났다.

호조 시로 토키마사(北条 四郎 時政) 역시 칸토의 여덟 헤이시 가운데 한 사람이었으나 이토 씨와 마찬가지로 겐지의 가신과 다를 바 없는 사람이었다. 그러나 겐지(미나모토 씨)가 몰락한 후에는 헤이케(타이라 가)를 따르고 있었는데, 요리토모가 이토에게서 달아나 왔을 때 표면적으로는 어땠을지 모르겠으나 내심으로는 크게 기뻐한 듯하다. 그랬기에 요리토모가 일단 기치를 올리고 헤이케를 치려 하자 적극적으로 계략을 펼쳤던 것이라 여겨진다.

오우미 겐지(近江 源氏) 가운데 사사키 히데요시(佐々木 秀義)라는 자가 있었다. 헤이지의 난 때 패해서 설 자리를 잃었으나 그렇다고 해서 헤이케를 섬기는 것은 마음이 허락하지 않았기에 오슈[19]의 후지와라노 히데히라(藤原 秀衡)에게 의지하기 위해 가던 도중에 사가미노쿠니[20]에서 시부야 쇼지 시게쿠니(渋谷 莊司 重国)의 도움을 받은 일이 있었다. 그것이 인연이 되어 시게쿠니의 딸을 아내로 맞이했으며 자녀도 몇 명인가 태어났다. 히데요시는 큰아들 사다쓰나(定綱)를 요리토모에게 보내 쿄토의 동정을 알리고, 결심을 재촉한 적이 있었다. 요리토모가 마침내 거병하기로 결심하자 큰아들인 사다쓰나, 둘째 아들인 쓰네타카(経高), 셋째 아들인 모리쓰나(盛綱), 넷째 아들인 타카쓰나(高綱)가 가담하여 눈부신 활약을 펼쳤다. 야마키의 호간[21]을 공격하려 할 때 숨을

---

[19] 奥州. 지금의 아오모리·이와테·미야기·후쿠시마 현과 아키타 현 일부 지역을 일컫던 옛 지명인 무쓰노쿠니(陸奥国)의 다른 이름.
[20] 相模国. 지금의 카나가와 현 북동부를 제외한 대부분의 지역을 일컫던 옛 지명. 소슈(相州).
[21] 야마키 카네타카(山木 兼隆, ?~1180)를 말한다. 이즈의 야마키에 배치되었으나 요리토모의 공격을 받아 목숨을 잃었다. 타이라노 카네타카라고도 불렸다. 호간(判

헐떡이며 달려와준 네 사람의 지친 모습을 보고 요리토모는 눈물을 흘렸는데, 가신의 성의에 얼마나 감동했는지를 잘 알 수 있는 장면이다.

그 외에도 쿄토에서 벌어지고 있던 헤이케(타이라 가)의 횡포를 보고 요리토모를 일어서게 하기 위해 가신들이 얼마나 열심히 설득하고 권했는지 모른다. 승려인 몬가쿠(文覚)가 요시토모의 백골을 가지고 와서 요리토모를 분발케 했다는 이야기의 진위는 알 수 없지만, 옛 주군 가의 재흥을 바라는 가신들의 마음이 적자인 요리토모의 분발을 촉구했던 것이다. 주종이 하나가 된 이러한 마음이 마침내 요리토모의 거병이 되어 나타난 것이다. 『아즈마카가미22)』나 『겐페이 성쇠기23)』에 기술되어 있는 것처럼, 이시바시야마(石橋山)에서 오카자키 요이치 요시타다(岡崎 与一 義忠)가 보인 장렬한 모습이나, 키누가사(衣笠) 성에서 미우라 오오스케(三浦 大介)가 비장한 죽음을 맞이하는 모습이나, 옛 가신들이 요리토모가 보낸 사자를 맞아 감격하는 모습이나, 겐지(미나모토 씨)의 적류[嫡流]인 자를 위해서 작은 힘이나마 보태겠다고 맹세하는 모습을 접하면 읽는 자로 하여금 눈물을 자아내게 한다.

토고쿠 무사는 시골무사, 말 위에서의 용사임과 동시에 은의를 아는 용사들이었다. 보루 하나, 성 하나 없이 유배지에 있던 요리토

官)은 옛 관제에서 4등관의 제3위를 말한다.
22) 吾妻鏡 카마쿠라 막부의 역사서. 1180~1266년까지의 사적을 편년체로 기술했다. '東鑑'라고도 쓴다.
23) 源平盛衰紀(겐페이세이스이키). 카마쿠라 시대에 완성된 군담으로, 미나모토 씨와 타이라 씨의 대립을 다룬 『헤이케 이야기』의 이본이다.

모로 하여금 마침내 일어나 검을 들게 한 것도 이러한 정의[情義]였다.

  이렇게 해서 요리토모는 마침내 검을 뽑아들었다. 20년 전에는 승려가 되어 아버지의 죽음을 애도하겠다는 마음을 품었던 요리토모도, 20년 후에는 끝내 머리를 자르지 않았다는 사실을 기뻐하며 오래도록 끊겼던 겐지의 백기를 칸토 들판에 휘날리게 했다. 그러나 세상사란 참으로 변화가 심한 법이다. 요리토모가 거병한 지 6년 만에 헤이케는 멸망했으며, 이후 7년 만에 요리토모는 세이이타이쇼군[24])에 임명되었고, 그로부터 다시 7년 만에 요리토모도 세상을 떠나고 말았다. 그 후 겐지는 참으로 많은 어려움을 겪다 3대 만에 멸망해버리고 말았다.

  아버지와 헤어지고 어머니와 헤어진 14세 소년이 거의 승려와 다를 바 없었던 20년 동안의 유배생활 끝에 마침내 때를 맞이하여 천하의 인물이 되고 일본의 영웅이 되었다. 20년 전, 그가 영웅이 되리라고 누가 감히 상상이나 할 수 있었겠는가? 요리토모에게 있어서 이즈에서의 20년은 참으로 소중한 시간이었는데, 그 소중한 시간 동안 토고쿠 무사들의 은의에 둘러싸여 있었다는 점은 요리토모의 일생 중에서도 가장 의미 깊은 일이었다. 요리토모의 영광스러운 생애가 바로 거기에서부터 시작되었기 때문이다.

---

24) 征夷大将軍. 원래는 북방의 아이누족을 정벌하기 위해 파견된 군대의 총수를 말했으나, 카마쿠라 시대 이후 막부의 최고 권력자를 일컫는 호칭이 되었다. 줄여서 '쇼군'이라고도 한다.

제2장 참패를 맛본 겐지의 후손

(1) 호겐의 난

후지와라(藤原) 씨 일문이 쿄토에서 오만방자하게 전횡을 일삼고 있을 때, 지방에서는 무사계급이 서서히 세력의 싹을 키워가고 있었다. 후지와라 씨 일문이 셋쇼·칸파쿠25)라는 영광스러운 직위를 독점한 지도 상당한 시간이 흘렀는데, 더는 훌륭한 정치를 행할 힘을 잃고 말았다. 이에 조정의 고산조텐노26)는 동궁에 있을 때부터 후지와라 씨의 전횡에 분노했으며, 자신이 즉위한 후에는 모든 정치를 스스로 행하여 어지러워진 정치를 개혁했다. 그리고 임금의 자리를 시라카와(白河) 천황(1053~1129)에게 물려준 뒤에도 상황27)으로서 정치를 행하려 했으나 불행하게도 그 이듬해에 세상을 떠나고 말았다. 그래도 고산조 천황의 이 개혁정신은 후지와라 씨의 전횡을 억누르기에 충분한 것이었다.

그러는 사이에 지방에서 무사계급이 자신들의 세력을 키웠다.

---

25) 摂政·関白. 임금을 보좌하는 조정의 신하 가운데 미성년인 임금을 보좌하는 자를 '셋쇼(섭정)', 성년 후의 임금을 보좌하는 자를 '칸파쿠'라고 했다.
26) 後三条天皇(1034~1073). 이하 '텐노'는 '천황'으로 표기.
27) [上皇] 천황의 자리를 물려준 자를 일컫는 말. 상황 가운데 불문에 든 자는 법황[法皇]이라고 불렀다.

그리고 후지와라 씨의 힘으로는 억제할 수 없었던 지방의 전란은 늘 이들 무사의 손에 의해서 평정되었다. 그랬기에 후지와라 씨는 조정에서 중요한 자리를 차지하고 있기는 했으나, 이제는 무사의 힘을 빌리지 않고는 천하를 다스릴 수 없게 되었다. 이에 반해서 무사들은 한 번의 난이 끝날 때마다 세력을 더해서 이제는 천하를 향해 무슨 일인가를 행하지 않으면 안 될 정도의 기세를 얻게 되었다. 돌아보면 타이라노 마사카도(平 将門)·후지와라노 스미토모(藤原 純友)·타이라노 타다쓰네(平 忠常)의 난과 오슈의 아베노 요리토키(安倍 賴時)와 키요하라 타케히라(清原 武衡)의 난도, 타이라노 사다모리(平 貞盛)와 후지와라노 히데히라와 미나모토노 요리노부(源 賴信)와 타이라노 마사모리(平 正盛)와 미나모토노 요리요시(源 賴義)·요시이에(義家)와 같은 무사들의 힘에 의해서 평정되지 않았는가? 이렇게 해서 무사들은 점차 세력을 키워 마침내는 중앙의 정계에까지 발을 내딛게 되었는데 이는 전례가 없는 일이었다.

무사가 중앙 정계로 진출하게 된 것은 말할 필요도 없이 호겐의 난28)의 결과였다. 호겐의 난에서는 천황 쪽도 상황 쪽도 무사의 힘을 이용했다. 그렇게 하지 않으면 더는 사건을 해결할 수 없게

---

28) 保元の乱. 호겐 원년(1156)에 쿄토에서 일어난 내란. 황실에서는 황위 계승에 관하여 불만을 품은 스토쿠 상황과 고시라카와 천황이, 조정의 신하들 사이에서는 후지와라노 요리나가와 후지와라노 타다미치가 대립했다. 스토쿠·요리나가 측은 미나모토노 타메요시와 타이라노 타다마사의 군을 끌어들였으며, 고시라카와·타다미치 측은 미나모토노 요시토모와 타이라노 키요모리의 군을 끌어들였다. 결국은 천황 측이 승리하여 상황은 유배당하고 말았다. 귀족의 무력화와 무사계급의 실력을 내보인 사건으로 무사계급이 정계에 진출하는 계기가 되었다.

되어버렸기 때문이었다. 미나모토노 요시토모가 타카마쓰덴29)에서,

"전장에 나선 이상 목숨은 아깝지 않습니다. 단지 어전으로 들어가 저승길에서의 추억으로 삼고 싶습니다."라며 신제이30)라는 조정의 신하가 말리는 것도 듣지 않고 억지로 어전으로 들어가 세력을 과시한 일은, 무사라는 비천한 신분이 봄날의 나무가 싹을 틔운 것처럼 세력을 얻었다는 사실을 보여주는 흥미로운 사건이었다. 이제 조신[朝臣]의 힘만으로는 천하의 일을 처리할 수 없게 되어버린 것이다.

호겐의 난에서 가장 기세를 떨친 무사는 겐지 가운데서는 요시토모, 헤이케 가운데서는 키요모리였다. 그러나 이 난에서 겐지는 수많은 일족의 용사를 잃어 그 세력이 절반으로 줄었다고 말해도 좋을 정도였으나, 키요모리는 단지 숙부인 타다마사(忠正)만이 목숨을 잃은 데 지나지 않았기에 그 세력이 마침내는 요시토모를 압도하기에 이르렀다. 그리고 이어진 헤이지의 난에서 겐지를 완전히 제압해버렸다.

이때 요시토모는 남자로서 전성기라 할 수 있는 37세, 몸은 겐지의 적자였으며 집안에는 듬직한 자녀와 가신들이 여럿 있었다. 키요모리 따위가 뭐냐며 대수롭지 않게 생각하고 있을 때 고시라카와 상황31)의 총신인 후지와라노 노부요리32)가 와서 모반에 대해

---

29) 高松殿. 호겐의 난 때 천황 쪽이 본거지로 썼던 미나모토노 타카아키라의 저택.
30) 信西(1106~1160). 헤이안 시대 후기의 귀족·학자·승려. 후지와라노 미치노리의 법명. 아내가 고시라카와 천황의 유모였기에 권세를 얻었으며 호겐의 난 후에는 근신으로 활약했다. 헤이지의 난 때 목숨을 잃었다.

상의했기에 그도 그럴 마음이 들어 일(헤이지의 난)을 꾸민 것이었다. 그런데 요시토모의 본심을 말하자면, 호겐의 난에서 커다란 공을 세웠음에도 불구하고, 아니 요시토모의 계략에 의해서 천황 측이 승리를 거두었음에도 불구하고 가장 커다란 공을 세운 요시토모에게는 이렇다 할 상도 내리지 않았으며, 오히려 별다른 공도 세우지 않은 키요모리가 점점 세력을 키우게 되었으니 불만이 아닐 수 없었다. 뿐만 아니라 요시토모는 키요모리의 간계에 걸려 아버지 타메요시33)와 동생의 목숨까지 빼앗아버리고 말았다. 아무리 조정의 명령이었다고는 하나, 아버지를 죽인다는 것은 아들로서 있을 수 없는 일이었다. 이런 일들 때문에 요시토모의 마음에 응어리가 맺혀 불만이 생겼을 뿐만 아니라, 세상 사람들은 '요시토모는 무서운 사람이다. 지독한 놈이다. 아버지를 죽인 자다.'라고 그에 대한 이야기가 나올 때마다 좋지 않게 평가했을 것임에 틀림없었다. 그러한 때에 노부요리가 와서 상의를 했기에 요시토모의 마음속 불길이 단번에 타올라, '헤이케를 쳐부수자. 마음속 구름을 걷어내자.'라고 결심하고 온 집안의 운명을 건 싸움에 나선 것이었다. 틀림없이 헤이지의 난은 겐지의 부침을 건 일전이었다.

---

31) 後白河上皇(1127~1192). 천황의 자리를 물려준 뒤에도 5대, 30년에 걸쳐서 정치에 관여하여 왕조의 권력 강화에 힘썼다. 겐페이의 다툼을 중심으로 한 정쟁·전란의 숨은 주역으로 알려져 있다.
32) 藤原 信賴(1133~1160). 헤이안 시대 후기 조정의 신하. 호겐의 난 이후 고시라카와 상황의 신임을 얻었으나 헤이지의 난에서 키요모리에게 패하여 처형당했다.
33) 미나모토노 타메요시(源 爲義, 1096~1156). 호겐의 난 때 아들 타메토모를 데리고 스토쿠 상황 측에 가담했다가 패하여 목숨을 잃었다.

(2) 헤이지의 난

니조 천황34)이 즉위한 헤이지 원년(1159) 12월, 그해도 저물어 가려던 때, 쿄토에서 분주한 연말연시에 어울리지 않는 피비린내 나는 커다란 사건이 벌어졌다. 노부요리·요시토모 등이, 키요모리가 시게모리35) 등을 데리고 쿠마노(熊野)로 참배를 떠나 자리를 비운 사이에 군대를 일으킨 것이었다. 그날 밤, 노부요리 등은 상황(고시라카와)이 머물고 있는 산조덴(三条殿)을 포위하고 상황을 대궐로 옮기게 하여 천황과 함께 유폐시켜버리고 말았다. 그리고 노부요리는 다이진타이쇼36)가 되었고, 요시토모를 하리마(지)노카미37)로 삼았으며 그 외에도 자신의 편에 선 자들의 관위를 올렸다. 노부요리와 대립하던 신제이는 야마토노쿠니38)로 달아나려 했으나 끝내 달아나지 못하고 자결하고 말했다.

헤이케의 가신들이 급히 말을 달려 이 사실을 키요모리에게 알렸다. 소식을 듣고 크게 놀란 키요모리는 서둘러 돌아와 은밀하게 천황을 로쿠하라(六波羅)에 있는 자신의 집으로 맞아들였으며,

---

34) 二条天皇(1143~1165). 친정을 행하기 위해 아버지(고시라카와)와 대립했다. 헤이지의 난 때 유폐되었으나 키요모리에 의해 구출되었다.
35) 타이라노 시게모리(平 重盛, 1138~1179). 키요모리의 큰아들. 호겐·헤이지의 난에서 공을 세웠다. 무용이 뛰어나고 진중한 인물이어서, 아버지에게 간언할 수 있는 거의 유일한 사람이었으나 병으로 아버지보다 먼저 세상을 떠났다.
36) 大臣大将. 다이진(대신)이 근위대장을 겸한 것.
37) 播磨守. 옛 행정구역 단위인 하리마노쿠니의 장관.
38) 大和国. 지금의 나라 현을 일컫던 옛 지명. 5기(도읍에서 가까운 5개 쿠니)에 속해 있었다. 와슈(和州)라고도 했다.

상황도 닌나지(仁和寺절)로 옮기게 했다. 노부요리·요시토모 등은 2천여 기의 병력으로 궁성에서 요메이몬(陽明門)·타이켄몬(待賢門)·이쿠호몬(郁芳門) 등의 각 문을 지켰으며, 키요모리는 시게모리를 비롯한 자녀들을 보내 그곳을 공격게 했는데, 시게모리는 이때 타이켄몬으로 향했다.

이렇게 해서 겐페이(源平 미나모토 씨와 타이라 씨를 아울러 이르는 말) 두 집안이 싸움을 벌이게 되었다. 그런데 겐지 측의 총대장인 노부요리는 원래 무사가 아니었기에 싸움에 있어서는 말도 안 될 정도로 나약한 자였다. 『헤이지 이야기』에 의하면 붉은 비단으로 지은 상의를 입었으며, 밑으로 내려갈수록 보랏빛이 짙어지는 갑옷의 자락 끝에는 국화 모양의 금속장식이 달려 있고, 금으로 장식한 장검을 차고, 은빛으로 우툴두툴한 표면에 말굽 모양의 뿔이 달린 투구를 뒤로 살짝 젖혀쓰고 있었다. 나이는 27세, 아름다운 사내가 아름다운 무구를 두른 모습은 참으로 훌륭한 대장의 모습처럼 보였다고 한다. 게다가 기름지고 날랜 흑마에 금테를 두른 안장을 얹어 시신덴(紫宸殿)의 널따란 정원으로 끌어오게 했다고 하니 그 모습은 굉장한 것이었으리라. 그런데 헤이케의 군세가 마침내 공격해 들어오자, 그 다이진타이쇼는 궁궐에 울려퍼지는 커다란 함성에 새파랗게 질려버렸으며 계단을 내려오려 해도 부들부들 다리가 떨려서 내려올 수가 없었고, 남들처럼 말을 부른 것까지는 좋았으나 말에 오를 수조차 없었다. 더구나 커다란 사내가 커다란 갑옷을 입었으며, 말은 오슈의 명마로 높이도 4척 8촌(1.4m)이나 되었기에 급한 마음만으로는 쉽게 오를 수가 없었다. 어쩔 수 없었기에 잡병 일고여덟 명이 다가가 말을 붙들고 힘이 센 2사람이 노부요리를 밀어올렸다. 그런데 너무 세게 밀었는지 말의 등 너머로 떨어져 엎어지고 말았다. 이거 큰일이라며 서둘러 일으켜보니 흙투성이 얼굴에서 코피가 흐르고 있었다. 이런 노부요리가 총대장이었으니 참으로 한심한 일이었다. 어쨌든 그런 총대장이라도 간신히 타이켄몬으로 갔는데, 거기로 밀려든 것은 헤이케의 대장인 시게모리가 이끌고 온 500기였다. 시게모리가 커다란 목소리로,

"이 문의 대장군은 노부요리인 듯한데 내가 잘못 본 것이냐? 나는 칸무(桓武) 천황(737~806)의 후예인 다자이 다이니[39] 키요모리의 적자인 사에몬(衞)노스케[40] 시게모리, 당년 23세."라고 이름을 밝히자 어찌해야 좋을지 모르겠다는 듯 노부요리는 대답조차 하지 못했다.

'사무라이(侍)들, 저 자를 막게.'라고 말하기라도 하듯 자신은 물러나버리고 말았다. 대장군이 달아나버렸으니 적을 막을 가신은 아무도 없으리라. 모두가 앞다투어 달아나기 시작했다. 시게모리는 기세를 몰아 용맹하게 시신덴 앞 널따란 정원의 푸조나무 아래까지 밀고 들어갔다.

이를 본 요시토모는 이거 큰일이다 싶어,

"아쿠겐타[41], 어디 있느냐. 겁쟁이 노부요리가 지키던 타이켄몬

---

39) 太宰 大貳. 큐슈 지방의 내정·군사·외교를 담당하던 지방관청인 다자이후(大宰府)의 차관. 9세기 이후부터는 장관이 직접 부임하지 않았기에 차관이 실권을 쥐었다.
40) 左衛門佐. 우에몬과 함께 궁중의 경비, 임금 행행 시의 수행 등을 맡았던 관청(사에몬)의 차관.
41) 悪源太. 요시토모의 장남인 미나모토노 요시히라(源 義平, 1141~1160)의 별칭.

이 뚫렸다. 그들을 몰아내라."라고 외쳤다.

요시히라가 알겠다는 듯 카마타 효에(鎌田 兵衛) 이하 16기를 이끌고 달려가 커다란 목소리로,

"너희들의 대장은 누구냐? 이름을 밝혀라. 나는 세이와(淸和) 천황(850~881)의 9대손인 사마(左)노카미42) 요시토모의 큰아들로 카마쿠라 아쿠겐타 요시히라, 당년 19세. 이리 나와라."라며 500기의 한가운데 속으로 파고 들어가 동서남북, 종횡무진으로 적을 쓰러뜨리다,

"조무래기 같은 무사에게는 신경 쓸 것 없다. 대장을 쳐라. 대장과 맞서 포로로 잡아라."라고 부하들에게 명령했다.

이에 헤이케 군은 대장을 적과 맞서게 해서는 안 된다며 그들을 막느라 분주했다. 요시히라를 비롯한 17기는 적이 막으면 쓰러뜨리고 또 쓰러뜨리며 시게모리를 향해 사콘노사쿠라(左近の桜, 동쪽의 벚나무)와 우콘노타치바나(右近の橘, 서쪽의 귤나무) 사이를 일고여덟 번이나 오갔다. 그 기세에 두려움을 느꼈는지 헤이케의 500기는 마침내 물러나고 말았다.

힘껏 싸우기는 했으나 끝내 적과 맞서지 않고 물러난 시게모리가 활을 지팡이 삼아 짚은 채 말을 쉬게 하고 있자니 치구고(治)노카미 이에사다43)가 다가와서,

"훌륭하신 모습, 타이라노 사다모리44) 장군의 재림을 보는 듯합

여기서 아쿠(惡)는 선악[善惡]의 악이 아니라, 강용하다는 뜻.
42) 左馬頭. 말을 관리하던 관청의 장관.
43) 타이라노 이에사다(平 家貞, 1082~1167). 키요모리의 아버지인 타다모리의 측근으로 커다란 신뢰를 얻었으며, 타다모리 사후에는 키요모리를 섬겼다.

니다."라고 칭찬했다.

 이를 들은 시게모리는 다시 한 번 달려들어야겠다고 생각한 것인지 새로운 500기를 이끌고 푸조나무까지 다시 공격해 들어갔다. 이를 본 요시히라가 빙그레 웃으며,

 "이번에 온 것은 새로운 부대인 듯하다만 대장만은 그대로 시게모리로구나. 이번에야말로 놓쳐서는 안 된다. 짓밟아라."라고 명령하자 용맹스러운 17기가 앞다투어 달려나갔다.

 요시히라 자신도 활을 겨드랑이에 낀 채 등자에 버티고 서서 두 손을 들어,

 "다행히 요시히라는 겐지의 적자다. 그대도 헤이케의 적자. 호적수를 만났으니 서로 겨루기로 하자."라며 기세 좋게 다시 푸조나무 아래를 대여섯 번이나 휘젓고 다녔기에 시게모리는 도저히 맞설 수 없겠다 생각한 것인지 다시 문 밖으로 나가 물러나고 말았다.

 2번이나 적을 내몬 요시히라가 잠시 숨을 돌리고 있자니 그 모습을 본 요시토모가 사람을 보내서,

 "네가 어설프게 방어만 하기에 적이 거듭 문 안으로 들어오는 것이다. 얼른 내쫓도록 하라."라고 말하게 했다.

 이에 분발한 요시히라가 이번에도 '알겠습니다.'라고 말하기라도 하듯 17기를 이끌고 적 속으로 뛰어들어 마음껏 짓밟았기에 발걸음이 어지러워진 헤이케 군은 로쿠하라를 향해 달아나기 시작했다.

---

44) 平 貞盛(?~?). 헤이안 시대 중기의 무장. 무사로서는 최고 위인 종4위하에까지 올라 쿄토에서의 타이라 씨의 발전을 위한 기초를 쌓았다.

이를 본 요시토모와 요시히라가 그 기세를 몰아 함성을 올리며 로쿠하라로 밀고 들어갔다. 드디어 결전의 때가 다가왔다. 헤이케 측에서는 마침내 키요모리가 정면에 서서 싸우게 되었다.

키요모리는 겐지 군의 함성을 듣고 크게 놀라 바로 갑옷을 입었는데 너무 당황한 나머지 투구를 거꾸로 쓰고 말았다. 사무라이들이,

"투구가 반대입니다."라고 말하자,

"아니, 이건 천황께서 여기에 계시니 적을 향하면 천황께 고개를 돌린 셈이 되기에 일부러 거꾸로 쓴 것이다."라고 대답했다고 하는데, 역시 당황하기도 하고 두려움을 느끼기도 했던 것이라 여겨진다. 그러나 헤이시 쪽에는 시게모리라는 사려 깊은 대장이 있었기에,

"아무리 뭐라고 해도 겁을 먹은 것처럼 보입니다. 자, 나를 따르라."하고 다시 새로운 500기를 데리고 달려나갔다.

승세를 탄 겐지 군, 새로운 병력으로 나선 헤이케 군. 서로 양보하지 않고 싸웠기에 쉽사리 승패를 가늠하기 어려웠다. 그러자 용기로 넘쳐나는 요시히라는 겐지 군이 문 안으로 들어가지 못하는 것이 분해서 견딜 수가 없었다. 이에,

"기껏 로쿠하라로 공격해 들어왔는데 문 안으로 들어가지 못한다는 것은 참으로 분한 일이다. 모두 돌진하라."라며 50여 기의 정예를 이끌고 달려들었기에 헤이케 군은 그 기세에 겁을 먹고 문 안으로 달아나버리고 말았다. 요시히라가 때를 놓치지 않겠다는 듯 함성을 지르며 그들을 쫓았다.

그러자 키요모리가 크게 안타까워하며,

"막아선 자가 목숨을 아끼기에 적이 가까이까지 온 것이다. 모두 달려나가라!"라며 자신이 앞장서서 싸움에 나섰다. 그리고 커다란 목소리로,

"너희들의 대장군은 누구냐? 나는 다자이 다이니 키요모리다."라며 당당하게 자신의 이름을 밝혔다. 그러자 요시히라도 지지 않고,

"아쿠겐타 요시히라가 여기에 있다. 이리 오너라."라고 외치며 달려들었다.

이를 본 헤이케 무사들은 크게 당황했다. 대장을 잃어서는 큰일이라며 모두가 앞을 가로막았기에 요시히라도 자신의 뜻대로 맞붙을 수가 없었다. 이리 날뛰고 저리 날뛰는 동안 대혼전이 펼쳐졌다.

하지만 헤이케 군은 번갈아가며 쉬었다가 다시 싸움에 임했으나, 겐지는 아침부터 쉬지 않고 싸웠기에 지금까지 용전분투하던 요시히라도 몸이 젖은 솜처럼 무거워져서 결국에는 문 밖으로 물러났으며 다시 산조(三条)의 강변을 서쪽으로 퇴각할 수밖에 없었다.

마음이 다급해진 요시토모가 이를 보고,

"요시히라가 강의 서쪽으로 물러나다니, 겐케의 수치다. 이렇게 된 이상 더는 참을 수가 없다. 목숨을 잃는다 해도 상관없다."라며 몸을 내던지는 듯한 기분으로 달려나갔다. 이를 본 카마타 효에가 이거 큰일이다 싶었기에,

"적 앞에 쓰러져 시체를 내보이는 것도 명예로운 일은 아닙니다. 잠시 다른 곳으로 피하셨다가 재기를 꾀하시는 것이 좋을 듯합니다."라고 간언했다.

그러나 강용한 요시토모는 이를 받아들이지 않았다. 그렇지만 싸움은 이미 겐지에게 불리한 쪽으로 기울고 있었기에 거기로 모여든 가신들이 요시토모가 탄 말의 고삐를 잡아 강가 쪽으로 끌고 갔기에 요시토모도 어쩔 수 없이 물러날 수밖에 없었다.

이렇게 해서 요시토모가 일가의 부침을 걸고 임했던 싸움도 결국에는 겐지의 패배로 끝나, 헤이케 앞에서 달아나버리고 말았다. 무사의 힘이 천하의 일을 결정하게 된 순간, 수많은 용장을 거느린 겐지도 마침내는 속절없는 운명에 눈물을 흘리지 않을 수 없게 된 것이다.

(3) 뺨을 맞은 노부요리

젠지의 대장인 요시토모가 달아나는 것을 본 헤이케 군이 그 뒤를 쫓아 공격했다. 카마타 효에는 가신들에게 명령하여 추격해오는 적을 막게 한 뒤 그 사이에 요시토모를 멀리로 달아나게 했다. 그런데 이때 요시토모의 마음에 걸리는 일이 하나 있었다. 그것은 카마타에게 맡겨두고 온 외동딸의 안부였다. 아버지가 싸움에 져서 달아났다는 소식을 들으면 딸이 얼마나 상심할지. 더구나 적에게 발각되어 목숨을 잃게 된다면 얼마나 원통하게 생각할지. 이런 생각이 들자 아비로서 딸을 그냥 내버려둘 수는 없다는 마음이 들었다. 이에 카마타에게,

"적에게 목숨을 잃게 하기보다는 내 손으로 보내주는 것이 마음 편할 듯하다. 보내주고 오너라."라고 명령했다.

카마타는 말에 채찍을 가해 로쿠조 시라카와(白河)에 있는 집으로 달려갔다. 요시토모의 딸은 불단 앞에 앉아 경을 읊던 중이었는데 카마타의 모습을 보자마자,

"싸움은 어떻게 되었습니까?"라고 물었다.

"코우노토노(頭殿요시토모)의 패배로 지금 토고쿠를 향해 발걸음을 옮기고 계십니다만 아가씨를 크게 걱정하고 계십니다."라고 말하자,

"그렇습니까? 아버지께서 발걸음을 옮기고 계시다면 적은 반드시 저를 찾아내어 이게 패장인 요시토모의 딸인가, 라며 화젯거리로

삼을 것입니다. 그런 터무니없는 치욕을 받기는 싫습니다. 효에 나리, 당신의 손으로 저를 죽여주시기 바랍니다. 어차피 죽을 목숨, 그러는 것이 얼마나 마음 편할지 모르겠습니다."

"아씨께서도 그러실 마음으로 계셨습니까? 실은 코우노토노께서도 그렇게 말씀하셨기에 제가 지금 여기에 온 것입니다."라고 말하자, 과연 무사의 딸.

"그거 참으로 마음이 놓입니다."라며 불단을 향해 손을 모으고 마지막 염불을 외웠다. 카마타도 마음이 급했기에 지금이다 싶어 뒤로 돌아들었으나 태어날 때부터 키워온 아가씨로 나이는 14세. 그런 아가씨의 목을 어찌 자신의 칼로 벨 수 있겠는가. 한동안 눈물을 흘리고 있자니,

"왜 그러십니까, 효에 나리. 적이 와서는 큰일 아닙니까."라며 재촉했다. 카마타도 더는 어쩔 수 없었기에 칼로 목을 베고 요시토모를 따라서 서둘러 돌아갔다. 전쟁이 벌어지면 이처럼 죄스러운 일까지도 하지 않으면 안 된다. 그 비참함, 그 슬픔.

아니나 다를까 헤이케의 병사들이 노부요리·요시토모의 집은 물론 모든 겐지 무사들의 집으로 몰려갔다. 그리고 하나도 남김없이 불태워버리고 말았다. 처자권속들은 동서로 갈팡질팡하며 탄식하고 슬퍼했으나 결국은 산으로 들어가거나 들판에 몸을 숨기는 것 외에는 달리 몸을 둘 곳이 없었다.

한편 달아나는 사람들은 내일의 목숨조차 알 수 없는 몸, 멀리 쿄토의 하늘에 피어오르는 연기를 보고,

"적이 곧 들이닥칠 것이다. 서둘러라, 서둘러."라며 말에 채찍을

더했다.

치즈카가가케(千束が崖)로 접어들자 히에이잔(比叡山) 엔랴쿠지(延曆寺절) 사이토45)의 승려 이삼백 명이 달아나는 자들을 베려 기다리고 있었다. 여기서는 사이토 벳토46)의 기지로 무사히 빠져나갔으나, 이렇게 달아나는 몸이 되고 나면 예전의 훈공을 생각하여 감싸주려는 자는 아무도 없는 법이다.

야세(八瀨)의 솔숲으로 접어들었을 무렵 뒤편에서 부르는 자가 있었다. 누굴까 바라보니 앞서 달아났던 노부요리였다.

"싸움에 져서 토고쿠로 달아날 때에는 노부요리도 함께 데려가기로 하셨으면서 마음이 변하신 것입니까?"라고 원망스럽다는 듯 말했다. 요시토모는 노부요리의 기개 없음에 더는 견딜 수가 없어서,

"이 기개 없는 놈. 이런 큰일을 벌여놓았으면서 싸움 한 번 제대로 하지 않고 달아났기에 이 사달이 난 것이다."라고 말하며 채찍으로 노부요리의 뺨을 때렸다.

노부요리는 원래 유약한 데다 낙심한 상태였기에 요시토모의 노한 얼굴을 두려워하여 그저 맞은 곳만 문지를 뿐, 아무런 말도 하지 못한 채 물러나고 말았다.

그러자 이를 본 노부요리의 가신 50여 명은 노부요리의 한심한

---

45) 西塔. 엔랴쿠지는 총 3개의 구역으로 나뉘는데 그 가운데 서쪽 탑과 석가당이 있는 구역을 말한다.
46) 사이토 사네모리(斎藤 実盛, ?~1183). 호겐·헤이지의 난 때는 요시토모 쪽에 가담했으나, 이후 타이라 집안을 섬겼다. 벳토(別当)는 친왕·섭정·대신의 집안이나 절·신사 등의 특별기관에 두었던 장관.

모습에 실망하여 모두가 뿔뿔이 흩어져버렸으며, 나중까지 그를 따른 자는 딱 1명뿐이었다.

이 가신은 주인인 노부요리와 함께 숨소리조차 제대로 내지 못하고 길을 갔는데 한 계곡 부근에서 말을 멈추고 기운을 되찾게 하기 위해 노부요리를 끌어안아 말에서 내린 뒤, 말린 밥을 씻어 권했으나 노부요리는 그것을 먹으려 하지도 않았다. 그도 그럴 것이 오늘 아침에 헤이케 군의 함성에 놀란 이후부터는 침도 넘어가지 않았기 때문이었다.

낙담한 노부요리는 이렇게 된 이상 난나지(절)로 가서 상황의 동정에 기대는 수밖에 없다고 생각하여 난나지로 향했는데, 렌다이(蓮台) 벌판에 접어든 순간, 운이 좋지 않을 때는 어쩔 수 없는 법인지 마침 그곳을 지나던 승려들에게 갑옷에서부터 투구까지 모든 것을 빼앗긴 채 간신히 목숨만 부지하여 난나지로 들어갔다. 상황도 딱하게 여겨 여러 가지로 근심을 해주었으나 그때 마침 밀고 들어온 헤이케의 군사들에게 사로잡히고 말았다.

노부요리는 모반의 주모자로 마침내 사형이 결정되어 로쿠조가와라47)에서 참수형에 처해지게 되었다. 그러나 비겁하기 짝이 없는 노부요리는 아직도 목숨이 아까워서 견딜 수 없었기에 눈물을 흘리며,

"헤이케의 시게모리는 인정이 깊은 무사라 들었는데, 어째서 이 노부요리의 목숨을 구해주지 않는 것이오."라고 말했다.

---

47) 六条河原. 예전에 처형장이 있던 곳.

그 목소리는 이런 커다란 음모를 꾸민 사내의 것이라고는 여겨지지 않을 정도였다. 그래도 마침내는 참수를 당해 수치스러운 일생을 마감했다.

(4) 아오하카의 눈 속의 집

화가 나서 노부요리를 내쫓은 요시토모는 거기에서 류게고에(竜華越고개)로 접어들었는데, 이번에는 요카와[48]의 승려들이 여럿이서 기다리고 있었다. 물론 달아나는 무사들의 물건과 목숨을 노리는 자들이었다. 그 승려들의 숫자는 사오백 명쯤이나 되는 듯했다. 멀리서부터 일제히 화살을 쏘아대기 시작했다. 일행 중에 무쓰 로쿠로 요시타카(陸奧 六郎 義隆)가 그 화살에 목이 부러져 말에서 떨어졌으며, 요시토모의 둘째 아들인 토모나가(朝長)는 오른쪽 허벅지에 맞아 등자도 제대로 밟을 수가 없었다. 이때 요시토모가 토모나가를 돌아보고,

"토모나가, 화살에 맞았구나."라고 말하자 토모나가는 상당히 아팠을 것임에도 그 화살을 뽑아 내던지고,

"아니, 저보다 로쿠로야 말로 커다란 상처를."이라며 아픈 것도 참고 말을 달리게 했는데, 당시 토모나가는 16세였다.

이를 본 요시토모가 크게 화를 내며,

"무기를 잡은 무사에게는 늘 있는 일이니 싸움에 져서 달아나는 것은 부끄러운 일이 아니다. 허나 승려의 몸으로 그들을 도우려 하기는커녕 오히려 사람의 목숨을 노리고 물건을 빼앗으려 하다니 괘씸하기 짝이 없다. 저 악당 녀석들을 한 놈도 남기지 말고 베어버

---

[48] 橫川. 히에이잔 엔랴쿠지에 있는 3개의 탑(사이토·토우토·요카와) 가운데 하나. 탑이 있는 구역을 일컫는 말로도 쓰인다.

려라."라고 외쳤다. 이에 30여 기가 말머리를 나란히 하고 단숨에 승려들 사이로 뛰어들어가 철저하게 짓밟았다.

그리고 요시토모는 비와코49)의 서쪽 기슭에 있는 카타다(堅田) 포구로 갔다. 류게고에서 화살에 맞은 로쿠로 요시타카의 목을 그곳의 물 깊은 속에 넣어 장례를 치러주고 다시 배를 구해 호수 맞은편으로 가려 했으나 마침 바람과 파도가 거센 시기였기에 거기서 세타(勢多)를 향해 달아나기 시작했다.

여기에 이르러 생각해보니 이처럼 많은 숫자가 한꺼번에 달아나기란 그리 만만한 일이 아닐 듯했다. 그보다는 각자가 길을 달리하여 흩어졌다가 토고쿠에서 합류하는 편이 나을 듯했기에 거기서 사람들에게 그러한 뜻을 전했다. 처음 사람들은,

"무슨 일이 있어도 길을 함께 하겠습니다."라고 말했으나 요시토모가,

"다 생각이 있어서 하는 말이니, 얼른 흩어지게."라며 받아들이지 않았기에 무리들은 힘없이 그의 말에 따르기로 했다.

이때 길을 달리한 사람들은 하타노 지로 요시미치(波多野 次郎 義通)·미우라 아라지로 요시즈미(三浦 荒次郎 義澄)·사이토 벳토·오카베 로쿠야타(岡部 六弥太)·이노마타 코헤이타(猪俣 小平太)·쿠마가이 지로(熊谷 次郎)·히라야마 무샤도코로(平山 武者所)·아다치 우마노조(足立 右馬充)·카네코 주로(金子 十郎)·카즈사(지)노스케 하치로(上野介 八郎)를 비롯하여 20여 명으로,

---

49) 琵琶湖. 시가 현에 있는 일본 최대의 호수. 쿄토 근방에 있기에 사건의 중심지로 역사에 자주 등장한다.

이들 무사는 각자 자신의 고향으로 돌아갔다. 요시토모와 길을 함께 한 자는 아쿠겐타 요시히라·둘째 아들인 추구다이부(관)노신토모나가(中宮大夫進 朝長)·셋째 아들인 우효에(관)노스케 요리토모(右兵衛佐 賴朝)·사도 시키부타이후 시게나리(佐渡 式部大夫 重成)·히라가 시로 요시노부(平賀 四郞 義信)·카마타 효에 마사이에·콘노마루(金王丸) 등 8기였다.

요리토모가 건강하다고는 하나 아직 13세의 소년, 아침 8시 무렵부터의 싸움에 지친 데다가 싸움에서는 졌고, 또 치즈카가카케와 류게고에에서 신경을 썼기에 온몸이 녹초가 되어 말 위에서 졸며 길을 갔다. 시노하라(篠原)의 제방에 이르렀을 때 요시토모가 문득 걱정이 되어,

"모두들 있는 게냐?"라고 묻자 모두가,

"있습니다."라고 대답했으나 요리토모만은 목소리가 들려오지 않았다. 달아나는 도중이었기에 길을 재촉하고 싶은 마음은 굴뚝같았으나 요시토모에게는 사랑스러운 아들, 그 가운데서도 요리토모가 없었기에 걱정이 되었다. 바로 카마타에게 명령하여 찾게 했다. 카마타가 발걸음을 되돌려 27일의 어두운 밤 속에서,

"스케 도련님(요리토모), 스케 도련님, 어디에 계십니까? 스케 도련님."하고 불러보았으나 사람의 목소리는 들려오지 않았다.

한편 요리토모는 말 위에서 깜빡 졸다가 잠시 후 눈을 번쩍 떴는데 주위를 둘러보니 앞에도 뒤에도 사람이 없었을 뿐만 아니라 밤이 더욱 깊어 칠흑 같은 어둠, 달아나는 몸이었기에 나무에도 풀에도 주의를 기울여가며 애마에 몸을 맡긴 채 불안하게 길을

갔다. 산 속의 역참에 들어서자 참으로 공교롭게도 앞서 지나간 요시토모 일행의 발소리로 눈치를 챈 것인지 역참에 있던 한 무리가 달아나는 자 가운데 한 사람일 것이라 생각하여 그를 사로잡으려 밖으로 뛰쳐나왔다. 그 가운데 가벼운 갑옷으로 몸을 감싼 겐나이효에 사네히로(源内兵衛 真弘)라는 자가 왜장도를 들고 달려와 다짜고짜 요리토모가 탄 말의 고삐를 쥐더니,

"달아나는 자를 잡으라는 명령을 로쿠하라로부터 받았다."라며 요리토모를 끌어내리려 했다.

누가 뭐래도 아직은 13세의 소년, 요리토모의 목숨은 여기서 끝날 듯했다. 그러나 이쪽은 요시토모의 사랑을 한 몸에 받고 있을 정도로 그 마음도 용맹한 소년 무사, 이 정도의 일에 기가 죽지는 않았다. 요리토모는 허리에 찬 장검으로 손을 가져가 그것을 뽑음과 동시에 사네히로를 내리쳤다. 칼에 맞은 사네히로는 그 자리에서 털썩 쓰러져버리고 말았다. 그러자 뒤이어,

"이 괘씸한 놈이."하고 외치며 말의 고삐를 쥔 자가 있었다. 요리토모가 장검으로 다시 그의 손을 슥 베었기에 역참에 있던 사람들도 겁을 먹어 더는 덤비려는 자가 없었다. 그 틈을 이용해서 요리토모는 역참에서 빠져나와 야스(野洲)의 강변으로 나갔다. 거기서는 요리토모를 찾으러 온 카마타가 커다란 목소리로 이름을 부르고 있었다. 두 사람의 기쁨은 이만저만한 것이 아니었다. 서둘러 요시토모의 뒤를 따라나섰다.

마침내 일행을 따라잡자 요시토모가 크게 기뻐하며,

"어째서 이렇게 늦은 게냐?"라고 눈물까지 글썽이며 말했다.

이에 요리토모가 조금 전에 있었던 일을 이야기하며 안도의 한숨을 내쉬자 요시토모는 더욱 기뻐하며,

"설사 어른이라 할지라도 그리 쉽게 할 수 있는 일이 아니다. 아주 잘했구나."라고 칭찬했다.

카가미(鏡)의 역마을을 지나서, 후와노세키(不破関)는 적이 지키고 있다는 말을 들었기에 코제키(小関) 쪽으로 방향을 잡아 오노(小野)의 역마을에서 카이도50)를 오른쪽에 두고 길을 가기 시작했다. 커다란 싸움이 있었던 27일 아침에도 눈이 내렸고 이날도 눈발이 날리는 하늘. 차가운 바람이 매서웠기에 말 위에서의 여행은 고된 것이었다. 달리 방법이 없었기에 의지하던 말을 버리고 걸어갈 수밖에 없었다. 무거운 갑옷과 투구에 어제부터 쌓인 피로가 더해졌다. 게다가 눈발은 더욱 거세졌다. 제아무리 용맹한 자들이라 할지라도 여기에는 견딜 수가 없었다. 이에 갑옷 등 무거운 물건은 전부 눈 속에 버리고 나아가게 되었는데, 집안 대대로 내려오던 비장의 갑옷을 버리는 심정은 어떤 것이었을까? 하지만 지금은 그것 외에 다른 방법이 없었다. 가여운 것은 요리토모였다. 누가 뭐래도 아직 13세 소년. 말을 타고 갈 때는 뒤떨어지지 않았으나 눈길을 걷게 되자 어른들만큼은 갈 수가 없었기에 마침내는 일행과 떨어지게 되었다. 앞서 가던 요시토모는 이번에도 카마타에게 명하여 찾게 했으나 이번만은 사납게 몰아치는 찬바람 소리만 들려올 뿐, 불러도 대답은 들려오지 않았다.

---

50) 海道. 쿄토와 토쿄를 잇는 태평양 연안 쪽의 간선도로.

요리토모가 보이지 않는다는 말을 들은 요시토모는 크게 낙담했다. 싸움에서는 졌고, 가신들과는 뿔뿔이 헤어졌고, 거기에 딸을 죽였으며, 아들을 잃었으니 마음은 더욱 쓸쓸해질 뿐이었다. 결국은 눈 위에 털썩 주저앉더니,

"달아나는 자의 아들, 나이는 열셋, 어차피 눈 속에서 얼어 죽거나 적에게 잡혀 참수당할 것이라 생각하면 나의 운도 다한 듯하구나."라며 칼로 손을 가져가 자결하려 했다. 그러자 장남인 요시히라와 차남인 토모나가도 훌륭한 무사였기에 아버지가 자결하면 자신들도 뒤를 따르겠다며 역시 자결을 하려 했기에 이를 본 카마타 효에와 콘노마루는 크게 놀랐다. 좌우에서 매달리며,

"안타까운 마음은 잘 알겠사오나 스케 도련님 한 분을 가엾이 여기시어 자결하시면, 다른 두 도련님들도 그 뒤를 따르실 것입니다. 한 분을 아끼시어 두 분을 잃으신다는 건……."이라고 간언했기에 요시토모도 그제야 사실을 깨닫고 마침내 마음을 바꾸었다. 싸움에서 진 무사의 마음은 참으로 애달픈 것이다.

이렇게 해서 요시토모는 어두운 기분으로 미노노쿠니[51] 아오하카(青墓)의 역마을에 도착했다. 그곳의 부호인 오오이(大炊)는 예전부터 알고 지내던 사이였기에 일단 한시름 놓기는 했으나 요시토모의 가슴 속은 산산이 부서지는 것 같았다. 요시토모가 요시히라와 토모나가를 불러 말했다.

"요시히라는 지금부터 홋코쿠[52]로 가서 에치젠노쿠니[53]를 비

---

51) 美濃国. 지금의 기후 현 남부. 노슈(濃州)라고도 했다.
52) 北国. 호쿠리쿠(와카사·에치젠·카가·노토·엣추·에치고·사도)의 각 지방. 지금의

롯한 홋코쿠의 군세를 모아 쿄토를 공격하도록 하라. 토모나가는 시나노노쿠니54)로 가서 카이노쿠니55)와 시나노에 있는 겐지를 규합하여 공격하도록 하라. 나는 지금부터 토고쿠로 가서 그곳의 세력을 데리고 쿄토로 향하겠다. 세 갈래서 한꺼번에 친다면 헤이시를 쳐부수는 것도 어려운 일은 아닐 것이다."

이 결심은 참으로 비장한 것이었다. 요시히라는 15세 때 숙부인 타테와키 센조 요시카타(帶刀 先生 義賢)를 쳤을 정도의 인물이었기에,

"알겠습니다."라고 대답했다. 토모나가도 무사의 아들이었기에 형과 마찬가지로,

"알겠습니다."라고 말하기는 했으나 그때 나이는 15세였다. 15세의 소년이, 더구나 조정의 적이라는 신분이 되었는데 과연 낯선 시나노와 카이 땅으로 들어가서 병사를 모아 쿄토로 공격해 들어갈 수 있을지. 토모나가는 참으로 불안해지기 시작했다. 더구나 일가족이 뿔뿔이 흩어져야 했기에,

"어디까지고 아버지 곁에 머물며 생사를 함께 하겠습니다."라고 말했으나, 요시토모는 이를 허락하지 않았다. 하는 수 없었기에 요시히라와 토모나가는 그날 밤에 아오하카를 출발하여 각자 명령 받은 땅으로 향했다.

아버지의 엄한 명령에 길을 나서기는 했으나 토모나가는 어디를

후쿠이·이시카와·토야마·니가타 현.
53) 越前国. 지금의 후쿠이 현 북부. 엣슈(越州).
54) 信濃国. 나가노 현. 신슈(信州).
55) 甲斐国. 야마나시 현. 코슈(甲州).

향해 어떻게 가야 할지 알 수가 없었다. 이에 형에게,

"그런데 아버지께서 말씀하신 시나노는 어느 쪽입니까?"라고 물었다. 그러자 원래가 용감한 요시히라였기에 저 멀리 구름을 가리키며,

"저쪽을 향해 가도록 해."라고 내뱉듯 말하고 나는 새처럼 어딘가를 향해서 달려나가기 시작했다.

토모나가는 더욱 걱정이 되었다. 목적지가 있지만 없는 것과 다를 바 없는 불안한 여행길, 더구나 낯선 고장으로 가서 군대를 일으켜야 하는 어려움, 이런 것들을 생각하면 그 커다란 일을 자신이 할 수 있으리라 여겨지지 않았다. 지금은 달리 방법이 없기에 길을 나섰지만 몸은 벌써 지칠 대로 지쳤으며 류게고에서 입은 상처가 점점 깊어져서 더는 어떻게 해볼 수도 없었다. 도저히 안 되겠다 싶었기에 다리를 절뚝이며 아오하카로 다시 되돌아갔다.

그러자 이를 본 요시토모가 날카로운 목소리로,

"시나노로 간 줄 알았는데 어째서 돌아온 것이냐?"라고 물었다. 토모나가는 화살에 맞은 통증을 참아가며,

"류게고에서 화살에 맞은 곳이 쑤시니 치료를 받은 뒤에 떠났으면 합니다."라고 청했다. 그러자,

"너는 참으로 기개 없는 사내로구나. 나이가 어리기는 하나, 요리토모였다면 그런 말은 하지 않았을 게다."라고 야단을 쳤다. 그리고,

"너를 여기에 두었다가는 적에게 붙들려 어떤 수치를 당하게 될지 알 수 없겠구나. 차라리 이 아비의 손으로 작별을 고하게

해줄까?"라고 비장하게 말했다. 그러자 토모나가도 굳은 결심을 내보이며,

"저도 이 상처 때문에 몸을 마음대로 움직일 수가 없으니 이름도 없는 잡병들의 손에 죽기보다는 아버지의 손에 죽고 싶습니다."라고 참으로 무사다운 말을 했다. 눈물이 날 정도로 비통한 말이었다. 이에 요시토모는 더욱 차갑게 얼어버린 칼을 뽑아 생을 마감케 해주었다.

(5) 바람 차가운 노마에서의 신년

오오이의 집에서 발걸음을 멈추기는 했으나 생각해보니 여기서 그대로 머무는 것도 위험한 듯했기에 집안사람들이,

"여기서 해를 넘긴 뒤 천천히 토고쿠로 가시기 바랍니다."라고 말하는 것도 듣지 않고 다시 길을 떠나기로 했다. 그런데 그날 밤, 어떻게 알았는지 역마을에 있던 자 이삼백 명쯤이 그들을 잡으러 왔다. 다행히도 주인의 위험을 본 사도 시키부타이후가 스스로 요시토모라고 이름을 밝히고 그를 대신하여 자결했기에 요시토모는 그날 밤에 은밀히 거기서 달아날 수 있었다. 하지만 때는 연말, 이렇게 얼마 되지도 않는 가신이 하나둘 줄어드는 것은 참으로 쓸쓸한 일이었다.

이후 요시토모는 히라가 시로 요시노부와도 일단은 헤어졌다가 훗날을 기약하기로 했는데, 이때 요시노부는 묘한 예감이 들었는지 요시토모가 걱정되어,

"그럼, 여기서 인사를 올리도록 하겠습니다. 나리께서는 어디로 향하시려 하십니까?"라고 물었다. 그러자 요시토모는,

"우선 오와리노쿠니56)의 노마(野間)로 가서 오사다 타다무네(長田 忠致)에게 말과 갑옷이라도 얻어 토고쿠로 갈 생각일세."

이 말을 들은 요시노부는 별다른 이유도 없이 불안해서 견딜

---

56) 尾張国. 아이치 현 서부. 비슈(尾州).

수가 없었다. 그랬기에,

"나리, 그것은 매우 위험한 일입니다. 오사다는 이익이 되는 일을 좋아하는 자이기에 나리처럼 쫓기는 처지에 있는 사람이라면, 설령 주군이라 할지라도 숨겨주지는 않을 것이옵니다."

"아닐세. 오사다는 카마타의 장인이니 괜찮을 것이라 생각하네."

"그렇습니까? 그럼, 저는 이만 인사를 올리겠습니다. 쿄토로 진군하실 때 다시 뵙도록 하겠습니다."

요시노부는 불안 속에서도 이렇게 말하고 요시토모와 헤어졌는데, 이것이 이번 생에서의 마지막이 될 줄은 주인도, 가신도 알지 못했다.

이후 요시토모는 카마타를 불러,

"지금 상황으로 봐서 카이도를 지나기는 어려울 듯하네. 오와리 노쿠니로 들어갔으면 하는데 어떻게 생각하는가?"라고 물었다. 이에 카마타는 잠시 생각하다,

"그도 괜찮을 것 같습니다. 와시스 겐코(鷲栖 玄光)는 오오이의 동생입니다. 그를 길잡이로 삼으면 좋을 듯합니다."

이에 겐코 법사를 길잡이 삼아 연말인 29일에 배를 타고 오와리노 쿠니의 우쓰미(內海)에 도착했다. 오사다 쇼지 타다무네는 겐지의 가신이자 카마타의 장인이기도 했기에 그 오사다의 집으로 들어갔다. 오사다도 크게 기뻐하며 맞아들였지만 요시토모는 마음이 조급했기에,

"얼른 말을 내주게, 서둘러 가지 않으면 안 되니."라고 말했다. 오사다가,

"이렇게 어렵게 오셨으니 하다못해 정월 3일까지는 신년을 즐기시다 가시기 바랍니다."라고 거듭 만류했기에 그럼 신세를 좀 지겠다며, 그곳에서 머물기로 했다.

이때 오사다는 요시토모를 따르는 자들이 얼마 되지 않는 것을 보고 그를 쳐서 헤이케의 은상을 받는 일도 아주 간단한 일이라고 생각한 것이었다. 이에 그 일을 아들인 카게무네(景致)와 상의했더니 그도 크게 찬성했다. 일은 아주 쉽게 진행되었다. 1월 3일, 타다무네는 카마타를 상대로 술잔을 주고받았으며 요시토모에게는,

"쿄토에서의 싸움 이후 먼 길을 오시느라 피로하실 줄 압니다. 더운 물로 몸을 녹이시길."하며 참으로 정중한 모습으로 그를 욕실로 안내했다. 계략에 빠진 줄도 모르고 요시토모는 목욕을 마친 뒤 간편한 옷으로 갈아입으려 했으나 거기에는 아무것도 없었다. 또한 사람을 불러도 아무도 오지 않았기에 콘노마루가 화를 내며 욕실 밖으로 나가자, 그 틈을 타서 젊은 무사 셋이 그곳으로 뛰어들어 요시토모를 쓰러뜨렸다. 제아무리 용맹한 요시토모라 할지라도 불의의 습격에는 달리 손을 쓸 수가 없었다. 요시토모는 그렇게 안타까운 최후를 맞이하고 말았다.

콘노마루가 홑옷을 가지고 돌아왔을 때, 요시토모는 이미 살해된 뒤였다. 콘노마루가 크게 화를 내며,

"이 악당들!"하고 셋을 욕실 입구에서 베어버렸으나 그렇게 해봐야 요시토모가 되살아나는 것도 아니었다.

방에서 술을 마시고 있던 카마타도 사건이 일어났다는 말을

듣고 자리에서 일어서려 했으나 지금까지 함께 술을 마시던 사내가 칼을 빼들고 달려들지 않겠는가. 카마타는 그를 가까이로 유인하여 단칼에 베려 했으나 카게무네가 뒤에서 기다리고 있었다는 듯 칼을 휘둘렀기에 카마타 역시 허무한 최후를 맞이하고 말았다. 당시 38세, 요시토모와 같은 나이였다.

이 소식을 들은 겐코 법사는 카마타가 요시토모를 죽인 것이라고 생각했기에 거친 성격 그대로 칼을 들고 가보니 그 카마타도 살해당한 뒤였다. 이에 콘노마루와 둘이서 사납게 날뛰었으나 정작 오사다 타다무네 부자의 목을 벨 수는 없었다.

겐지의 적자인 요시토모가 헤이지의 난에서 패해 달아났다는 사실조차 겐지 세력에게는 커다란 타격이었다. 그러나 달아난다 할지라도 살아만 있다면 뿔뿔이 흩어진 가신들에게도 다시 세력을 회복하여 모여들 목표가 있는 셈이다. 지금 그것이 사라져버리고만 것이었다. 히라가 시로 요시노부의 걱정은 쓸데없는 것이 아니었으며, 오사다 타다무네는 참으로 잇속 밝은 일개 무사에 지나지 않았던 것이다. 그의 행동을 좋지 않게 보는 것은 당시 사람들뿐만이 아니고, 또 겐지의 편을 드는 사람들뿐만이 아니다.

콘노마루가 오와리에서 쿄토로 달려가 토키와[57]에게 이 사실을 알렸다. 쿄토는 헤이지 2년(1160)의 정월을 맞이했으나 전쟁 직후였기에 쓸쓸하기 짝이 없었다. 콘노마루는 정월 5일에 쿄토에

---

[57] 常盤(?~?). 미나모토노 요시토모의 첩이었으나, 요시토모가 타이라노 키요모리에게 패하자 어머니와 아이들의 목숨을 구하기 위해 키요모리의 첩이 되었다. 이후 이치조 오오쿠라와 재혼했다.

콘노마루

도착했다. 그리고 토키와의 거처로 가서 요시토모의 최후를 들려주었다. 이를 들은 토키와는 커다란 비탄에 잠겼다. 이마와카(今若)·오토와카(乙若)·우시와카(牛若) 세 아들도 어머니와 함께 슬픔의 눈물을 흘렸다. 콘노마루는,

"저도 그 자리에서 나리의 뒤를 따라갔어야 했으나 적에게 쫓기면서도 자제분들을 걱정하셨다는 사실을 알고 있고, 또 이번 일을 알릴 자가 아무도 없을 것이라 생각했기에 부질없는 목숨을 버리지 못하고 여기까지 온 것입니다. 요시히라 도련님과 요리토모 도련님은 틀림없이 적에게 붙잡히셨을 것이라 생각됩니다. 나이 어리신 도련님들도 앞으로 어떻게 되실지 알 수 없는 일입니다. 하다못해 저라도 승려가 되어 돌아가신 나리의 명복을 빌어드리고 싶습니다."

이렇게 말한 뒤 자리에서 일어났다. 이후 출가한 콘노마루는 각지를 돌아다니며 수행했고, 요시토모의 명복을 빌었다.

무사가 세력을 얻은 세상에서 태어나 전투에 힘을 쏟아부었으나 늘 고생만 한 채 아무런 소득도 없이 헛수에 그치고만 겐지. 앞선 호겐의 난에서는 부모와 자식, 형제와 형제가 서로 갈라서서 싸웠으며, 난 후에는 아들이 아버지를 죽였고, 은상에 불만을 품어 믿지 못할 조정의 신하와 결탁하여 마침내는 헤이지의 난을 일으켰다. 그러나 이 두 번에 걸친 난에서 용사들을 잃은 겐지는 마침내 참패를 당해 마치 말라버린 고목이 서 있는 쓸쓸한 겨울 들판과 같은 모습이 되어버리고 말았다.

제3장 어린 무사 요리토모

미나모토노 요리토모는 훗날 세이이타이쇼군 소쓰이부시[58]가 되었을 정도의 인물이니 어렸을 때도 평범한 사람들과는 달랐을 테지만, 그에 대해서는 알려진 내용이 없다. 단지 아버지 요시토모가 수많은 아들 중에서도 특별히 요리토모를 아꼈다는 사실만은 잘 알려져 있다.

요리토모는 아명을 오니무샤[59]라고 했는데 그 이름을 들은 것만으로도 평범한 아이가 아니었음을 알 수 있을 뿐만 아니라, 그런 이름이 붙었을 정도의 아이를 용맹스러운 요시토모가 얼마나 아꼈을지도 대충은 짐작이 간다. 헤이지의 난 때 요리토모는 13세였는데 오늘날의 13세 아이들과는 달리 체격이 늠름했을 테지만, 참으로 사랑스러운 어린 무사였을 것이다. 그 어린 무사인 요리토모의 차림새를 보면 감색 히타타레[60]에 겐타가우부기(源太が産衣)라는 갑옷을 입고, 우툴두툴한 은색 투구의 끈을 매고, 히게키리마

---

58) 征夷大将軍 総追捕使. 세이이타이쇼군은 주24참조. 소쓰이부시는 각지의 행정·군사·경찰권을 가진 슈고(守護)의 전신.
59) 鬼武者. 일본어의 오니(鬼)는 원래의 뜻인 '귀신, 도깨비' 외에도 명사 앞에 붙어 '엄하고 무서운', '용맹한'이라는 뜻을 나타내는 접두어처럼 쓰이기도 한다. 즉, 오니무샤란 용맹한 무사라는 뜻.
60) 直垂. 옛날 예복의 일종. 무사들은 갑옷 속에 이것을 입었다.

루(髭切丸)라는 장검을 차고, 깃을 물들인 화살 12개를 메고, 시게토(重籐)라는 활을 들고, 밤색 말에 떡갈나무로 만든 안장을 얹어 탔다고 한다. 겐타가우부키라는 갑옷은 겐지에 대대로 내려오던 갑옷 가운데서도 특히 비장의 갑옷이었는데 가슴에 아마테라스 오오미카미[61], 쇼하치만다이보사쓰[62]를 새기고 좌우의 소매에 막 피기 시작한 등나무 꽃 모양으로 미늘을 짠 것이었다고 한다. 그리고 히게키리마루라는 검은 하치만타로[63]가 오슈 전투 때 생포한 자의 목을 베었는데 수염까지 함께 잘렸다고 해서 히게키리라는 이름이 붙은 명검이었다. 대대로 장남에게 물려주게 되어 있는 가보이기에 원래대로 하자면 아쿠겐타 요시히라가 이 갑옷을 입고 이 칼을 찼어야 했지만, 요시히라에게 주지 않고 요리토모에게 준 것만 봐도 요리토모가 아버지에게 얼마나 사랑받았는지를 알 수 있다. 더구나 요시히라도 훌륭한 무사, 그 격한 성격은 요시토모를 쏙 빼닮았는데 그런 요시히라에게조차 주지 않고 요리토모에게 주었을 정도이니 그 외의 일들도 대충은 짐작이 간다.

또한 둘째 아들인 토모나가가 미노노쿠니 아오하카의 숙소에서 카이·시나노로 들어가라는 명령을 받았음에도 화살에 맞은 상처의 아픔 때문에 다시 돌아왔을 때도 요시토모가 그를 보고,

"요리토모라면 그렇게 하지 않았을 게다."라고 야단쳤다는 사실을 생각해봐도 다른 형제들보다 요리토모를 아꼈다는 사실을 알

---
61) 天照大神. 일본 신화 속 해의 여신으로 일본 황실의 조상이라 여겨지고 있다.
62) 正八幡大菩薩. 하치만 신에게 바친 이름.
63) 八幡太郎. 미나모토노 요시이에(源 義家, 1039~1106)의 통칭. 토고쿠에서 겐지 세력의 기반을 닦았다.

수 있다. 이처럼 아끼던 요리토모였기에 눈 내리던 밤, 이부키야마(伊吹山)의 산기슭에서 그 모습이 보이지 않게 되자 크게 실망하여 스스로 목숨을 끊으려 했던 것이리라.

또한 요리토모도 오니무샤라고 불렸을 만큼 용맹한 기상이 있었다. 헤이지 원년(1159) 12월 27일, 드디어 전쟁을 치르기로 한 날. 모두가 눈부실 정도의 무장을 하고 모여들자, 당시 37세로 잿빛이 감도는 말에 올라 궁궐의 닛카몬(日華門)에 매서운 눈빛과 기백 넘치는 얼굴로 선 아버지 요시토모 옆으로 장남인 요시히라와 둘째 아들인 토모나가. 그들과 말을 나란히 하고 선 어린 무사가 아버지 요시토모를 바라보며,

"헤이케는 빠른 속도로 달려올 것입니다. 적에게 선수를 빼앗기기 전에 저희가 먼저 로쿠하라로 밀고 들어가야 합니다."라고 말했다. 로쿠하라는 헤이케의 진지로 적의 본영이었다. 겨우 13세인 어린 무사가 이런 말을 했다니, 노부요리가 헤이케 군의 함성에 파랗게 질려서 말에 오르려다 콧등을 찧었다는 사실과 비교해보면, 이 사랑스러운 어린 무사의 모습이 저절로 떠오르는 듯하다. 그런 어린 무사를 요시토모가 얼마나 아꼈을지.

모리야마의 역참에서 갑옷을 두르고 긴 칼을 든 커다란 사내를 벤 13세의 어린 무사 요리토모는 카마타에게 이끌려 27일 밤에 아버지 일행과 다시 합류할 수 있었다. 형 요시히라는 이때 19세, 기가 센 사내였기에,

"13세나 되어 말에서 졸다니, 기백이 없구나."라고 말했는데, 이를 들은 요시토모는,

"열네다섯 살만 되었어도 너에게 지지 않았을 게다. 그래, 그래, 괜찮다. 곧 훌륭한 대장이 될 수 있을 게다."라며 사랑스러운 어린 무사의 기를 살려주고,

"자, 앞장서서 가거라."라고 말했기에 거기서부터는 요리토모를 선두에 세워 카가미의 역마을을 지났다. 후와노세키는 적이 지키고 있었기에 코제키 쪽으로 방향을 잡아, 오노의 역마을에서 코제키로 들어갔다. 그곳은 미노 가도 가운데서도 북쪽의 높은 지대와 가까운 지역이었다. 차가운 바람이 눈을 불러와 쫓기는 자의 슬픔은 뼈에 사무칠 정도였다. 더구나 27일 아침부터 벌인 전쟁에 이어 밤새도록 길을 걸은 뒤 맞은 28일이었기에 몸은 완전히 녹초가 되어 있었다. 그런 몸으로 다시 눈 쌓인 산을 넘었는데 인가는 멀고 길은 험했기에 참으로 고생스럽기 짝이 없었다.

요시토모 일행은 더없는 고난 속에서 무사에게는 자식만큼이나 사랑스러운 말을 버리고 걷기 시작했으나, 그것 역시도 쉬운 일은 아니었다. 이번에는 갑옷의 무게가 몸을 짓눌렀다. 이에 이번에는 갑옷을 버리기로 했는데 그 갑옷은 하나같이 겐지에 대대로 내려오는 가보였기에 웬만한 고난이 아니고서는 버릴 마음이 들 리 없는 것들뿐이었다. 그것도 버리고 길을 재촉한 것이었다.

한편 요리토모는 일행의 선두에 서서 길을 가기는 했으나 어른들에게조차 고통스러운 길이었으니 13세의 어린 무사에게 그 길이 편할 리 없었다. 점점 중간쯤에 서게 되고 후미로 밀려나고, 1정 (109m) 처지고 3정 멀어지고, 결국에는 일행과 떨어지게 되었다.

온 세상을 뒤덮은 눈. 풀을 덮고 나무를 덮고 강을 덮은 눈은

쉽사리 그칠 것 같지도 않았다. 눈의 무게에 부러지는 나뭇가지 소리, 겨울철새의 울음이 어린 무사의 애간장을 얼마나 녹였을지. 가엾은 요리토모는 그런 눈 속의 산길을 헤매느라 아오하카로 들어가지 못했을 뿐만 아니라 코제키로 가야 할 것을 코다이라(小 쭈)로 가버리고 말았다. 날이 밝으려 할 무렵, 이 추위 속 참새 같은 요리토모의 눈에 문득 인가가 들어왔다. 인가! 요리토모의 눈이 이상할 정도로 반짝였다. 어린 무사는 얼어붙을 것 같은 다리에 힘을 주어 그 피난처 같은 인가를 향해 눈길을 더듬어갔다.

다가가보니 그 작은 집 속에서 사람의 목소리가 들려왔다. 어린 무사가 창가에 몸을 기대어 집 안을 가만히 살펴보니 거기서는 남편인 듯한 사내와 아내인 듯한 여자가 쉬지 않고 내리는 눈에 대해서 이야기하고 있었다. 이 사람들이야말로 자신의 구세주일지도 모르겠다며 어린 무사가 귀를 기울이고 있자니,

"이렇게 큰 눈이 내리면 달아나는 자들도 길을 가기 쉽지는 않을 거야. 이럴 때 운 좋게 한두 사람쯤 잡아다 헤이케에 바쳐서 상이라도 받으면 좋을 텐데."라고 말하는 게 아닌가. 어린 무사도 이 말에는 가슴이 덜컥 내려앉고 말았다.

'큰일 날 뻔했군. 하마터면 내 발로 걸어서 그물 속으로 들어갈 뻔했어.'라며 서둘러 그곳에서 몸을 피했다.

그리고 발길이 향하는 대로 정처 없이 떠돌았는데 생각해보면 참으로 의지할 곳 없는 몸이었다.

'아버지는 대체 어떻게 되셨을까? 형님들은 어디에 있는지? 여기는 또 어디란 말인가?'

어디가 어딘지도 모를 산길 속의 눈에 몸이 얼어 마침내는 산골 사람들에게 붙들려 오랏줄에 묶이는 치욕을 당하고 그 결과 참수에 처해지는 게 아닐까 생각하면 크게 절망하지 않을 수 없었다. 어린 무사는 그대로 자결해버릴까도 생각해보았다.

그때 마침 그곳으로 다가온 것이 타이후노사칸 사다야스(大夫属定康)라고, 겐지와 인연이 있는 사람이었다. 눈 내리는 연말에 소년 혼자서 친구도 없이 방황하며 돌아다니는 것을 이상히 여긴 사다야스가 친구가 있느냐고 물었더니 없다는 대답이었다. 어디로 가느냐고 물었더니 아오하카로 간다는 것이었다. 몸도 상당히 지쳐 있는 듯했기에 일단은 자신의 집으로 데려가 물어보니 그는 요시토모의 셋째 아들인 요리토모였다. 참으로 놀라운 일이었다. 아니, 놀랍다기보다는 그 신기한 해후에 겐지의 운이 다하지 않았음을 기뻐했다. 그때는 헤이케의 수색이 워낙 엄중했기에 아무 데나 숨길 수도 없는 노릇이었다. 이에 자기 절 불당의 천장 위에 숨게 하고 스님들에게 지키게 하였다. 그렇게 해서 한때의 위기를 모면한 뒤, 헤이케의 수색이 얼마간 느슨해졌기에 이번에는 사다야스의 집으로 가서 헤이지 원년의 이듬해, 즉 에이랴쿠(永暦) 원년(1160)의 신춘까지 거기에 머물렀다.

이처럼 사다야스의 도움으로 목숨을 건진 요리토모는 외로운 밤이면 아버지의 행방, 형님들의 소식을 알고 싶어서 견딜 수가 없었다. 그리고 그것을 알려면 아오하카로 갈 수밖에 없다고 생각했다. 이에 친절하게 돌봐주었던 사다야스의 집에서 나와 다시 길을 따라 걷기 시작했다. 그 목적지는 물론 아오하카였다. 아오하카는 오오가키(大垣)의 북서쪽에 있는 조그만 역마을이었는데 할아버지인 타메요시 때부터 겐지와 깊은 인연이 있는 곳이었다. 그 아오하카의 유지인 오오이의 집에는 요리토모의 배다른 여동생도 있었으며, 또 요시토모를 따라 오와리로 간 겐코 법사도 그곳 사람이었다.

  요리토모가 아버지 요시토모의 최후에 관한 이야기를 들은 것은 사다야스의 집이 아니라 오오이의 집에서였을 것이다. 늘 마음을 떠나지 않았던 아버지 요시토모의 최후가 그처럼 참혹한 것이었다는 말을 들었을 때 얼마나 화가 치밀었을지. 누가 뭐래도 가신의 입장에 있으면서, 쫓기는 몸이 된 주인 집안의 아들을 대접하는 척 끌어들여서 다른 곳도 아니고 욕실에서 암살하다니 이보다 더 증오스러운 일도 없을 것이라며 억울해했을 것임에 틀림없다. 특히 요리토모는 형제들 가운데서도 아버지에게 가장 사랑을 받았으니 오사다 부자에 대한 증오는 한층 더 컸으리라 여겨진다. 오사다 부자의 소행에 화를 낸 것은 단지 요리토모만이 아니었다. 헤이케의 무사들 가운데서도 그들의 불충을 손가락질한 자가 있었으니 당시의 생각 있는 자들에게는 미움의 대상이었으리라 여겨진다.

  그와 동시에 이러한 아버지의 죽음을 또 얼마나 안타까워했을지. 싸움에서 패한 장군이니 적의 손에 붙잡혀 목숨을 잃은 것이라면 그것도 무사로서 어쩔 수 없는 일이었으리라. 하지만 다른 사람도 아니고 자기 집안의 가신에게, 그것도 욕실에서 최후를 맞이하게 될 줄이야, 너무나도 허망한 일이었다. 때를 얻지 못하면 주인도 주인으로 여기지 않는 쓸쓸하고, 비열하고, 덧없는 세상을 맛보았으니 가늠할 수 없는 인간의 운명에 대해서도 생각했을 것이다. 물론 호겐의 난 이후 겐지 내에서도 그런 쓸쓸한 육친 간의 다툼은 있었으나, 그것은 요리토모가 10세 무렵의 일이기도 했고, 요리토모 쪽이 승리를 거두었을 때이기도 했기에 그렇게 크게 여겨지지는 않았을 테지만, 아버지의 이번 죽음은 요리토모의 마음에 커다란 파문을 일으켰을 것이다.

이렇게 해서 요리토모는 열서너 살이라는 소년의 몸으로 다시는 아버지를 볼 수 없는 처지가 되어버렸다. 하지만 그것은 요리토모만의 슬픔은 아니었다. 요리토모의 형인 요시히라는 아버지의 명령에 따라 히다노쿠니64)를 거쳐 에치젠으로 가서 군사를 모으려 했으나 요시토모가 죽었다는 소문이 전해지자 그의 편에 서서 일을 하려는 자가 아무도 없었다. 하는 수 없었기에 자신의 손으로 키요모리의 목을 베겠다며 요시히라다운 생각을 품고 쿄토로 들어갔으나 그런 커다란 뜻을 쉽게 이룰 수 있을 리 없었다. 곧 난바 지로 쓰네토오(難波 次郎 經遠)에게 사로잡혀 정월 25일에 로쿠조가와라에서 처형당하고 말았다. 이 소식도 풍문이 되어 요리토모의 귀에 들어갔다.

요리토모는 열서너 살이라는 소년의 몸으로 아버지와 형제들과 헤어지는 신세가 되어버리고 말았다. 생이별도 사별도, 그 경우에 처해보지 않으면 그 마음을 알 수 없는 법인데, 요즘 같았으면 아직 부모의 품에서 코를 흘리며 짓궂은 장난을 칠 나이다. 그런

---

64) 飛騨国. 기후 현 북부. 히슈(飛州).

나이에 몸은 홀로 아오하카를 떠돌고 있고, 아버지와 형제와 일족의 가신들과는 아주 짧은 사이에 생이별·사별을 하게 되었으니 탄식하고 울어도 모자랐으리라.

요리토모가 그와 같은 처지에 빠져 있을 때 아버지의 영지였던 오와리노쿠니는 이번 싸움에서 공을 세운 미카와(지)노카미 요리모리(三河守 賴盛)의 것이 되어버렸으며, 요리모리의 가신인 야헤이효에 무네키요(弥平兵衛 宗清)가 모쿠다이65)가 되어 오와리노쿠니로 내려갔다. 그런데 그 도중에 뜻밖에도 요리토모를 사로잡았기에 의기양양하게 쿄토로 들어갔다. 헤이케의 가신에게 있어서 적의 무장의 아들을 사로잡은 일은 커다란 공이다. 그러나 사로잡힌 요리토모에게 있어서는 칼날이 목 밑으로 들어온 것이나 다를 바 없는 일이었다. 달아나려 해도 달아날 수 없고, 죽으려 해도 마음대로 죽을 수 없게 되어버렸다. 이제는 헤이케 무사들의 처분에 따를 수밖에 없이 되어버리고 말았다.

무네키요가 사로잡아왔기에 쿄토에 들어간 이후부터는 무네키요에게 맡겨지게 되었다. 요리토모가 잡혀왔다는 사실은 커다란 사건이어서 쿄토 안은 온통 그 얘기로 들끓었다. 무네키요가 키요모리의 양어머니인 이케노젠니를 만났을 때도 그 이야기가 나왔다.

"그대가 요리토모를 맡고 있다는 말을 들었는데 어떤 아이인가?"라고 물었다. 무네키요는,

"매우 얌전한 아이입니다. 그런데 참으로 신기하게도 그 모습이

---

65) 目代. 지방장관의 대리로 그 지방에 부임하여 집무를 보던 사적 대리인.

돌아가신 사마(관)노스케(이케노젠니의 친아들인 이에모리) 도련님을 쏙 빼닮았습니다."라고 대답했다. 그러자 젠니도 죽은 아들이 떠올랐는지, "신기한 일도 다 있구나."라고 애잔한 얼굴로 말했다. 정통 겐지의 무사의 아들로 14세인 요리토모는 오늘 목숨을 잃을지 내일 목숨을 잃을지, 어차피 목숨을 잃을 바에는 하루라도 빨리 세상을 떠나는 편이 낫겠다고 마음먹고 있었기에 그 차분한 마음이 몸가짐에도 나타나 무네키요는 가엾다는 생각이 들었다.

야헤이효에 무네키요는 원래 정이 깊은 무사였기에 죽음을 기다리는 어린 무사의 모습에 커다란 동정심을 품은 듯하다. 그랬기에, "어차피 가망은 없을 테지만, 살고 싶다는 생각은 없으신지?"라고 물었다. 요리토모는 조금도 망설이지 않고,

"지난 호겐의 난 때는 여러 숙부와 친척들을 잃었고, 이번의 전투에서는 아버지와 형제들을 잃었으니 살아남은 몸으로서는 승려라도 되어 떠난 분들의 명복을 빌고 싶은 마음이 없지는 않습니다. 그것을 생각하면 역시 목숨이 아깝기는 합니다."라고 말했다. 아직 어린 나이에 참으로 기특한 생각도 다 하는구나 싶어 동정심이 솟아올랐기에 승려가 되기를 원한다면 자신이 힘을 써볼 수도 있겠다는 생각이 들었다. 이에,

"참으로 옳으신 말씀이십니다. 오와리(지)노카미(타이라노 요리모리)의 어머니이신 이케노젠니는 자비심 깊은 분이십니다. 키요모리 공의 양어머니이기도 하신데, 헤이케에서는 중요한 분이십니다. 그분께 청하면 웬만한 일은 용서를 받을 수 있으리라 여겨집니다만."

죽을 날만 기다리고 있던 요리토모에게 이 말은 얼마나 고마운

것이었을까? 적의 대장, 그것도 자신을 사로잡은 대장의 입에서 이런 고마운 말이 나올 줄은 꿈에도 생각지 못했으리라.

"참으로 고마우신 말씀이십니다. 그게 사실입니까? 정말로 그런 일이 가능하겠습니까?"라고 꿈처럼 기뻐하며 묻자 무네키요는 이삼일 전에 젠니와 나누었던 대화를 들려주었다.

"그럼 누군가 청을 해줄 사람이 있겠습니까?"

"그렇습니다. 결과가 어찌 될지는 모르겠으나 제가 청을 해볼 수도 있습니다."

무네키요는 요리토모에게 부탁을 받았기에 서둘러 이케노젠니를 찾아갔다. 그리고 젠니에게,

"어떻게 요리토모의 목숨을 구해주실 수 없으시겠습니까? 요리토모는 승려가 되어 아버지의 명복을 빌고 싶다고 합니다. 참으로 가슴 아픈 일입니다."라고 청했다. 그러자 젠니는,

"누가 나에 대해서 이야기를 한 건가?"

"누가 했는지는 모르겠으나 모든 사람들이 자비심 깊으신 분이라 말하고 있습니다. 요리토모도 그 사실을 알고 있었습니다."

"글쎄, 전에는 여러 사람들을 도와주기는 했지만 이번에는 어떨지······."라며 고개를 갸우뚱했으나,

"그 모습이 사마(관)노스케 도련님을 닮았기에 더욱 가슴이 아픕니다."

이 한마디를 듣고 마침내 마음을 정한 듯 보였다.

"사마노스케를 닮았다니 어떻게든 해주고 싶다는 마음이 들기도 하네, 이것도 인연이라면 인연일 테니. 그런데 형은 언제로 예정되

어 있는가?"

"이번 달 13일이라 들었습니다."

"13일. 촉박하군. 어떻게 될지는 모르겠지만 한번 얘기를 해보겠네."

생각 외로 일이 쉽게 진행되었다. 이렇게 청을 받아들이기는 했으나 생각해보니 젠니에게도 불안한 마음이 없지는 않았다. 이에 곧 시게모리를 불러 힘을 보태달라고 청했다.

"이번에 잡혀온 요리토모가 나를 의지하여 구명을 청해왔는데, 승려가 되어 아버지의 명복을 빌고 싶다고 하더구나. 참으로 딱하다는 생각이 들기도 한다. 네가 말을 좀 해줄 수 없겠느냐? 요리토모가 죽은 사마노스케를 쏙 빼닮았다는 말을 들으니 그 아이가 그립기도 하구나. 모쪼록 요리토모의 목숨을 구해서 내가 이에모리 대신 그 아이를 볼 수 있게 해주었으면 좋겠구나."

죽은 아들인 이에모리를 그리워하는 마음에 젠니는 이 일을 시게모리에게 부탁했다. 시게모리는 이 일을 아버지 키요모리에게 바로 말하고 요리토모의 목숨을 살려달라고 청했다. 그러나 뜻밖에도 키요모리는 불편한 기색을 내보이며,

"이거 참 난처하게 되었구나. 이케노젠니 님의 말씀이라면 무슨 일이든 뜻대로 들어드리고 싶다만, 이번 일만은 뜻대로 따를 수가 없겠구나. 거기에는 이유가 있다. 물론 나리치카[66] 같은 사람이라

---

[66] 후지와라노 나리치카(藤原 成親, 1138~1177). 헤이지의 난에서 패했으나 시게모리와 인척관계에 있었기에 목숨을 건졌다. 이후 헤이시의 토벌을 꾀하다 발각되어 처형당했다.

면 몇 십 명을 살려주어도 크게 상관은 없다만, 무사의 아들은 다르다. 더구나 요리토모는 수많은 형제들 가운데서도 관위가 가장 높았다. 이는 그의 아버지가 가장 큰 기대를 품고 있었다는 증거다. 그의 차림새만 보아도 겐지 대대로 내려오는 물건들을 지니고 있지 않았느냐. 여러 가지 일들을 고려했을 때 그를 살려두는 것은 위험천만한 일이다."라고 말했다. 시게모리가 이 대답을 이케노젠니에게 들려주자 이케노젠니는 눈물을 줄줄 흘리며,

"아아, 나도 그처럼 가벼이 여겨지고 있었다니 참으로 어쩔 수가 없구나. 겐지 일문이 전멸한 지금, 그 어린아이 하나 살려둔다고 해서 그리 두려워할 일도 아니건만……. 전생에서 그 요리토모가 나의 목숨을 구해주기라도 한 걸까? 지금은 그 아이가 가여워서 견딜 수가 없구나. 너의 언변을 탓하는 건 아니다만, 청하는 방법에 따라서 결과가 달라질 수도 있었을 것이라 여겨지는구나."라고 수긍을 하지 못했다. 시게모리는 엉뚱한 일에 관여하게 되어 입장이 난처해지고 말았다. 이케노젠니가 더욱 간절하게 말을 이었다.

"내가 이렇게 청한 보람도 없이 요리토모가 목숨을 잃게 된다면 나 역시 살아갈 보람이 없겠구나. 이에모리와 닮았다는 얘기를 들은 뒤로는 이에모리가 자꾸만 떠올라서 견딜 수가 없다. 나의 마음을 가엾이 여긴다면 부디 요리토모를 살려주었으면 한다."라고 넋두리를 해댔기에 시게모리도 어찌할 바를 몰랐다. 이에,

"그럼 그 뜻을 다시 한 번 말씀드리기로 하겠습니다. 이번에는 오와리 나리(이케노젠니의 친아들인 요리모리)와 함께 가서 여러 가지로 자세히 말씀드리도록 하겠습니다."라고 이번에는 요리모리와 둘이서

키요모리를 만났다.

그 자리에서 온갖 말로 청했으나 키요모리는 좀처럼 승낙하지 않았다. 그러나 전보다는 얼마간 어린 무사를 측은히 여기는 듯한 모습을 보였기에 시게모리가 이때다 싶어,

"여성의 인정 깊은 마음에서 나온 청을 어찌 그다지도 들어주지 않으시려는 것입니까? 이번 일로 이케노젠니 님도 마음에 원망을 품으시게 될 것입니다. 생각해보건대 만약 헤이시의 운명이 기울어가고 있다면 그 어린 무사 하나를 죽인다고 해서 기울어가는 헤이시의 운명을 되살릴 수 있는 것도 아니며, 또 헤이시가 마침내 멸망할 때가 되면 전국의 겐지가 모두 적이 될 것입니다. 반대로 헤이케의 행운이 계속된다면 그 요리토모 한 사람을 살려두었다고 해서 계속될 것이 끊길 리도 없을 것입니다."라고 이치를 밝혀서 말했다. 이 말을 들은 키요모리는,

'그럼 승낙하겠다.'라고 말하지는 않았지만 마음속에 생각한 바가 있는 듯, 어쨌든 13일의 처형은 연기하기로 했다.

바로 처형당할 줄 알았던 요리토모의 목숨은 이렇게 해서 점점 늘어나게 되었다. 그러는 동안 요리토모는 밤낮으로 염불을 외우고 경전을 읽으며 얌전하게 지냈는데, 하루는 뒷바라지를 해주라고 붙여준 탄바 토조 쿠니히로(丹波 藤三 国弘)라는 무사에게 단도와 나뭇조각을 주었으면 한다고 말했다. 그러자 쿠니히로는 요리토모의 마음도 모른 채 심심풀이 삼아 무엇인가를 만들려는 걸까 싶어,

"요시토모 나리를 비롯하여 형제들도 여럿 세상을 떠나셨으니 독경이라도 하신다면 모르겠으나, 단도로 무엇을 하시려는 겝니

까?"라고 물었다. 그러자 요리토모가 눈물을 줄줄 흘리며,

"천하에 요리토모만큼 수심이 깊은 자가 또 있겠습니까? 작년 3월에는 어머니와 헤어졌고, 아버지와 형님은 지난번의 싸움에서 돌아가셨습니다. 특히 아버지를 생각하면 슬픔을 견딜 수 없기에 제 목숨이 붙어 있는 한은 온 마음을 다해서 불공을 올리고 싶습니다만 지금의 몸으로는 그것도 여의치가 않습니다. 아버지는 정월 3일에 돌아가셨으니 육칠일도 오늘내일이라 여겨지고 49일도 멀지 않았습니다. 그러나 꽃을 바치고 스님을 부를 수도 없기에 솔도파 하나라도 직접 깎아 명복을 빌고 싶은 마음에서 단도와 나뭇조각을 청한 것입니다. 어찌 소일거리로 물건을 만들 수 있겠습니까."라고 말했다.

쿠니히로도 지금까지는 그저 조정의 적의 아들로만 생각했는데 참으로 가엾다는 생각을 참을 수가 없어서 이 사실을 무네키요에게 이야기했다. 무네키요도 이 말을 듣고는 더욱 가엾다는 생각이 들었기에 바로 조그만 솔도파 100개를 마련해 그것을 요리토모에게 주었다. 요리토모는 그 솔도파 하나하나에 불명[佛名]을 써서 공양했다.

이처럼 요리토모의 효심이 무네키요를 비롯하여 주위 무사들을 감탄시켰기에 공양일이 되자 무네키요가 아는 스님을 불러 불경을 올리게 해주었다. 그때 요리토모는 자신이 입고 있던 통소매옷을 벗어 스님 앞에 놓고,

"지금 저의 처지는 알고 계시리라 여겨집니다. 이것은 그저 마음의 표시이니 거두어주시기 바랍니다."라며 보시로 내놓았다.

이를 본 무네키요와 쿠니히로는 그 기특한 마음에 눈물을 흘리지 않을 수 없었다.

이러한 일들도 어느 틈엔가 이케노젠니의 귀에 들어갔다. 더욱 가슴 아프게 여긴 젠니가 키요모리에게 여러 가지로 청했기에 키요모리도 마침내 마음을 바꾸어 그를 유배 보내기로 했다.

눈 내리는 이부키의 산 속에서 어려움을 겪다 아버지·형제들과 헤어진 뒤 13세의 몸으로 홀로 사람들의 인정에 기대어 살아가는 것조차 가여운 일일 텐데, 심지어는 적의 손에 붙들려 처형당할 뻔한 것을 마침 적의 인정이 얕지 않았기에 마침내 목숨을 건지게 된 것이니 이 얼마나 신기한 운명이란 말인가? 그런데 그것이 훗날 일본의 역사를 크게 바꾸는 영웅의 소년 시절이 되리라고는 누구도 생각지 못했으리라.

"이쪽에서 먼저 적을 치자."고 아버지에게 진언했던 13세의 어린 무사가, 참으로 기구한 운명의 영웅으로 성장한 것이다.

제4장 유배자 요리토모

(1) 머리카락을 아끼시기 바랍니다

참수를 당할 것이라 여겨졌던 요리토모는 유배를 가게 되었으며, 이즈가 그 유배지로 결정되었다. 요리토모가 기뻐한 것은 말할 필요도 없는 일이었으며, 무네키요와 이케노젠니도 크게 기뻐했다. 하루는 이케노젠니가 요리토모를 불러,

"어제까지만 해도 그대의 일로 크게 마음을 썼는데 마침내 이즈로의 유배가 결정되었으니 저의 소망이 이루어진 셈입니다. 저도 젊었을 때부터 많은 사람들의 목숨을 구했습니다만, 지금은 나이 들었기에 이런 노인의 말을 들어줄까 싶었는데 다행히 허락을 얻어 얼마나 기쁜지 모르겠습니다."라고 눈물을 글썽이며 말했다. 이 말을 들은 요리토모도 가슴이 벅차올라,

"죽을 줄로만 알았던 목숨을 덕분에 구하게 되어 더없이 감사히 여기고 있습니다. 이 은혜를 어떻게 갚아야 할지 모를 정도입니다. 허나 멀리 이즈로 가는 길, 저를 데리고 갈 하인조차 하나 없으니 어찌해야 좋을지 모르겠습니다."라며 말을 채 끝맺기도 전에 눈물이 뺨을 타고 흘러내렸다. 이케노젠니의 인정에 감동하여 그녀를 어머니처럼 생각했기에 이런 말도 할 수 있었던 것이다. 이케노젠니

도 요리토모를 아들 이에모리처럼 생각했으니 그 마음은 서로 통하는 면이 있었으리라. 이에 이케노젠니는,

"아아, 그것도 가슴 아픈 일입니다. 선조 때부터 섬겨오던 가신들도 세상을 두려워하여 전부 숨어버렸을 테니, 이제는 죽음을 면해 이즈로 유배를 가게 되었다는 사실을 알리는 것이 어떻겠습니까?"라고 친절하게 말해주었다.

이에 이케노젠니의 말대로 그 사실을 알리자 과연 겐지의 적류에 해당하는 사람인 만큼, 이전의 가신이었던 자들이 요리토모 주위로 모이기 시작했다. 그때 가신들은 하나같이,

"여기서 출가하신 뒤 이즈로 향하시면 이케노젠니께서도 안심하실 테고, 헤이케 사람들도 안심할 것입니다."라고, 헤이케의 세력을 두려워하여 이렇게 간언했다. 그러나 그 가운데 오직 한 사람, 코케쓰 겐고 모리야스만은 목소리를 낮추어,

"누가 뭐라고 해도 머리카락을 아끼시어 언제까지고 사내로 계시기 바랍니다. 도련님께서 목숨을 건지신 일, 이는 예삿일이 아닙니다. 이야말로 하치만다이보사쓰의 계획이라 여겨집니다."라고 의미심장하게 말했다. 요리토모는 누가 무슨 말을 하든 아무런 말도 없이 듣고 있기만 했다. 그것은 단지 치밀어오르는 감격을 주체하지 못하는 사람처럼 보였을 뿐이었다.

에이랴쿠 원년(1160) 3월 20일. 마침내 이즈노쿠니로 향하게 되었기에 이케노젠니에게 인사를 하러 갔다. 나이 든 젠니는 오늘의 이별에 말로 표현할 수 없는 감동이 가슴에 가득했다. 그리고 애절한 눈빛으로 요리토모를 바라보며,

"그대의 목숨을 구해달라고 청하던 저의 마음을 생각하신다면 저의 말을 어기지 말고 궁시·장검·왜장도·사냥·수렵 같은 건 결코 생각하셔도 안 됩니다. 사람들의 입은 맹랑한 말을 퍼뜨리는 법이니 혹시라도 무도에 드신다면 커다란 일이 벌어질 것입니다. 그렇게 되면 그대도 거듭 목숨이 위태로워질 테고 제게까지 해가 미칠 것입니다. 저는 그대를 이에모리라 여겨 봄가을로 옷을 보내겠습니다. 그대도 저를 어머니라 생각하여 세상을 떠난 뒤에는 명복을 빌어주시기 바랍니다."라고 세심하게 전하는 마음, 요리토모도 더는 견딜 수가 없어서 소리 내어 울음을 터뜨리고 말았다. 잠시 후 눈물을 훔치고 마음을 가다듬은 요리토모가,

"부모님과 떨어진 뒤로는 친절하게 돌봐주는 사람조차 없었는데, 지금의 말씀 참으로 감사합니다. ……."라고 여기까지 말하자 다시 가슴이 미어지는 듯하여 그저 눈물만 흘릴 뿐이었다. 요리토모가 울면 젠니도 울고, 젠니가 울면 요리토모도 울었기에 한동안은 말도 하지 못할 정도였다. 젠니는 부모와 형제를 잃은 14세 소년의 모습을 거듭거듭 바라보고 또 바라보며 눈물을 그칠 줄 몰랐.

그날 새벽, 요리토모는 이케노젠니의 집에서 나와 아즈마지[67]를 따라 멀리로 내려가게 되었다. 함께 가려는 가신도 몇 명인가 있었으나 전부 제지당했으며 서너 명만 데려가도 좋다는 허락을 얻었다. 모리야스도 오오쓰(大津)까지 가겠다고 하여 함께 길을 떠났다.

---

67) 東路. 쿄토에서 칸토 지방으로 향하는 길.

감시역을 맡은 자와 하급 무사 스에미치(季通)라는 자에게 이끌려 세타의 다리를 지나 타케베노미야(建部宮)에서 묵었는데, 그날 밤이 깊어 주위가 고요해지자 겐고 모리야스가,

"제가 일전에 출가하시면 안 된다고 말씀드린 것은 신비로운 꿈을 꾸었기 때문입니다. 도련님께서 하치만[68] 신사로 참배를 가실 때 제가 모시고 갔었는데, 열두어 살쯤의 동자가 궁시를 끌어안고 서서, '요시토모의 활과 화살통을 가지고 왔습니다.'라고 말했더니 그곳의 보전 안에서, '깊이 넣어두도록 하라. 마침내는 요리토모에게 주도록 하겠다.'라고 기품 있는 목소리가 들려왔습니다. 짐작건대 요시토모 나리께서는 일단 조정의 적이 되셨으나 나리의 활과 화살을 하치만의 보전에 두었다가 마침내는 도련님께 내리려는 것인 듯합니다. 출가하셔서는 안 됩니다. 모쪼록 머리카락을 아끼시기 바랍니다."라고 거듭 출가에 반대했다.

분명하게 대답하지는 않았으나 요리토모의 가슴 깊은 곳에는 생각하는 바가 있었다. 그러나 단지,

"이왕 여기까지 함께 왔으니 카가미의 역마을까지 가서 헤어지기로 하세."라고만 말했다. 모리야스는,

"어디까지든 따라가고 싶습니다만 여든 살 넘으신 노모께서 병들어 오늘내일을 알 수 없는 형편입니다. 허나, 그렇게 말씀하신 건 따르는 자들이 적기 때문이실 테지요. 어머니는 잠시 잊고 이즈까지 모시기로 하겠습니다."라고 말했다. 이를 듣고 요리토모

---

[68] 八幡. 궁시의 신으로 무가의 수호신.

가,

"참으로 뜻밖의 말씀을 하시는군. 뜻은 고맙소만 그대의 어머님을 생각하면 그리할 수는 없소. 어머님을 보내드리고 난 뒤에 따라오도록 하시오."라고 만류했기에 모리야스도 어쩔 수 없이 쿄토로 돌아갔다.

이후 무네키요와는 시노하라에서 헤어졌으며, 스에미치와 함께 앞날의 운명이 기다리고 있는 이즈노쿠니로 들어갔다.

(2) 신불[神佛]을 섬기며

로쿠조가와라에서 참수당했어야 할 요리토모가 목숨을 건져 이즈노쿠니로 유배를 가게 된 것은 참으로 신기한 일이었다. 당시는 적의 수장이었던 자의 자손에 대해서는 조금의 관용도 베풀지 않아서 그 자손이 제아무리 어리다 할지라도 사내인 경우에는 대부분 목숨을 빼앗았다. 요리토모가 무네키요의 동정을 얻어 이케노젠니의 자비까지 받게 되고 시게모리와 요리모리까지 힘을 써주어 마침내는 목숨을 건지게 되었으니 신기한 일이 아닐 수 없다. 그것뿐만이 아니다. 죽음을 면해 유배를 가게 된 땅이 이즈였다는 것도 역시 신기한 일이 아닐 수 없다. 토고쿠 땅은 하치만타로 요시이에 이후 겐지의 은혜를 입어온 땅이기 때문이다. 만약 유배지가 사도노쿠니69)나 토사노쿠니70)였다면 세이이타이쇼군 요리토모는 없었을지도 모른다.

이즈노쿠니는 쿠니71)를 대상중하(大上中下) 4등급으로 나누던 시절에는 하에 속하는 쿠니였고, 유배지의 원근을 정할 때면 원류[遠流]의 땅이었기에, 중죄를 저지른 자의 유배지였다. 요리토모는 참수를 했어야 할 사람이었기에 중죄인으로 이즈노쿠니에 보내진 것이었다. 그러나 같은 이즈노쿠니라 할지라도 시치토(七

---

69) 佐渡国. 니가타 현에 속한 섬인 사도시마. 사슈(佐州).
70) 土佐国. 코치 현의 일부. 도슈(土州).
71) 国. 옛 일본의 행정구역 단위. 시대에 따라서 숫자가 조금씩 변했는데 이 당시에는 전국에 66개, 혹은 68개 쿠니가 있었다.

島) 섬으로 유배당했다면 꽤나 어려움을 겪었을 테지만, 내륙의 만 쪽이었으니 커다란 어려움은 없었을 것이라 여겨진다. 요리토모의 유배지는 히루가코지마(섬)라는 곳으로, 이즈 중앙을 북쪽으로 흘러 누마즈(沼津) 옆으로 들어가는 카노가와(狩野川강)의 유역이었다. 섬이라고는 하지만 카노가와가 휘돌며 만든 섬으로 당시에는 좋지 않은 토지였을지 모르나 지금은 논으로 가득하며 그 사이에 촌락이 형성되어 있고, 멀리로 후지산을 바라볼 수 있으며 뒤로는 아마기산(天城山)을 업고 있어서 참으로 경치가 좋은 곳이다. 요리토모는 그런 곳에서 14세 때부터 34세 때까지 20년 남짓한 세월을 보냈다. 더구나 그곳은 겐지와 오랜 인연이 있는 칸토와도 가까워서 더할 나위 없이 좋은 땅이었다.

각지에서 무사가 일어나고 곳곳의 장원에 토착호족이 나타나기 시작했을 무렵, 이즈에는 호조 토키마사[72]라는 자가 있었는데 그의 집이 히루가코지마 근처에 있었다. 그리고 동쪽 해안인 이토(伊東)에는 이토 스케치카라는 자가 있었다. 이 두 사람 모두 원래는 헤이시였지만 칸토의 헤이시는 키요모리와 같은 이세 헤이시와는 달리 시골무사였으며, 쿄토에는 세력을 가지고 있지 못했다. 이에 칸토의 헤이시는 쿄토의 헤이시보다는 오히려 겐지에게 마음을 주었고 겐지의 가신처럼 되어 있었다. 그런데 헤이지의 난에서 요시토모가 패한 이후부터 헤이시의 세상이 되었기에 토고쿠의

---

[72] 北条 時政(1138~1215). 요리토모의 장인. 요리토모의 거병을 도와 카마쿠라 막부 창업에 공헌했다. 2대 쇼군 요리이에를 모살하고 사네토모를 옹립하여 초대 싯켄으로 권력의 실권을 쥐었다. 사네토모 제거를 꾀하다 실패하여 은퇴했다.

헤이시 등도, 겐지의 은혜를 잊은 것은 아니었으나 쿄토에 있는 키요모리 등의 가신처럼 되어 있었다. 그랬기에 키요모리는 이토 스케치카 등에게 유배자인 요리토모의 감독을 맡겼다.

따라서 요리토모가 히루가코지마로 유배를 왔다 해도 결국은 주인 집안의 도련님이 온 것이었기에 옛일을 생각하면 정중하게 모시지 않을 수 없었다. 하지만 그렇다고 해서 죄인이 되어 유배온 자를 주인으로 섬길 수도 없는 일이었고, 특히 감독을 명받았으니 물론 감독도 하지 않을 수 없었다. 이런 이유로 가신이 되어 섬길 수는 없었으나, 그렇다고 해서 엄격하게 감독해서 속박하지도 않았으리라 여겨진다.

형제가 곁에 있으면 싸움도 하곤 하지만 멀리 떨어져 있으면 그리운 법이다. 혈연관계에 있는 자가 없었던 요리토모는 14세라는 소년의 몸으로 몇 안 되는 가신들의 보살핌 외에 마음을 위로해줄 사람도 없는 유배생활을 해야 했다. 그것은 설령 갑갑한 속박은 없는 것이라 할지라도 참으로 쓸쓸한 것이었다. 이때 연고가 있는 곳에서 보내온 정애라고는 어머니의 고향에서 보내오는 편지 정도였을 것이다. 요리토모의 어머니는 아쓰타(熱田) 신사의 신관인 후지와라노 스에노리(藤原 季範)의 딸로, 13세의 봄까지는 그 어머니 품에 있었으나 헤이지 원년 봄에 이 생모와 사별을 하고 말았다. 요리토모가 이즈로 올 때 어머니의 남동생인 스케노리(祐範)가 사람을 보내 요리토모를 이즈까지 데려다주었으며, 그 후에도 편지가 끊기지 않았다고 한다. 이는 요리토모가 어렸을 때부터 받은 어머니 및 외가 쪽의 경건한 감화를 한층 더 굳건하게 해주었으리라. 소년의 몸으로 유배자가 되어 쓸쓸한 세월을 보내야 하는 신세. 꽃 피는 봄, 달 밝은 가을밤, 무엇을 보든 지나온 날과 앞날을 생각하면 그 얼마나 외로웠을지. 이러한 처지가 돌아가신 아버지와 목숨을 바친 망신들의 명복을 빌고 싶다는 생각을 더욱 강하게 하여 한층 더 신불을 숭경하는 마음을 품게 했을 것임은 자명한 사실이다. 그랬기에 히루가코지마에서의 일상은 불경을 외우고, 부처님을 생각하고, 신을 섬기기에 전념하는 것이었다. 첫째는 돌아가신 아버지와 망신들의 공양을 위해서, 다음으로는 자신의 행복을 위해서였으리라. 미시마 묘진(三島 明神)·이즈산 곤겐(伊豆山 權現)·하코네 곤겐(箱根 權現) 등에는 몇 번이고 참배를 했다. 미시마 묘진으로 가는 길에 있는 마도로미73)의 숲은 요리토모가 길을 가다 피곤하여 잠시 눈을 붙인 숲이라 일컬어질 정도다. 또한 이즈산 곤겐의 카쿠엔(覺淵) 아사리[阿闍梨]와는 사제관계를 맺고 독경에 대해서 가르침을 받았을 뿐만 아니라 매우 친밀하게 교제한 듯하다.

  이처럼 신불을 섬긴 것은 이케노젠니의 교훈을 지킨 것이라기보다 요리토모 자신이 그러한 신앙심을 품고 있었기 때문이었다.

---

73) まどろみ. 잠시 졸다, 라는 뜻.

(3) 오쿠노의 사냥터

요리토모는 히루가코지마에서 이와 같은 생활을 보내고 있었는데, 이토 스케치카의 집이 있는 이토와 히루가코지마는 그리 멀지 않은 거리였고, 표면적인 관계와는 상관없이 원래는 가신으로 있던 자였기에 요리토모가 가끔 이토로 오는 것도 나무라지 않고 자유로이 드나들게 그냥 두었던 듯하다. 아니, 나무라기는커녕 오히려 요리토모가 처한 상황을 측은히 여겨 조금이라도 기분전환을 시켜주려 노력했던 듯하다. 『소가 이야기74)』에 그 사실이 기록되어 있다.

사가미노쿠니에 살고 있는 오오바 헤이타 카게노부(大庭 平太景信)라는 자의 일문이 모여 주연을 벌이고 있을 때,

"예전에는 우리 모두 겐지의 가신이었소. 지금은 헤이케의 은혜를 입어 처자를 기르고 있으나 옛일도 잊어서는 안 될 것이오. 하룻밤 모여서 위로를 해주기로 합시다."라고 말하자 일문 50여 명 모두가 동의했기에 며칠 뒤 그 모임이 열렸다.

그러자 이를 전해 들은 이즈·사가미의 무사 500여 명이 너나 할 것 없이 이즈의 이토로 모여들었다. 스케치카는 그때 마침 스케쓰네(祐経)와의 소송에서 이겼을 뿐만 아니라, 예전부터 이와 같은 일도 생각하고 있었기에 그의 기쁨은 이만저만한 것이 아니었

---

74) 曾我物語(소가모노가타리). 소가 형제가 1193년에 후지의 사냥터에서 아버지의 원수를 갚은 이야기.

사냥 모습

다. 그는 산해진미를 늘어놓고 사흘 밤낮을 대접했다. 그때 사가미의 에비나 겐파치(海老名 源八)라는 자가,

"이토록 성대한 모임인 줄 알았다면 몰이꾼을 준비해 와서 사냥터로 이름 높은 오쿠노에서 사냥을 할 걸 그랬습니다. 참으로 재미있었을 텐데."라고 말하자 스케치카는 더욱 기분이 좋아져서,

"스케치카를 여러분과 같은 사람이라 생각하여 이처럼 각지에서 많은 분들이 모여주신 것은 참으로 감사한 일입니다. 방 안에서 몰이꾼에 대한 이야기를 듣다니 저도 참 속이 좁은 자인 듯합니다. 얘, 카와쓰 사부로(河津 三郎)야, 몰이꾼을 준비하여 사슴을 잡으시도록 해드려라."라고 명령했다. 카와쓰가 곧 방에서 나가 몰이꾼을 모았다. 모여든 자 60여 명을 데리고 당당하게 오쿠노로 향해 출발했다. 요리토모도 역시 그들과 함께 갔다.

이러한 점을 보아도 겐지의 옛 은혜를 잊지 않은 근방의 무사가 적지 않았으며, 그러한 가운데 있던 요리토모도 결코 갑갑한 마음은 들지 않았으리라 여겨진다.

(4) 무자비한 이토 스케치카

요리토모의 생활에는 이러한 일면도 있었지만, 다른 한편으로는 남몰래 분골쇄신 요리토모를 위해 여러 가지로 힘을 써준 사람들도 있었다. 그러한 자 가운데 하나가 무사시의 히키군에서 살고 있던 히키 카몬㈜노조(比企 掃部允)의 아내인 히키노아마였다. 이 히키노아마는 요리토모의 유모였는데, 요리토모의 외로운 생활에 크게 동정하여 유배지에 있던 20년 동안 히키군에서 식량을 보내주었다. 요리토모에게는 참으로 고마운 이 유모에게는 또 3명의 딸이 있었는데, 그 가운데 장녀는 요리토모가 유배지에 있는 동안 한시도 곁을 떠나지 않고 충실하게 모셨던 토쿠로 모리나가의 아내였으며, 둘째 딸은 카와고에 타로 시게요리(河越 太郞 重賴)의 아내였고, 셋째 딸은 이토 스케치카의 둘째 아들인 스케키요의 아내였다. 따라서 토쿠로의 아내는 꽤나 고생을 해가며 요리토모를 위로했을 것이며, 동생은 스케키요의 아내로 이토의 집에 있었으니 이들 모두 서로 왕래하며 친하게 지냈을 것이다.

이처럼 이토의 집에 드나들던 요리토모는 스케치카의 셋째 딸인 야에히메(八重姬)를 아내로 맞아들이게 되었다. 야에히메는 미인으로 소문이 자자했으며 마음씨도 곱고 정도 많았기에 의지할 곳 없던 유배자 요리토모의 기쁨은 이만저만한 것이 아니었다. 둘 사이에서 사내아이가 태어났기에 치즈루마루(千鶴丸)라는 이름을 붙여주었다. 요리토모는 마침내 친밀함과 자애를 맛보는 밝은 생활을 시작하게 되었다.

그러나 요리토모에게 있어서 이는 봄밤의 짧은 꿈에 지나지 않았다. 요리토모가 야에히메를 아내로 맞아들인 것은 스케치카가 황궁 경비를 위해 3년 동안 쿄토에 들어가 있던 사이의 일이었는데, 스케치카가 임무를 마치고 집으로 돌아온 어느 날, 3살쯤 된 사내아이가 업저지의 보살핌을 받으며 정원의 꽃을 꺾고 있지 않겠는가? 이상히 여겨 물어보니 그것은 유배자인 요리토모의 아들이라는 것이었다. 스케치카는 성질이 급하고 고집스러운 사람이었다. 크게 화를 내며,

"……요즘 같은 세상에서 겐지의 유배자를 사위로 삼았다는 사실이 헤이시에게 알려지면 어떻게 되겠느냐. 이토는 두 마음을 품은 무사라고 사람들에게 멸시당할 것이며, 집안은 멸망하고 말 것이다."

그리고 사람을 보내서 울부짖는 치즈루마루를 데려다 이토의 마쓰카와(松川)라는 강의 안쪽, 토도로키가후치(轟が淵)라는 연못에 추를 매달아 던져버리게 했다. 토도로키가후치는 지금도 그 참혹한 이름을 남기고 있어서 치고가후치(児が淵)라 불리고 있다. 그것뿐만이 아니었다. 야에히메를 요리토모에게서 빼앗아 에마 코시로(江馬 小四郎)라는 사람에게 시집보내버렸다.

요리토모에게 있어서 이는 커다란 사건이었다. 유배지에서의 쓸쓸함과 외로움을 위로받았던 것도 잠시, 이런 비참한 일을 당하고 나자 앞으로 어떤 일을 겪게 될지 모르겠다는 근심과 그 참혹한 처치에 대한 분노로 가득했다. 자신의 불행함을 얼마나 한탄했을지.

그러나 스케치카의 노여움은 거기에서 그치지 않았다. 스케치카는 요리토모를 죽이지 않고는 화가 풀리지 않을 듯했다.

요리토모에게 닥친 이 일대 사건을 안 것은 스케치카의 둘째 아들인 스케키요였다. 스케치카의 이 잔인한 처치를 들은 스케키요는 온몸의 털이 곤두설 것처럼 놀랐다. 이에 허둥지둥 요리토모에게 달려가,

"저희 아버지인 스케치카가 이성을 잃어 나리를 죽이려 하고 있습니다. 다른 곳으로 몸을 숨기시기 바랍니다."라고 말했다. 이를 들은 요리토모도 놀라기는 했으나 곧 생각을 바꾸어,

"웃는 얼굴로 칼을 뽑는다는 말도 있지 않은가. 참으로 헤아리기 어려운 것이 사람의 마음일세. 지금의 말은 나를 속이려는 것이 아닌가? 잘 들어보게. 죽이려는 것은 아버지, 그 사실을 알리러 온 것은 그 아들일세. 얼핏 이해할 수 없는 일 아니겠는가?"라고 참으로 차분하게 말했다. 스케키요는 더욱 초조해져서,

"참으로 지당하신 말씀이십니다. 그러나 이 스케키요의 말에 거짓은 결코 없습니다. 만약 제가 거짓을 고한 것이라면 천벌을 받아 오래도록 무운을 떨치지 못할 것입니다."라고 말했다.

그 얼굴에는 진실함이 묻어 있었다. 요리토모는 스케키요의 진실함에 마음이 움직여 그가 권하는 대로 그날 밤 바로 호조 토키마사의 저택을 향해 출발했다. 무사에게 죽음은 이미 각오한 일이라고는 하지만, 참으로 위기가 거듭되는 삶이었다. 때는 9월 말, 이슬 맺히게 하는 바람 소리, 안 그래도 몸에 스미는 밤하늘, 들판 가득 울리는 벌레 소리가 달아나는 자의 마음을 한층 더

쓸쓸하게 했다. 길을 가며 하치만다이보사쓰에게,

'하치만다이보사쓰 님, 겐지의 운을 틔워주시기 바랍니다. 설령 널리 일본을 평정하기는 어렵다 할지라도, 하다못해 이 지역의 백성 정도는 주시기 바랍니다. 분노로 끓어오르는 애간장을 가라앉히고 근심 어린 슬픔을 다스리기 위해 사랑하는 아들의 적인 이토 뉴도75)의 목을 베어, 그것을 아들의 명복을 빌기 위한 제물로 바치겠습니다.'라고 빌었다.

요리토모의 이러한 분노는 스케치카의 잔혹함에 대한 분노였으며, 요리토모에게는 참으로 커다란 사건이었다. 도둑에게 물건을 빼앗기거나 거짓말에 속은 정도의 일이 아니었다. 자칫 잘못했다가는 당장에 목숨을 잃을지도 모를 일대 사건이었다. 게다가 그 커다란 일이 눈앞에 닥쳐 있었다.

돌아보건대 유순하고 온화한 야에히메와, 3세였던 치즈루마루와, 인정과 의리를 아는 스케키요와, 든든한 유모의 딸인 스케키요의 아내와, 충성스럽고 친절한 가신 토쿠로 모리나가와, 유모의 딸인 모리나가의 아내와, 거기에 야자부로 나리쓰나(野三郞 成綱), 오니타케(鬼武) 등과 같은 사람들의 온정 속에 있었던 요리토모는 결코 불행한 사람이 아니었다. 더구나 피비린내 나는 전장에서 말을 달리다 따스한 온정에 잠긴 요리토모였으니, 더욱 그렇다. 그런데 아버지인 요시토모는 누대에 걸친 가신이었던 오사다에 의해 살해당했고, 아들인 치즈루마루 역시 누대에 걸친 가신이었던

---

75) 入道. 속세에 머문 채 머리를 깎고 불도를 수행하는 자에 대한 경칭.

이토에게 살해당했으며, 지금은 자신도 그 이토에 의해 살해당할 위험에 처하고 말았다. 처자를 얻어 봄의 햇살 속에 있는 것 같았던 요리토모는 단번에 나락으로 떨어진 듯한 기분이었다. 슬픔을 느끼지 않을 수 없었다. 분노를 느끼지 않을 수 없었다. 이러한 감정이 요리토모의 마음을 단번에 바꾸어놓았으리라 여겨진다.

(5) 요리토모, 마사코를 아내로 삼다

마음이 무너져버린 요리토모는 이렇게 해서 토키마사의 집에서 살게 되었다. 요리토모에게 있어서 지쇼(治承) 원년(1177) 봄의 꽃은 아름다운 것이 아니었다. 요리토모의 가슴에 넘쳐나는 것은 가운을 회복하겠다는 생각뿐이었다. 야에히메·치즈루마루·가신들에게 둘러싸여 봄과 같은 기운 속에서 안락한 삶을 누리는 것, 그 소망은 이제 연기처럼 사라지고 목숨이 있는 한은 가운을 회복하여 공명을 쌓겠다는 생각만이 마음속에 남은 소망이었다. 그것만이 이 땅에서의 유일한 소망이 되어버렸다.

이런 마음으로 가득한 요리토모는 어떻게 해서든 토키마사를 자신의 편으로 만들어 앞날을 상의할 상대로 삼아야겠다고 생각했다. 다행히 토키마사는 이즈의 호족이었다. 지금은 이렇게 자신을 감독하는 헤이케의 무사가 되었지만 원래는 겐지의 은혜를 입던 자였다. 이 사람이 아니고서는 의지할 만한 자가 없다고 생각했다. 그런 요리토모의 생각은 적중했다. 토키마사에게 있어서도 유배를 온 자이기는 하나 겐지의 자손인 요리토모는 친밀하기도 하고 그리운 사람이기도 했다. 헤이케가 세력을 떨치고 있기에 표면적으로 요리토모의 가신이 될 수는 없었으나 중히 여기고 존경하는 마음은 충분히 가지고 있었다. 따라서 이토에서 호조로 도망쳐왔다는 사실조차, 감독자였던 토키마사는 문제 삼지 않았다. 뿐만 아니라 겐지의 자손으로서 정중하게 대했다. 그랬기에 토키마사의 집에서 요리토모는 상당히 자유롭게 생활했던 듯하다.

지쇼 원년(1177), 요리토모는 31세로 꽤 오랜 세월 유배지에서 생활을 해왔다. 요리토모는 호조의 집에 와서 토키마사의 장녀인 마사코(政子)를 아내로 삼았는데 그것은 마침 토키마사가 쿄토로 가서 부재중일 때의 일이었다. 그리고 이번에도 또 사건이 일어났다. 쿄토에서 돌아온 토키마사는 두 사람의 결혼을 알고 내심 기뻐하였으나 헤이케의 눈을 의식하지 않을 수 없었기에 쿄토에 머무는 동안 자신이 약속하고 온 대로 마사코를 이즈의 모쿠다이인 야마키(지)의 호간 타이라노 카네타카에게 시집보내려 했다. 그러나 마사코가 이를 받아들이지 않았다. 야마키로 가는 도중의 밤에 도망쳐나와 이즈산의 카쿠엔 율사(요리토모의 스승)에게로 가서 몸을 숨겼다. 야마키의 호간은 병사를 보내 이를 공격하려 했으나 이즈산의 승려들이 모여 지키고 있다는 말을 듣고 결국은 그만두고 말았다. 이토의 스케치카는 앞서 요리토모에게 원한을 품었기에 아타미(熱海) 가도까지 나가서 야마키의 호간을 도우려 했으나 호간이 전투를 중단했기에 그냥 돌아가버리고 말았다. 이번 사건은 이렇게 끝이 났다. 그러나 야마키의 호간과 호조 씨는 사이가 어딘가 어색해져버리고 말았다.

돌아보면 14세였던 요리토모가 감시자의 감시를 받으며 이즈노쿠니로 유배를 온 지도 벌써 18년이 흘렀다. 당시 참수당했어야 할 요리토모였으나 참수당하지 않았으며, 이케노젠니로부터는 꿈에서라도 궁시를 생각해서는 안 된다는 당부를 듣고 왔다. 요리토모 자신도 돌아가신 아버지와 망신들의 명복을 빌기 위해서 이즈산의 카쿠엔 율사를 스승으로 삼았으며, 하코네와 미시마의 신사에도 몇 번이고 참배를 가서 그 진심을 바쳤다. 쿄토를 출발할 때 코케쓰 겐고 모리야스가,

"누가 뭐라고 해도 머리카락을 아끼시어 언제까지고 사내로 계시기 바랍니다. 도련님께서 목숨을 건지신 일, 이는 예삿일이 아닙니다."라고 한 말도 마음속 깊고 깊은 곳에 없었던 것은 아니었으나 그래도 매일매일 천백번씩 부처님의 이름 외우기를 게을리하지 않았다.

하지만 18년이란 긴 세월이다. 그 동안 유모의 딸과 사위, 가신과 처자에 둘러싸여 밝고 따뜻한 생활을 한 적도 있었으나 그러한 생활은 봄날의 꿈처럼 사라져버렸고, 지금은 머리카락을 아끼는 사내로 있어야 한다는 목소리가 가슴 깊고 깊은 곳에서 커다랗게 울리고 있었다. 몇 번이고 잔혹한 일을 겪은 마음에는 아무래도 그것밖에 남지 않았다. 더구나 쿄토의 형세가 그 가슴속의 울림을 더욱 높다랗게 만들었다. 세월이 흐르면 형세가 변하는 것이 세상의 이치다. 세상만사 움직이지 않는 것은 아무것도 없다.

(6) 몬가쿠 상인

요리토모는 히루가코지마에 있을 때부터 쿄토의 미요시 야스노부로부터 1달에 3번씩 편지를 받았다. 야스노부는 요리토모의 유모의 여동생의 아들이었다. 덕분에 쿄토에 있는 키요모리가 무엇을 하고 있는지는 잘 알고 있었다.

그리고 쿄토의 상황을 아주 잘 들려준 사람 가운데는 몬가쿠 상인[76]도 있었다. 몬가쿠 상인은 꽤나 무시무시한 승려로 호걸 기질이 있는 사람이었다. 혹한의 날씨에 7일 동안이나 나치(那智)의 폭포에서 수행을 한 호쾌한 수행자였다. 그 몬가쿠 상인 자신이 주지로 있는 타카오(高雄) 진고지(神護寺절)의 재흥을 위한 기부금을 마련하기 위해 고시라카와 법황을 찾아간 적이 있었다. 이때 자신이 왔다는 사실을 법황에게 전해주는 자가 없었기에 화를 내며 난동을 피웠고 그로 인해 마침내는 이즈노쿠니로 유배를 오게 된 자였다. 이즈에 올 때도 30일 동안이나 단식을 했으며, 바다가 거칠게 날뛰어도 배에 태연히 앉아 있었다고 하는 호걸이다. 그가 이즈노쿠니로 온 것은 요리토모가 27·8세 때였을 것으로 여겨진다.

요리토모는 벌써 십수 년 전부터 유배생활을 해왔으며, 몬가쿠는 새로이 유배생활을 시작한 사람이었다. 따라서 이즈노쿠니에서

---

76) 文覺上人(?~?). 승려이자 무인으로 속명은 엔도 모리토오(遠藤 盛遠).

쿄토의 상하 사정을 가장 잘 알고 있었던 것은 몬가쿠였다. 이에 언제였는지 명확하지는 않지만 요리토모는 몬가쿠를 찾아간 적이 있었다. 물론 쿄토의 상황에 관한 이야기도 나누었을 테지만, 몬가쿠가 요리토모의 얼굴을 보고 믿음직한 사람이라고 크게 감탄하여 거병을 권했다고도 일컬어지고 있다.

제5장 헤이케 토멸의 효종

요리토모가 이즈에서 비참한 생활을 하고 있는 동안 쿄토에서는 겐지를 제압한 헤이케가 시대의 새로운 세력인 무사를 대표하여 권력을 한껏 휘두르고 있었다. 타카쿠라(高倉) 천황(1161~1181)이 즉위한 이후 10여 년 동안은 헤이케가 전성기를 누린 시대였다. 헤이지의 난 때 3위였던 키요모리는 태정대신[77])에 올라 있었다. 일문의 공경이 16명, 텐조비토[78])가 30여 명, 각 쿠니의 주요한 관리가 64명, 일본 66개 쿠니 가운데서 헤이케에게 지급된 봉토가 30여 개, 장원은 500여 개소, 『헤이케 이야기』에 의하면 〈고운 비단 충만하여 당상의 꽃 같았고, 말에 탄 자들이 처마로 몰려들어 문전성시를 이루었다.〉고 한다. 타이라노 토키타다(平 時忠) 같은 자는,

"지금의 세상에서 헤이시가 아닌 자는 사람이 아니다."라고 말했는데, 그런 황당한 소리를 할 만큼 그들의 마음은 오만해져 있었다. 그래도 그들 일문은 임금을 위해서 목숨까지 버리려 했던 일이 몇 번인지 모르니 남들이 뭐라 하든 이 권세가 7대에 이르기까

---

77) [太政大臣(다이조다이진)] 중앙 최고행정기관인 태정관(다이조칸)의 최고 관.
78) 殿上人. 궁궐의 텐조노마에 오르는 것이 허락된 자.

지 계속되기를 바랐다. 참으로 오만하기 짝이 없었다. 그러한 오만함이 곧 실의의 그림자를 낳는다는 사실을 알지 못했던 것이다.

이에 비해서 같은 무사지만 겐지의 처지는 참으로 초라했다. 자신의 처자라 할지라도 헤이케의 손에 걸리면 사람을 빼앗기기도 하고 목숨까지 잃기도 하는 등 탄식을 금할 길이 없었다. 그러나 요리토모의 가슴속에는 무엇이든 활활 불태워버리지 않고는 그냥 있을 수 없는 열정이 숨겨져 있었다. 새로운 무사 세력이 시대의 요구였다면, 그 열정이야말로 곧 그 운명을 좌우할 만한 것이었다.

전성기를 구가하던 헤이케는 시대의 요구에 맞는 무사의 활동을 하지 못했다. 싸움에 있어서는 얼마간 무사로서의 면모를 드러내기는 했으나 일단 권력을 잡자 일변하여 후지와라 씨의 전철을 밟아 위계가 오르기를 꾀하고, 대하고루[大廈高樓]에서 살며 연락을 즐겼으며, 딸을 궁중에 넣어 황실의 외척이 되기를 바라는 등, 이러한 것들은 모두 100년 전에 후지와라 씨가 했던 일들의 답습이었다. 이러한 일들이 무사에 대한 세상의 요구였을까? 헤이케는 이러한 시대적 요구를 배반하고 있었다. 바로 거기서 세상의 실망이 태어났다.

키요모리의 횡포에 대한 반항은 지쇼 원년(1177) 5월에 고시라카와 법황의 근신인 조신[朝臣]들에 의해서 그 첫 번째 함성이 터져나왔다.

조신들은 헤이케의 횡포에 분노한 나머지 이를 제거하기 위해 쿄토의 동쪽에 있는 시시가타니(鹿ヶ谷)에 종종 모여 밀담을 나누었다. 그러나 그들 가운데서 음모를 은밀히 헤이케에 알린 배신자가

나왔기에 기껏 세웠던 계획도 결국에는 도중에 수포로 돌아갔으며 주모자인 후지와라노 나리치카·사이코(西光)·승려인 슌칸(俊寬) 등은 참수를 당하기도 하고 유배를 당하기도 하는 등 사건은 간단히 마무리되고 말았다.

그리고 그 이후 키요모리의 횡포는 더욱 심해져만 갔다. 그나마 아들인 시게모리가 살아 있었을 때는 얼마간 자중하는 듯 보였으나 시게모리가 세상을 떠난 이후부터는 차마 눈 뜨고 볼 수 없을 정도의 횡포를 부리기 시작했다. 그러나 횡포가 심해지면 심해질수록 헤이케에 대한 상하의 반항심이 더욱 농후해져서 헤이케는 종종 원중[79](고시라카와 법황은 원중에서 정치를 행하고 있었다.)으로부터 탐탁지 않은 냉대를 받게 되었다. 이렇게 되자 키요모리도 법황에 대해서 불만을 품게 되었으며, 그 울분이 지쇼 3년(1179)에 마침내 폭발하기에 이르렀다.

그 원인은 7월에 키요모리의 딸인 모리코(盛子)가 죽고 8월에 적자인 시게모리가 죽었는데, 그들에게 주었던 영지를 조정에서 회수했을 뿐만 아니라 모리코의 아들인 모토미치(基通)를 추나곤(中納言)에 임명해달라고 주청했으나 이를 들어주지 않았기에 키요모리의 가슴속에 있던 울분이 단번에 폭발한 것이었다.

겨우 2개월 사이에 사랑하는 아들과 딸을 잃은 키요모리는 정신을 잃은 사람처럼 분노했다. 대군을 이끌고 쿄토로 들어가 섭정[80]

---

79) 院中(인주). 상황이나 법황이 사는 곳을 원(인)이라 했는데 당시는 상황이나 법황이 원에서 정치를 행했다. 이를 원정[院政인세이]이라고 했다.
80) 摂政(셋쇼). 임금이 어리거나 여자이거나 병 등에 있을 때 대신 정치를 행하던 자. 이때는 후지와라 씨가 그 직을 독점하고 있었다.

인 모토후사(基房)를 추방하고 법황의 근신을 유배보냈을 뿐만 아니라 법황을 토바덴81)에 감금해버리고 말았다. 더없는 횡포, 더없는 오만함이었다. 이는 지쇼 3년 11월의 일이었다.

이처럼 시게모리가 세상을 떠난 후부터 키요모리는 걷잡을 수 없을 정도의 횡포를 부렸는데 이는 키요모리를 위해서 결코 축하할 만한 승리는 아니었다. 키요모리의 이러한 난폭함이 세상으로부터 더욱 커다란 불만과 반감을 사서, 헤이케를 억누를 만한 '힘'의 출현을 바라게 되었기 때문이다.

당시 이즈에 있던 요리토모는 33세, 그는 미요시 야스노부로부터 매달 3번씩 쿄토의 소식을 들었기에 이러한 일들도 잘 알고 있었을 것이다. 요리토모의 마음은 과연 어땠을지.

그러나 그것은 비단 쿄토에서의 일만이 아니었다. 헤이시의 권력이 커지면서 지방에 있는 헤이시의 가신들도 자연스럽게 횡포를 부리기 시작해서 이에 대한 불평과 원한도 점점 커지게 되었다. 그랬기에 헤이시는 상하로부터의 불평과 원한에 둘러싸여 있었으며, 어떤 계기만 있으면 이 불평과 원한이 단번에 폭발할 것 같은 기운이 점점 빚어지고 있었다.

이제 조신의 힘만으로는 키요모리를 제거할 수 없게 되어버리고 말았다. 이에 일어선 것이 겐지의 노장인 미나모토노 요리마사(源賴政)였다.

요리마사는 문무에 통달한 자로 유명한 사람이었다. 헤이지의

---

81) 鳥羽殿. 시라카와·토바 상황이 머물던 이궁.

난 때, 처음에는 요시토모 편에 속했었으나 그 총대장인 노부요리가 참으로 기백이 없는 사람이었고 천황이 헤이케 쪽으로 돌아앉았기에 수하 300기를 이끌고 로쿠조가와라에 머물러 있었다. 말하자면 중립을 지킨 것이었다. 그런데 요시히라 등이 혈기를 주체하지 못하고 달려들었기에 마침내는 헤이케 쪽에 서서 싸우게 되었으나, 어디까지나 헤이케 편에 서서 겐지를 쳐부수어야겠다고 생각한 것은 아니었던 듯하다. 게다가 요시토모는 37세로 강경 일변도였으나, 요리마사는 56세로 한참 분별력이 뛰어난 나이였다. 겐지에게 활을 당겨야겠다고 생각한 것은 아니었으나, 그렇다고 해서 질 것이 뻔한 싸움에서 편을 들어 조정의 적이 되었다가는 집안이 망하게 될지도 모른다고 내심 생각했던 것인 듯하다.

이렇게 해서 헤이지의 난 이후 겐지는 모두 쿄토 부근에서 쫓겨났으나 요리마사 한 사람만은 헤이시의 은혜를 입어 점점 입신출세를 하게 되었다. 그런데 그런 요리마사조차 해를 거듭할수록 더욱 심해져만 가는 헤이케의 횡포를 더는 참을 수가 없었다. 요리마사가 77세의 나이로 백발을 휘날리며 분연히 일어서게 된 이유가 여기에 있었던 것이다.

요리마사는 우선 고시라카와 법황의 둘째 아들인 타카쿠라노미야 모치히토 왕82)에게 헤이케 토벌을 권했으며, 왕의 영지[令旨]를 청하여 각지에 있는 겐지에게 이 사실을 알렸다. 당시 고시라카와

---

82) 高倉宮 以仁王(1151~1180). 원래는 고시라카와 천황의 셋째 아들이나 형이 출가했기에 『헤이케 이야기』 등에서는 둘째 아들로 등장한다. 저택이 타카쿠라에 있었기에 타카쿠라노미야라고도 불렸다.

법황은 토바덴에 갇혀 있었으며, 타카쿠라 상황은 천성이 온순한 편이어서 헤이케에 맞서려 하지 않았고, 안토쿠 천황83)은 겨우 3세였다. 이러한 때에 모치히토 왕의 영지는 천하를 위해 참으로 합당한 것이었기에 각지의 겐지가 분연히 일어선 것은 당연한 일이었다.

이 계획은 물론 비밀리에 진행되었는데, 시시가타니에서의 회합과는 달리 매우 순조로웠다. 일은 키요모리 등이 타카쿠라 상황을 데리고 아키노쿠니84)의 미야지마(宮島)로 참배를 가서 자리를 비운 사이에 시작되었다. 모치히토 왕이 각지의 겐지에게 헤이케 토벌의 영지를 내린 것은 상황이 이쓰쿠시마(厳島)에서 환궁한 날인 지쇼 4년(1180) 4월 9일이었다. 영지의 전달 임무를 맡은 것은 신구 주로(新宮 十郞)라고도 불렸던 미나모토노 유키이에85)였다.

유키이에는 로쿠조호간 타메요시의 열 번째 아들이다. 헤이케 토벌의 표면에 선 사람으로는 요리토모·요시나카86)·요시쓰네 등의 각 장군이 있었지만, 일의 시초로 거슬러 올라가면 이 유키이에 등도 공을 세운 사람들이다. 유키이에는 4월 10일 밤에 출발하여 각지를 돌아다녔는데 헤이케가 전성기를 구가하던 시절로 들판에

---

83) 安德天皇(1178~1185). 타이라노 키요모리의 외손자.
84) 安芸国. 히로시마 서부. 게이슈(芸州).
85) 源 行家(1141~1186). 모치히토 왕의 영지를 각지의 무사에게 전달했다. 쿄토에 들어온 이후 요리토모와 대립한 요시츠네에게 협력하다 요리토모의 병사에 의해 살해당했다.
86) 源 義仲(1154~1184). 미나모토노 타메요시의 손자. 모치히토 왕의 영지를 받자 요리토모·유키이에에 호응하여 거병했다. 이후 요시츠네와의 전투에서 전사했다. 키소 요시나카로도 알려져 있다.

도 산에도 적들뿐이었기에 수행자 차림으로 오우미노쿠니87)의 야마모토(山本)·카시와기(柏木)·니시키고오리(錦織), 미노와 오와리의 야마다(山田)·카와베(河辺)·이즈미(泉)·쓰노(津野)·아시시키(葦敷)·세키다(関田)·야시마(八島), 시나노의 오카다(岡田)·히라가(平賀)·키소(木曽), 카이노쿠니의 타케다(武田)·오가사와라(小笠原)·헨미(逸見)·이치조(一条)·이타가키(板垣)·야스다(安田)·이자와(伊沢), 이즈노쿠니의 미나모토노 요리토모, 그리고 히타치노쿠니88)의 신타(信太)·사타케(佐竹) 등의 각 사람들을 만나고 돌아다녔다. 이에 20년 동안 흩어져 있던 겐지의 각 사람들이 커다란 가뭄에 구름을 바라는 심정으로 쳐들고 싶어서 견딜 수 없었던 머리를 쳐든 것이었다.

이 사실은 5월이 되도록 아무도 알지 못했다. 심지어는 쿄토의 그 헤이케에서조차 조금도 감지하지 못했을 정도로 비밀리에 진행되었다. 그런데 5월 초가 되어, 전혀 다른 방면으로부터의 급보에 의해서 그 사실이 알려지게 되었다. 유키이에가 칸토로 출발하면서 신구89)로 은밀하게 소식을 전해서, 마침내 칸토의 겐지를 만나게 되었으니 그쪽에서도 가신들에게 사실을 전하여 은밀히 준비를 갖추고 자신이 돌아오기를 기다리라고 말했다. 이에 나치와 신궁 사람들이 은밀하게 상의했는데 이 사실이 쿠마노의 본궁에도 알려

---

87) 近江国. 시가 현. 고슈(江州).
88) 常陸国. 이바라키 현 북동부. 조슈(常州).
89) 新宮. 쿠마노 삼산은 와카야마 현 쿠마노에 있는 혼구(本宮)·신구(新宮)·나치(那智) 3개 신사를 아울러 이르는 말인데 그 가운데 한 곳을 일컫는 말. 이하 본궁·신궁·나치라 표기하겠다.

지고 말았다. 쿠마노의 벳토인 탄조(堪增)는 오래 전부터 헤이케의 은혜를 입어온 사람이었기에 이 사실을 헤이케에 고했다.

후쿠하라(福原)의 별장에서 이 보고를 접한 키요모리는 크게 놀랐다. 이에 곧 대군을 이끌고 쿄토로 들어가 토고쿠의 세력이 오기 전에 모치히토 왕을 토사로 유배보내기로 결정하고 미나모토노 카네쓰나(源 兼綱) 등을 보내 모치히토 왕을 잡아오게 했다. 이 카네쓰나는 요리마사의 아들로 헤이케는 이때까지도 아직 요리마사가 모반의 장본인임을 꿈에도 알지 못했던 것이다. 카네쓰나는 물론 이 사실을 아버지인 요리마사에게 보고했다. 요리마사는 서둘러 모치히토 왕에게 미이데라(三井寺절)로 몸을 피하라고 권했다. 왕은 여장을 하고 은밀하게 미이데라로 갔다. 명령을 받은 카네쓰나가 그 이후에 왕의 거처로 갔기에 왕은 아무런 탈도 없이 미이데라로 들어갔다.

이에 이번에는 미이데라에게 모치히토 왕을 건네달라고 말했으나 승도들은 그 말을 듣지 않았다. 뿐만 아니라 오히려 나라(奈良)의 코후쿠지(興福寺)에 도움을 청했기에 헤이케는 21일이 되어서야 마침내 군대를 보내 공격하기로 했다. 그런데 이 공격군의 대장 가운데 겐잔미(源三位) 요리마사도 포함되어 있었다.

요리마사도 이렇게 된 이상 그대로 있을 수 없었기에 22일에 홀연 그 가면을 벗고 자신의 집에 불을 지른 뒤 일족과 거느리는 사람들을 데리고 미이데라로 들어갔으며, 이튿날부터는 사정을 잘 알고 있는 쿄토에 불을 질러 거듭 헤이케를 위협했다. 여기에는 헤이케 사람들도 벌어진 입을 다물지 못했으리라. 그 이튿날부터는 미이데라 공격 계획을 중단해버렸다.

처음부터 요리마사는 당시 커다란 세력을 가지고 있던 사원에 주목하였으며, 특히 겐지와 연고가 있는 오우미의 미이데라(엔조지〈円城寺〉)·나라의 코후쿠지, 그리고 히에이잔의 엔랴쿠지를 자신들의 편으로 끌어들이려 했다. 당시의 사원은 넓은 영지를 가지고 있어서 재력이 풍부했을 뿐만 아니라 신앙이라는 무기를 가지고 있었으며, 거기에 무사시보 벤케이[90]처럼 갑옷으로 몸을 감싼 승려들이 아주 많았기에 그 세력은 커다란 것이었다. 일을 도모하기 위해서는 무사의 힘을 빌리거나 사원의 힘을 빌리지 않으면 안 될 정도였다.

이 사원들 가운데 엔랴쿠지는 헤이케 쪽에 매수되어버렸지만 미이데라는 일찍부터 요리마사 쪽을 편들었고 그 힘으로 나라의 코후쿠지까지 가세케 했기에 형세는 요리마사에게 유리했다. 그러나 요리마사의 병력은 극히 소수였으며 코후쿠지의 승병들이 상경하는 것도 간단한 일은 아니었기에 요리마사는 25일에 적은 병력을 이끌고 쿄토로 공격해 들어가 단번에 승기를 잡을까도 생각해보았으나 그것도 뜻대로는 되지 않았기에 노장군의 가슴속에는 얼마간의 오뇌가 생겨나게 되었다. 이에 생각을 바꾸어 오우미에서 벗어나 나라로 들어가기로 했다. 그런데 이 계획 겨우 하루 만에 커다란 사건이 터지고 말았다.

---

90) 武蔵坊 弁慶(?~1189). 승려(승병). 미나모토노 요시쓰네의 가신. 전투에서 전신에 화살을 맞았으나 그렇게 선 채로 숨을 거두었다고 한다. 대부분의 연극·이야기 등에서 영웅호걸로 묘사된다.

요리마사는 26일에 모치히토 왕을 데리고 나라로 향했다.

이는 물론 코후쿠지의 승려들을 의지하기 위해서였다. 그런데 헤이케에서 대군을 이끌고 전광석화처럼 쇄도해 들어왔기에 요리마사는 우지가와(宇治川) 강변에 있는 뵤도인(平等院절)에서 결전을 치를 수밖에 없었다. 77세의 장군은 용감하게 싸움에 임했다. 그러나 수적으로 열세였기에 어떻게 손을 써볼 수도 없었다. 요리마사는 마침내 패하여 안타까운 최후를 맞이하고 말았다. <매목[埋木]처럼 꽃도 피우지 못하고 이 몸도 끝나는구나>라는 마지막 말이 아직도 전해져 이 노장군을 생각하면 눈물을 금할 길이 없다. 이때 요리마사의 가신들도 혹은 칼에 맞아 죽고 혹은 자결했으며, 천하의 인심과 함께 일어섰던 모치히토 왕도 세상을 떠나고 말았다.

헤이케 토멸을 위해서 일어섰던 일도 이처럼 실패로 돌아가고 말았다. 그 이튿날에는 왕의 영지를 받드는 자는 토벌하겠다는 내용의 명령이 내려졌으며, 28일에는 요리마사를 비롯한 사람들의 목을 키요모리의 집 앞에 늘어놓았다. 그리고 30일에는 전공을 세운 자들에게 상을 내렸다. 패배한 자의 비참함, 그러나 이 전투에서의 패배는 단순한 패배가 아니었다. 이 전투로 밝힌 헤이케 토멸의 불길이 마침내 활활 타오르기 시작한 것이었다. 설령 패했다고는 하나 그 공은 부인할 수 없는 것이 되었다.

헤이케의 운을 생각해보면, 그것은 이미 끝을 맞이하고 있었던 것이다. 영화의 음지에서 검은 그림자가 움직이고 있었던 것이다. 헤이케 토멸의 효종을 울린 요리마사가 미이데라를 향해 출발할 때까지도 그 사실을 몰랐다니 참으로 허술하기 짝이 없었다. 이미

자결하는 요리마사

불씨는 당겨졌다. 헤이케 토벌을 위해 일어서야 할 무사는 겐지였다. 할아버지의 원수라는 의미에서도 겐지가 일어서야 했다. 헤이케를 멸할 힘을 가진 자라는 의미에서도 그것은 무사인 겐지 밖에 없었다. 헤이지의 난이 끝난 지도 벌써 20여 년, 그해에 태어난 아이도 20세가 되었을 터였다. 헤아려보건대 요리토모는 34세, 요시나카는 27세, 요시쓰네는 22세. 용기가 몸에서 넘쳐나 무엇인가를 하지 않고는 견딜 수 없는 나이였다. 헤이지의 난에서 패하여 각지에서 유랑의 생활을 이어왔다고는 하나 모두 선대의 은혜를 입었던 가신들의 손에 자란 이들이었다. 기회만 있으면 일어서겠다는 마음가짐은 누구나 가지고 있었다. 이를 헤이케와 비교해보자면, 헤이케의 대장들은 관위를 높이려 하고 외척이 되어 권위를 휘두르려 하고 있었다. 예전에 키요모리가 무공을 세워 텐조비토가 되었을 당시와는 그 힘에 있어서 커다란 차이가 있었다. 한쪽은 지금부터 떠오르려 하는 세력, 다른 한 쪽은 절정에 이르러 내리막길로 접어들려 하는 세력이었다. 한쪽은 막 떠오르려 하는 해와 같았으며, 다른 한쪽은 서쪽 산으로 기울려 하는 해와 같았다.

제6장 승려가 될 수 없었던 요리토모

(1) 새싹 향기로운 마을에 내린 영지

14세 때 이즈로 유배를 온 요리토모는 34세가 되어 기치를 올릴 때까지 20년 동안 매일 천백번씩 부처님의 이름을 외웠는데, 그 천 번은 아버지의 명복을 위해서, 그 백 번은 망신인 카마타 마사이에를 위해서 참으로 조용한 생활을 하고 있었다. 20년 동안 7천 몇 백 번인가의 근행, 이는 말처럼 쉬운 일이 아니다. 그러나 그것을 계속했다는 점에서 요리토모의 성심과 효심과 자비심을 알 수가 있다.

그런데 매달 3번씩 미요시 야스노부가 쿄토에서 보내오는 글을 통해서 헤이케의 횡포를 아주 자세히 알 수 있었다. 스케치카의 무자비함에서 비롯된 요리토모의 공명심과 적개심이 어찌 고개를 쳐들지 않을 수 있었겠는가? 특히 토고쿠는 겐지의 가신들이 많은 곳이었으니 헤이케 토벌을 상의하기 위해서 찾아온 자들도 있었을 것이다. 이렇게 해서 요리토모의 마음속에 달리 풀 길이 없는 헤이케 토벌에 대한 생각이 피어오르기 시작한 것도 사실이었을 것이다. 그러나 요리토모는 그러한 사람들의 말에 선불리 군대를 일으킬 만큼 경솔한 사람은 아니었다. 왜냐하면 토고쿠의 무사들은 원래 겐지의 가신이었으나, 당시에는 당대를 호령하던 헤이케의 명령에 따르는 자들이 많았기 때문이었다. 이토 스케치카도 그렇고, 호조 토키마사도 그렇고, 혹은 오오바 카게치카(大庭 景親)·쿠마가이 지로 나오자네(直実)·마타노 고로 카게히사(股野 五郎 景尚)·타키구치 사부로 시게나리(滝口 三郎 重成)·사이토 벳토 사네모리, 그 외의 오카베 로쿠야타 타다즈미(忠澄)도, 시부야 쇼지 시게쿠니도, 이나게 사부로 시게나리(稲毛 三郎 重成)도, 그들 가운데는 점점 헤이케의 은혜를 입게 되어 헤이케를 등질 수 없게 된 자도 있었으며, 그렇게 커다란 은혜를 입지는 않았으나 표면적으로는 헤이케를 따르고 있는 자들도 있었다.

따라서 토고쿠의 무사는 대부분 겐지를 위해서 훈공을 세웠던 자들이었으나 당시에는 반드시 그렇다고만도 할 수 없었다. 요리토모가 마침내 군사를 일으켜야겠다고 결심했을 때조차, 타키구치 사부로는 요리토모의 사자인 토쿠로 모리나가가 찾아와서,

"이번에 헤이케 토벌을 위해 거병하게 되었으니 아군에 가담해주셨으면 하네."라고 권하자,

"사람도 빈궁해지면 어처구니없는 생각을 하게 되는 법이로군. 지금의 요리토모 공과 같은 처지로 헤이케의 세상을 취하겠다는 것은, 후지산과 키 재기를 하고 고양이의 이마에 있는 것을 쥐가 취하겠다는 말과 같은 것이오."라고 말하며 조소했다고 한다.

이것만 봐도 당시는 요리토모를 위해서 목숨을 걸고 싸우려는 자가 아직 많지 않은 형세였음을 알 수 있다. 그렇다고는 하지만 토고쿠의 겐지 가운데는 겐지의 가운 회복을 위하여 조만간 칼을

들고 일어서야겠다는 생각이 은연중에 꿈틀거리고 있던 자가 존재했던 것도 사실이었던 듯하다.

지쇼 4년(1180) 4월 27일, 새싹의 기운 향기로운 호조의 마을로 한 수행자가 모습을 드러냈다. 그 수행자가 호조 씨의 집에 있는 요리토모의 거처로 찾아와 구석진 방에서 요리토모와 마주 앉았다.

"고시라카와 법황의 둘째 아드님이신 모치히토 왕의 영지를 받들고 왔습니다."

목에 걸고 있던 비단주머니에서 꺼낸 것을 공손하게 내밀었다. 이 수행자가 바로 미나모토노 유키이에였음은 말할 필요도 없으리라. 요리토모는 꿈결인 양 기뻐하며 옷자락을 가지런히 하고 쿄토 오토코야마(男山) 하치만구(八幡宮신사) 쪽으로 절을 한 뒤, 장인인 호조 토키마사를 불러 함께 그 영지를 받들었다.

〈헤이케가 법황을 가두고 조신을 유배 보내고 황실을 위협하고 군량미를 사원으로부터 빼앗아 불법을 행하려 하고 있다. 토고쿠의 겐지와 토우시(藤氏후지와라 씨) 및 3도 각지의 사람들은 일어나 헤이시를 토벌하라. 즉위 후 무겁게 상을 내리리라.〉라는 내용이었다. 무엇인가가 요리토모의 마음을 묵직하게 찔렀다. 그러나 아직은 일어나 거병하기까지에는 이르지 못했다.

세상은 초여름의 바람이 부는 5월 26일, 겐잔미 요리마사는 우지에서 전사하고 말았다. 이 전투에 대한 소식은 아마도 6월 초순에 이즈에 도달했을 것이다. 그러나 요리토모는 아직 일어나 거병하지는 않았다.

6월 19일이 되어 언제나처럼 미요시 야스노부의 서면이 도착했다. 거기에는 모치히토 왕의 사건 이후, 영지를 받든 각지의 겐지 전부가 공격을 받게 될 것이라는 내용도 담겨 있었다. 또한 〈나리께서는 겐지의 정통이시니 특히 결심을 하시지 않으시면 안 됩니다. 그를 위해서는 한시라도 빨리 오슈로 가셔서 때를 기다리시는 것이 좋을 듯합니다.〉라고도 적혀 있었다.

이 서면을 읽는 순간 요리토모는 사태가 심상치 않음을 깨달았다. 사태가 매우 절박함을 느꼈다. 이쪽에서 맞서지 않아도 저쪽에서 먼저 공격해올 것이라고 생각했다. 그리고 그것은 일대 사건으로 흥하느냐 망하느냐 둘 중 하나라는 사실을 알게 되었다. 이제 요리토모의 마음은 예전처럼 자중을 계속할 수 없는 처지에 놓이게 되었다.

이에 21일에는 토쿠로 모리나가 등의 가신을 보내, 모치히토 왕의 영지를 받들어 헤이케 토벌을 위한 병사를 일으키고 싶다는 희망을 칸토의 가신들에게 전하게 했다. 27일에는 미우라 요시즈미·치바 타네요리(千葉 胤頼) 등이 쿄토에서 호조의 집으로 찾아와서 밀담을 나누었다. 푸르름 짙은 칸토의 천지에 심상치 않은 검은 구름이 드리운 듯한 느낌이었다.

그러나 요리토모는 이처럼 절박한 사태를 맞이했으면서도 표면적으로는 평정함을 가장하여 하루하루 아버지의 명복을 빌고 망신의 영혼을 위로했다.

이즈산의 카쿠엔 율사는 요리토모에게 불경을 가르친 스승이자, 한편으로는 깊이 교류한 사람이었기에 요리토모를 여러 가지로 돕고 있었다. 요리토모는 이 스님 밑에서 천 부의 법화경을 전부 독송한 뒤에 일을 도모하겠다는 뜻을 마음속에 품고 있었다. 그러나 천하의 풍운이 더욱 급박하게 돌아가고 있었는데 요리토모가 지금까지 독송한 법화경은 800권으로 아직 200권이 남아 있었다. 신불을 존숭하는 요리토모에게 있어서 이는 적잖이 불안한 일이었다. 천 부의 독송을 마쳐 마음속 뜻을 이루자니 시기를 놓쳐 신변에 위험이 생길 우려가 있었으며, 기선을 제압하여 바로 깃발을 올리면 신불에 대한 맹세를 지킬 수 없게 될 터였다. 요리토모는 내심 적잖은 불안을 느끼지 않을 수 없었다. 그러한 때에 카쿠엔 율사가,

"800권을 독송했다는 것은 참으로 훌륭하신 일입니다. 나리는 하치만다이보사쓰의 씨족을 구성하시는 분으로, 법화경을 품으셨습니다. 하치만타로(미나모토노 요시이에)의 뒤를 이어 반도 8개 쿠니의 용사를 이끌고 흉포한 반역자 키요모리 뉴도 일족을 퇴치하시는 일은 손바닥을 뒤집기보다 쉬우실 것입니다."라고 요리토모의 가슴속 구름을 깨끗이 거두어주었기에 홀연 깨달은 바가 있어서 마침내 일을 도모하기로 마음을 굳게 먹었다. 이는 7월 5일의 일이었다.

그런데 8월 10일이 되어 요리토모는 사가미의 사사키 겐조 히데요시로부터 심상치 않은 소식을 전해들었다. 그것은 요리토모가 가신들을 보내서 칸토의 병사를 모으고 있다는 사실을 스루가노 쿠니[91]의 모쿠다이인 오사다 뉴도가 헤이케에 보고했다는 내용을 담은 편지였다. 그 편지에는, 호조 시로 토키마사와 히키 카몬(관)노

---

91) 駿河. 시즈오카 현 중부. 슨슈(駿州).

조가 요리토모를 대장군으로 삼아 모반을 꾀하고 있다고 오사다 뉴도가 보고했으며, 그러한 사실을 마침 쿄토에 있던 사가미노쿠니 사람인 오오바 카게치카가 듣고 와서는 히데요시를 불러,

"귀하의 아드님은 어쩌면 요리토모를 편들지도 모르니 조심하시기 바랍니다."라고 말했다는 사실이 적혀 있었다.

원래 이 사사키 히데요시는 오우미 겐지로 헤이지의 난 때 요시토모 편에 섰었는데, 요시토모가 패했기에 히데요시는 설 자리를 잃고 말았다. 그렇다고 해서 그대로 헤이케에 아첨하는 것도 마음에 들지 않는 일이었기에 숙모의 연고를 따라 오슈의 후지와라노 히데히라를 의지하기 위해 가는 길에 사가미노쿠니까지 오게 되었다. 그런데 그 소식을 들은 그곳의 호족 시부야 쇼지 시게쿠니가 그 뜻을 어여삐 여기고 그 용기를 사랑하여 자신의 집에 숨겨주었다. 그로부터 20년이라는 세월이 흘렀고 그 사이에 시게쿠니의 딸을 아내로 맞아 자녀까지 기르고 있었다. 이즈의 호조로 사람을 보낼 때면 언제나 아들인 타로 사다쓰나를 보냈다. 카게치카가 히데요시에게 주의를 준 것도 그 사다쓰나를 말한 것이었다. 히키 카몬(判)노조가 모반을 꾀하고 있다는 말은 참으로 허황된 거짓이어서, 이때 카몬노조는 이미 세상을 떠나고 없었다. 그러나 사다쓰나가 요리토모를 편들고 있는 것은 사실이어서, 이번의 편지도 사다쓰나가 그것을 들고 호조로 달려갔다. 오오바 카게치카는 헤이케의 명령을 받아 엄중하게 감시하고 있었다. 요리토모를 비롯하여 겐지의 일거수일투족 하나도 빠짐없이 헤이케에 보고되고 있을 테니, 그들의 압박이 더욱 거세질 것은 불을 보듯 뻔한 일이었다. 풍파가

시시각각 다가오고 있다는 사실을 느끼지 않을 수 없었다.

요리토모는 더 이상 유예할 수 없음을 깨달았다. 이에 장인 호조 토키마사와 상의하여 8월 17일의 달밤에 이즈 사람인 야마키의 호간을 습격하여 그를 죽이고 나아가 병사를 사가미노쿠니로 몰아갔다. 일본 역사상 새로운 시대를 만든 영웅이 20년 동안의 칩거를 마감하고 34세의 나이로 비로소 운명의 결전을 치른 것이었다.

(2) 밤에 몰아친 야마키의 폭풍

마침내 헤이케 퇴치에 발을 들여놓은 요리토모는 그 서전으로 이즈노쿠니 야마키의 호간인 타이라노 카네타카를 치기로 했다. 그런데 카네타카의 관92)은 굉장한 요해지여서 정문과 뒷문 모두 인마조차 쉽게 접근할 수 없는 곳이었다. 그랬기에 그곳을 치기 위해서는 아무래도 상세한 지도가 필요했다. 이에 후지와라노 쿠니미치(藤原 邦通)라는 자에게 명령하여 야마키의 저택으로 들어가 지형도를 그리게 했다. 쿠니미치가 연줄을 찾아서 야마키의 관으로 들어갔을 때 그곳에서는 마침 주연이 한창 벌어지고 있었다. 처세에 능한 쿠니미치는 이야말로 좋은 기회라 기뻐하며 술자리로 들어가 춤을 추기도 하고 노래를 부르기도 해서 자리의 사람들을 즐겁게 했다. 이렇게 해서 쿠니미치는 그곳에서 며칠을 묵을 수 있었는데 그 사이에 산천촌리의 모습을 상세히 그려 돌아왔다.

언제부턴가 가을바람이 불기 시작하여 8월도 6일이 되었다. 요리토모는 마침내 17일 새벽을 기하여 카네타카를 토벌하기로 결정했다. 이에 쿠도 모치미쓰(工藤 茂光)·도히 지로 사네히라(土肥 次郎 実平)·오카자키 시로 요시자네(岡崎 四郎 義実)·우사미 사부로 스케모치(宇佐美 三郎 助茂)·아마노 토나이 토오카게(天野 藤内 遠景)·사사키 사부로 모리쓰나·카토 지로 카게카도(加藤

---

92) [館] 일본어로는 칸, 혹은 야카타라고 읽으며 규모가 있는 집, 저택을 뜻하는 말인데, 당시 유력자의 집은 작은 성채처럼 보루가 있고 해자를 둘렀다.

次郎 景廉) 등 일당백의 무사들을 한 사람 한 사람 별실로 불러 은밀하게 일을 논의하고, 아직 표면적으로는 발표하지 않을 테지만 오로지 그대를 믿는 마음에서 미리 말하는 것이라며 정중한 말로 부탁했다. 부탁하는 자는 겐지의 적류, 부탁받는 자는 겐지에게 은혜를 입었던 가신, 목숨을 건 맹세를 하지 않을 자는 아무도 없었다.

그러나 핵심이 되는 부분에 대해서는 토키마사 이외에 아는 자가 한 사람도 없었다. 이러는 가운데 하루하루 날이 흘러 마침내 요리토모가 첫 번째 싸움에 나서기로 한 날의 하루 전인 16일이 찾아왔다. 전날부터 내리던 비는 그칠 것 같지 않았다. 그런데 13일에 갑옷을 가지러 집으로 갔다가 이날 일찍 오기로 했던 사사키 타로 사다쓰나·지로 쓰네타카·사부로 모리쓰나·시로 타카쓰나 등이 어떻게 된 일인지 모습을 드러내지 않았다. 17일 새벽에 야마키를 치려 하는 요리토모에게 있어서 사사키 형제가 오지 않는 것은 병력의 숫자에 있어서 매우 커다란 타격이었다. 마침내 해가 저물었으나 사사키 형제의 모습은 여전히 보이지 않았다. 요리토모는 초조해서 견딜 수가 없었다.

'이래서는 숫자가 부족해서 내일 아침에 카네타카를 정벌하기는 어려울 듯하군. 18일은 어렸을 때부터 관음을 받들어 살생을 삼간 날이니 이제 와서 범할 수는 없어. 19일이 되면 일이 들통나 야마키가 우리를 공격할 테니 사태가 어떻게 바뀔지 알 수 없어. 시부야 쇼지 시게쿠니는 헤이케의 무사로 사사키와는 사이가 좋으니, 사사키가 오지 않는 건 어쩌면 시부야가 이번 일을 사사키에게서 듣고 헤이케에 은밀히 알렸기 때문일지도 몰라.'라고 이런저런 생각이 들어서 요리토모의 고통은 이만저만한 것이 아니었다. 그날 밤, 요리토모는 아마 한잠도 이루지 못했으리라.

날이 밝아 17일이 되었다. 어제와는 달리 맑은 하늘, 새벽부터 행하기로 했던 야마키 정벌은 끝내 실행에 옮길 수 없었다.

그런데 정오가 조금 지났을 무렵에 요리토모가 기다리고 있던 사사키 형제들이 찾아왔다. 사다쓰나와 쓰네타카는 야윈 말을 타고, 모리쓰나와 타카쓰나는 도보로 숨을 헐떡이며 집으로 들어왔다.

요리토모는 이런 사사키 형제의 모습을 보자마자 눈물을 글썽이며,

"아아, 그대들이 늦은 탓에 오늘 아침에는 싸움을 할 수 없었소."
라고 말했다. 사사키 형제는,

"그러리라 짐작은 했습니다만 공교롭게도 홍수 때문에 다리가 끊어지고 배도 움직일 수가 없어서 먼 길을 돌아올 수밖에 없었습니다."라고 사과를 했다.

그 모습은 초라했으나 마음은 철석같아서 성 하나, 보루 하나 가지고 있지 않은 요리토모를 위해 야윈 말에 채찍을 가해서 달려와 준 것이었다. 이런 장부들의 모습을 보고 누가 감격하지 않을 수 있겠는가?

요리토모가 기다리던 사사키 형제가 왔기에 오늘 밤 공격을 할지, 내일 공격을 할지 평의를 시작했다. 그런데 18일은 미시마 묘진의 제사일로 요리토모에게는 매우 중요한 날이었기에 일이

늦어지는 것보다는 빠른 편이 나으리라 생각하여 그날 밤에 공격하기로 결정하고 날이 저물기를 기다렸다.

모든 일이 결정되자 마음이 조급해지기 시작했다. 특히 요리토모에게 있어서는 운을 시험하고 자신의 솜씨를 알아볼 수 있는 싸움이었기에 벌써부터 걱정이 되어 견딜 수가 없었다. 요리토모가 무장을 한 용사들을 불러 엄숙하게,

"오늘 밤의 싸움은 그야말로 일생의 운을 건 일이오. 각자 맡은 바 임무를 다해주기 바라오. 싸움이 시작되면 가장 먼저 불을 지르시오. 나는 여기서 그 불길이 솟아오르기를 기다리고 있겠소."

라고 명령했다. 모리쓰나와 카토 카게카도는 뒤에 남아 집을 지키기로 했다.

공격군이 히다하라에 도착하자 토키마사가 말을 멈추고 사다쓰나에게,

"카네타카의 후견인 가운데 쓰쓰미 곤노카미 노부토오(堤 權守 信遠)라는 자가 있소. 그는 야마키의 북쪽에 살고 있는 강용한 자로 오늘 밤에 치지 않으면 훗날 근심거리가 될지도 모르오. 그대들 형제는 그 노부토오에게 야습을 가하도록 해주시오. 길잡이를 붙여 안내를 하게 해줄 테니."

이에 사다쓰나 등은 별군이 되어 노부토오의 집으로 향했다. 마침 중천에 떠오른 8월 17일의 달이 마치 대낮처럼 빛을 던지고 있었다. 사다쓰나와 타카쓰나는 노부토오의 집 뒤편에 자리 잡았으며, 쓰네타카가 정문에서 공격해 들어갔다. 함성을 올리며 화살을 쏘았는데, 이 화살이야말로 겐지가 헤이케 퇴치를 위해 쏜 첫

번째 화살이었다.

　노부토오의 로도93)들이,

　"적이다."라며 빗발처럼 화살을 쏘아댔고 노부토오도,

　"이 시각에 웬 놈들이냐?"라며 칼을 쥐고 맞섰다. 이에 쓰네타카도 활을 버리고 칼을 뽑아,

　"이놈, 살려두지 않겠다."라며 맞섰는데 이때 뒷문 쪽에서부터 두 형제가 달려와 별 어려움 없이 노부토오를 쓰러뜨렸다.

　한편 본군은 텐만바시 부근까지 밀고 들어가 함성을 올리며 화살을 쏘아댔다. 그런데 공격군에게는 운 좋게도, 그리고 수비군에게는 불행하게도 카네타카의 로도들 대부분은 미시마 묘진으로 참배를 갔다가 키세가와(黃瀨川) 부근에서 놀고 있던 때였기에 남은 무리들이 필사적으로 방어전을 펼치기는 했으나, 그것은 상당한 고전이었다. 이때 사다쓰나 형제가 노부토오의 목을 들고 와서 가세했기에 더욱 버티기가 어려워졌다.

　호조의 저택에 있던 요리토모는 일이 어떻게 되어가고 있는지 걱정이 되었기에 에타 신헤이지(江太 新平次)를 정원의 커다란 나무에 오르게 해서,

　"연기는 보이는가? 불길은 어떤가?"라고 물었는데 어떻게 된 일인지 불길도 연기도 전혀 보이지 않았다. 요리토모는 초조한 마음을 견딜 수가 없었다. 커다란 목소리로 집을 지키고 있던 카게카도 등 3명을 불러,

---

93) 郎党. 무가의 가신 중 주인 집안과 혈연관계가 없는 자.

"그대들도 야마키로 가서 싸우도록 하게."라고 말하며 장도의 칼집을 벗겨 카게카도에게 주고,

"카토, 이것으로 카네타카의 목을 베어 가지고 오게."라며 사나운 얼굴로 말했다. 대장의 명령이었기에 세 사람은 도보로 히루가코지마 제방 위를 부지런히 달려 야마키로 갔다. 거기서 카네타카의 목을 베고 집에 불을 지른 뒤 되돌아왔다. 그때는 밤도 벌써 희붐하게 밝아올 무렵이었다. 눈물을 흘리며 기뻐한 요리토모는 툇마루로 나가서 적의 목을 직접 살펴보았다.

이처럼 헤이케 토벌을 위한 첫 번째 싸움은, 계략대로 진행되어 대승을 거두었다. 요리토모가 얼마나 만족했을지는 쉽게 상상해볼 수 있으리라. 이와 동시에 요리토모의 유배생활도 끝나버리고 말았다. 이로 인해서 요리토모는 더 이상 누구의 감시도 받지 않는 몸이 된 것이다. 아니, 앞으로는 스스로가 군대를 지휘하여 기세등등한 헤이케를 토벌해야 할 몸이 된 것이다.

이케노젠니 덕에 목숨을 건져 이즈로 유배를 왔던 20년 전에는 오로지 선조들의 명복을 빌겠다는 일념에서 신불에게 마음을 바친 얌전한 소년이었다. 그런데 이토 스케치카에게 아내를 빼앗기고 자식을 잃었으며 자신의 목숨마저 위태로웠으나, 자신을 죽이려 하는 자의 아들의 도움을 얻는 등 참으로 신기하게 목숨을 건졌다. 그와 동시에 헤이케의 횡포가 심해져감에 따라서 겐지의 적자인 요리토모에게 희망을 건 칸토의 가신들이 있어서 분연히 일어서라고 여러 가지로 권한 자도 있었을 것이며, 자신에게도 일어서고 싶다는 공명심이 있었을 것이고, 거기에 모치히토 왕의 영지가

있었기에 분연히 일어선 것이었다.

20년 전에는 오늘의 거병을 생각지도 못했을 것이다. 그런데 요리토모를 일어서게 만든 여러 가지 사정이 닥쳐서 오늘의 대승을 거둔 것이었다. 요리토모의 마음은 과연 어땠을지.

신불을 섬기는 요리토모의 마음은 매우 두터운 것이었다. 야마키의 호간을 쓰러트린 이튿날, 아내 마사코의 스승인 이즈산의 호인(法音) 비구니를 불러,

"어제까지는 하루에 천백번씩 부처님의 이름을 외웠으나 오늘부터는 전장을 뛰어다녀야 할 몸이 되었기에, 혹은 그것을 게을리하게 될지도 모르겠습니다. 오늘부터는 제가 나날이 해왔던 일을 대리로 해주시기 바랍니다."라고 부탁했다고 한다.

이는 요리토모가 20년에 걸친 유배생활 동안 신불 존숭의 마음을 한시도 잊지 않았다는 사실을 잘 보여주는 말이다. 또한 야마키 토벌과 함께 군진에서의 생활이 시작되었기에 세상에 나서서 활동을 하게 되었는데, 이때 그의 마음가짐이 어떠한 것이었는지를 알 수 있게 해주는 말이기도 하다.

(3) 요리토모 가신을 불러모으다

겐지가 제아무리 칸토에 연고가 있다 할지라도 요리토모는 아직 유배자의 몸이었다. 그런 그가 한창 만개한 헤이케를 치려 하는 것이니 거기에는 당연히 커다란 고심이 있었을 것이다. 그러니 요리토모가 훗날의 대업을 위해서 아주 손쉽게 병사를 모집했을 것이라 생각한다면 커다란 착각이다. 야마키를 칠 때만 해도 사사키 형제 4명이 오지 않았기에 싸움을 뒤로 미뤘으며, 요리토모는 잠도 제대로 이루지 못했을 정도로 걱정을 하지 않았는가?

『겐페이 성쇠기』에 의하면 토쿠로 모리나가가 사자가 되어 칸토 지방의 세력을 모으러 갔을 때, 사가미노쿠니에 살고 있던 하타노 우마(관)노조(波多野 右馬充)는 한동안 생각에 잠겼으며 끝내 아무런 대답도 하지 않았다고 한다. 이는 겐페이 어느 쪽이 이길지 알 수 없었기에 나중에 후회하는 일이 없도록 지금은 신중을 기하자는 생각이 있었기 때문이리라. 또한 같은 사가미노쿠니의 헤이곤노카미 카게요시(平権頭 景義)에게 권했더니 그는 어떻게 해야 좋을지 동생인 오오바 카게치카와 상의를 했다. 그때 카게치카가,

"겐지는 우리 집안에서 대대로 섬기던 주인이니 가담하는 것이 당연한 일이겠으나, 스케 도련님은 죄인이 되어 잃었어야 할 목숨을 구한 자로 헤이케로부터 커다란 은혜를 입었습니다. 겐지의 편을 들고 싶기는 하나 처자도 생각하지 않을 수 없으니 저는 헤이케 편에 서고 싶습니다."라고 말한 것을 들은 카게요시는,

"그럼 너는 그렇게 하도록 해라. 나는 겐지 쪽에 서려 한다. 하지만 싸움의 승패는 알 수 없는 것이니 헤이케가 이긴다면 나는 너를 의지하도록 하겠다. 겐지가 이긴다면 너는 나를 의지하도록 하라."라고 말한 뒤 동생인 토요다 지로 카게토시(豊田 次郎 景俊)를 데리고 요리토모 편에 가담했다. 그리고 오오바 카게치카는 마타노 고로 등을 데리고 헤이케 편에 가담했다.

또한 타키구치 사부로 쓰네토시(滝口 三郎 経俊)·시로 토시무네(四郎 俊宗) 형제를 찾아갔을 때 형제는 주사위놀이를 하고 있었는데 사부로가 시로에게,

"너도 들었느냐? 사람도 빈궁해지면 어처구니없는 생각을 하게 되는 모양이다. 지금의 요리토모 공과 같은 처지로 헤이케의 세상을 취하겠다는 것은, 후지산과 키 재기를 하고 고양이의 이마에 있는 것을 쥐가 취하겠다는 말과 같은 것 아니겠느냐. 그런 사람의 편에 가담하는 건 사양하는 게 당연한 일이다. 나무아미타불, 나무아미타불."

옛 주인에게서 등을 돌렸을 뿐만 아니라 비웃으며 조금도 상대하려 들지 않았다.

또한 미우라 오오스케 요시아키(三浦 大介 義明)를 찾아갔을 때, 요시아키는 마침 감기에 걸려 누워 있었는데 요리토모의 사자가 왔다는 말을 듣고는 기뻐하며 일어나 요리토모가 보낸 편지를 읽었다.

"고 사마(判)노카미(요시토모) 나리 이후 대가 끊긴 줄 알고 근심했었는데, 스케 도련님께서 살아남으셔서 70살이 넘은 요시아키가

미우라 요시아키

살아 있는 동안에 겐지를 다시 일으키려 하시다니 뭐라 말씀드려야 할지 모를 정도로 기쁘기 그지없습니다."

나이 든 눈에서 눈물을 줄줄 흘리며 이렇게 말하고 미우라 집안 사람들에게 그 편지를 받들게 했다.

이러한 사실들만으로도 대략은 짐작해볼 수 있는 것처럼, 유배자의 신분으로 당대를 호령하던 헤이케를 향해 활을 당긴다는 것은 참으로 가소롭기 짝이 없는 일이라 여겨졌다. 그러한 가운데 병사를 모집하려 했으니 그 고충은 이만저만한 것이 아니었으리라. 사사키 형제가 오지 않은 탓에 싸움을 하루 미룬 것도 지극히 당연한 일이었다.

  이러한 가운데 요리토모를 부추겨 일으켜세워 대업을 이루게 한 옛 가신들의 기개와 정의는 참으로 두터운 것이었다. 또한 참으로 강인한 정신이기도 했다. 의지할 성 하나 가지고 있지 않은 요리토모를 위해 신명을 바친 마음, 그러한 마음은 더없이 존귀한 것이었다.

제7장 이시바시야마에서의 패전

(1) 용감한 요이치의 충의

야마키 전투는 헤이케 퇴치를 위해 세상에 올린 횃불이었다. 아버지를 생각하는 요리토모의 마음은 이제 승려가 되어 명복을 빌겠다는 데 있지 않고, 검을 쥐어 헤이케를 토벌하겠다는 데 있었다. 요리토모에게 있어서 20년 동안의 유배생활은 음지에서의 생활이었으나, 이제는 세상의 표면에 나서 활약을 할 때가 온 것이었다.

17일 밤에 야마키의 호간을 친 요리토모는 22일이 되자 이즈와 사가미의 가신들을 데리고 사가미노쿠니의 도히군(土肥郡)으로 향했다. 그를 따른 자들은, 호조 시로 토키마사와 그의 아들들인 사부로와 시로, 헤이로쿠 토키사다(平六 時定)·토쿠로 모리나가·쿠도노스케 모치미쓰와 그의 아들인 고로 치카미쓰(五郞 親光)·우사미 사부로 스케모치·도히 지로 사네히라·도히 야타로 토오히라(土肥 弥太郞 遠平)·쓰치야 사부로 무네토오(土屋 三郞 宗遠), 쓰치야 지로 요시키요(次郞 義淸)·쓰치야 야지로 타다미쓰(弥次郞 忠光)·오카자키 시로 요시자네·오카자키 요이치 요시타다·사사키 타로 사다쓰나·지로 쓰네타카·사부로 모리쓰나·시로 타카쓰나 형제·아마노 토나이 토오카게·아마노 로쿠로 마사카게(天野 六郎 政景)·우사미 헤이타 마사미쓰(宇佐美 平太 政光)·우사미 헤이지 사네마사(平次 実政)·오오바 헤이타 카게요시(大庭 平太 景義)·토요다 고로 카게토시·닛타 시로 타다쓰네(仁田 四郎 忠常)·카토 고로 카게미쓰(加藤 五郎 景光)·카토 토타 미쓰카즈(藤太 光員)·카토 지로 카게카도·호리 토지 치카이에(堀 藤次 親家)·호리 헤이시로 스케마사(平四郎 助政)·아마노 헤이나이 미쓰이에(平内 光家)·나카무라 타로 카게히라(中村 太郎 景平)·나카무라 지로 모리히라(次郎 盛平)·사메지마 시로 무네이에(鮫島 四郎 宗家)·사메지마 시치로 노부치카(七郎 宣親)·오오미 헤이지 이에히데(大見 平二 家秀)·콘도 시치 쿠니히라(近藤 七 国平)·헤이사코 타로 타메시게(平佐古 太郎 為重)·나고야 키쓰지 요리토키(那古谷 橘次 頼時)·사와 로쿠로 무네이에(沢 六郎 宗家)·기쇼보 나리히로(義勝房 成尋)·나카노 시로 코레시게(中 四郎 惟重)·나카노 하치로 코레히라(八郎 惟平)·신토지 토시나가(新藤次 俊長)·쇼주타 미쓰이에(小中太 光家)로 하나같이 일당백의 용사. 요리토모의 고굉지신으로 주인을 위해서는 몸도 부모도 잊은 자들이었다.

23일은 아침부터 흐렸으며 밤이 되자 장대비가 내렸는데, 요리토모는 그 이튿날 새벽에 300기를 이끌고 사가미노쿠니 이시바시야마에 진을 쳤다. 모치히토 왕의 영지가 커다란 깃발 끝에 정성스럽게 묶여 있었다.

여기서 겐지를 기다리고 있던 것은 사가미노쿠니의 오오바 사부로 카게치카를 비롯하여, 마타노 고로 카게히사·카와무라 사부로 요시히데(河村 三郎 義秀)·시부야 쇼지 시게쿠니·카스야 곤노카미 모리히사(糟屋 權守 盛久)·에비나 겐조 스에사다(海老名 源三 季貞)·소가 타로 스케노부(曽我 太郎 祐信)·타키구치 사부로 쓰네토시·모리 타로 카게유키(毛利 太郎 景行)·나가오 신고 타메무네(長尾 新五 爲宗)·나가오 신로쿠 사다카게(新六 定景)·하라 무네사부로 카게후사(原 宗三郎 景房)·하라 시로 요시유키(四郎 義行)·쿠마가이 지로 나오자네로 이들 3천여 기의 정병이 계곡 하나를 사이에 둔 곳에 진을 치고 있었다.

이토 지로 스케치카는 예전에 딸 문제로 요리토모를 죽이려 한 자였는데, 이때 300여 기를 이끌고 와서 겐지의 후방에 진을 치고 있다가 빈틈이 보이면 공격해 들어가기 위해 기회를 엿보고 있었다.

요리토모 측의 미우라 요시아키는 새벽녘에 마루코가와(丸子河 강) 부근까지 진출해 있었는데, 로도를 보내 오오바 카게치카 일족의 집들에 불을 지르게 했기에 그 연기가 무시무시하게 솟구치며 하늘 높이 드리워 이제는 전기가 무르익었음을 보여주는 듯했다.

이렇게 양군이 대치하고 있는 동안 해는 벌써 서산으로 기울려 하고 있었다. 이때 헤이케 측의 이나게 사부로 시게나리가,

"날이 저물면 피아를 구분하기 어려우니 내일 싸우는 것이 좋을 듯하오."라고 말했다. 카게치카가,

"아니오, 내일이 되면 적은 그 수를 더할 것이오. 미우라 일당(미우라 반도에 살고 있는 겐지의 무리)들이 오기 전에 공격해야 하오."라고 의견을

내었기에 나아가 싸움을 걸었다.

카게치카가 나아가 등자를 힘껏 밟으며,

"나는 카마쿠라 곤고로 카게마사의 후예인 오오바 사부로 카게치카다. 헤이케는 지금 나는 새도 떨어뜨릴 만큼의 세력을 가지고 있는데 이에 맞서려는 자가 누구냐? 이름을 밝혀라."라고 커다란 소리로 외쳤다. 그러자 겐지 측에서는 호조 시로 토키마사가 앞으로 나서며,

"우리 주군은 세이와 천황의 여섯째 황자 사다즈미(貞純) 친왕의 아드님이신 로쿠손(六孫) 왕으로부터 8대 후예이신 하치만 타로 요시이에의 4대손, 우효에(판)노스케 요리토모 공이시다. 너는 몰랐단 말이냐? 방약무인한 카게치카의 말을 들으니 참으로 어처구니가 없구나. 헤이케의 악행이 극에 달해 조정을 멸시하기에 타카쿠라노미야께서 영지를 내리셨다. 따라서 스케도노(요리토모)야말로 일본의 대장군, 헤이케는 조정의 적이다. 카게치카여, 잘 듣도록 하라. 토고쿠 사람은 모두 겐지의 가신이다. 카게치카도 선조 이래로 가신이었다. 너희 조상이 하치만 공과 함께 오슈의 사다토우(貞任)·무네토우(宗任)를 공격한 사실을 잊은 것이냐? 의를 저버리고 이를 좇아 가문을 더럽혀놓고도 조상을 뵐 낯짝이 있을 듯하더냐?"라고 겐지의 백기 위에 걸어놓은 모치히토 왕의 영지를 가리키며 말했기에 카게치카는 대답할 말을 찾지 못했다. 이에 말없이 동생인 마타노 고로 카게히사와 함께 부대의 선두로 나오자 요리토모가 오카자키 시로 요시자네를 불러,

"저 형제에 맞서게 하기 위해서는 누가 좋겠는가?"라고 물었다.

이 요시자네는 미우라 오오스케 요시아키의 동생으로 이즈 사람이었다. 대답하기를,

"아비인 제가 말씀드리기는 좀 그렇습니다만 저의 모자란 아들 요이치 요시타다는 이제 막 병상에서 일어난 몸이기는 하나 매우 담대한 놈이니 그에게 명을 내리셨으면 합니다."

이에 요시타다가 불려와 선진에 서라는 명령을 들었다. 명령을 받은 요시타다는 자신의 로도인 분조 이에야스(文三 家安)를 불러,

"효에(관)노스케 나리(요리토모)께서 나를 직접 부르시어 선진을 맡기셨네. 수많은 자들 가운데서 선택받았으니 이는 더 없이 명예로운 일일세. 나는 다시는 살아 돌아올 생각이 없네. 그대는 지금부터 돌아가 나의 처자에게 이 사실을 알리도록 하게."라고 자신의 결심을 들려주었다. 그러자 이에야스는,

"나리께서 두 살이셨을 때부터 부모 대신 길러온 저 아닙니까? 젊은 자들조차 주군의 명령이 내리면 목숨을 버리려 하고 있는데 60이 된 이에야스가 살아남아 무엇 하겠습니까? 또한 나리께서 최후를 맞이하신다면, 이 이에야스는 목숨이 아까워 달아났다는 말을 들을 테니 그것은 참으로 안타까운 일입니다. 죽을 때도 나리와 함께 죽겠습니다. 그런 명령은 다른 자에게 내리시기 바랍니다."라며 말을 듣지 않았다. 이에 사부로마루(三郎丸)라는 시동을 불러 명령을 내리고 요시타다는 이에야스와 함께 전투에 나섰다.

요시타다는 이에야스를 비롯하여 15기를 이끌고 앞으로 나섰다. 오른쪽은 바다, 왼쪽은 산인 좁은 길을 따라 말을 달리고 있자니 그곳으로 오카베 야지로(岡部 弥次郎)가 다가오고 있었다. 어둠

속이었기에 요시타다는 그가 오카베인 줄 알지 못했다. 카게치카나 카게히사인 줄 알고 맞붙어 싸웠는데 목을 베고 보니 오카베 야지로였기에 그 목을 바다에 던져넣고 다시 앞으로 나아갔다.

그러다 이번에는 마타노 카게히사와 맞닥뜨리게 되었다. 요시타다는 기다리고 있었다는 듯 말을 몰아 그와 맞붙었다. 한동안 뒤얽혀 싸우던 두 사람이 말 사이로 떨어져 위로 올라서기도 하고 밑에 깔리기도 하며 나뒹굴었다. 마타노는 힘이 세기로 유명한 무사였으나 어떻게 된 일인지 엎드린 채로 밑에 깔려 몸부림치고 있었다. 요시타다가 그 위에 올라타,

"요시타다가 적을 잡았다. 결판을 내라!"라고 외쳤으나 이에야스를 비롯한 로도 모두 적에게 막혀 한 사람도 달려오는 자가 없었다. 이번에는 카게히사가 아군을 부르자 나가오 신고 타메무네가 기다렸다는 듯 달려왔다. 그러나 어둠 속에 비까지 내려 한 치 앞도 보이지 않았기에 누구를 도와야 하는 건지 알 수가 없었다.

"위가 적인가, 아래가 적인가?"라고 묻자 요시타다가,

"실수가 있어서는 안 되네. 위가 카게히사, 아래가 요이치."라고 말한 아래에서 카게히사가,

"위가 요이치, 아래가 카게히사일세. 틀려서는 안 되네."라고 말했다. 누가 누구인지 알 수 없었기에 타메무네가 잠시 지켜보고 있자니 카게히사가 괴롭다는 듯,

"아직도 모르겠는가? 목소리로도 충분히 알 수 있지 않은가? 갑옷을 살펴보기 바라네."라고 말했다. 옳은 말이다 싶어 타메무네가 살펴보려 한 순간 요시타다가 오른쪽 발을 들어 있는 힘껏

걸어찼기에 타메무네는 3간(5.5m)쯤 비틀거리며 물러나다 쓰러져버리고 말았다. 요시타다가 이때다 싶어 칼을 뽑아 카게히사의 목을 베려 했으나 아무리 베어도 베어지지가 않았다. 아무리 찔러도 어떻게 된 일인지 칼날이 들어가지 않았다. 참으로 신기한 일이었기에 칼을 위로하여 구름 사이로 비춰보니 그것은 칼집에 끼워져 있는 칼이었다. 이에 칼집의 끝을 입에 물고 칼을 뽑으려 했으나 운이 다한 것인지, 조금 전 오카베를 벤 뒤 닦지 않고 칼집에 넣었기에 피가 엉겨붙어 칼이 빠지지 않았다. 그러는 사이에 타메무네의 동생인 신로쿠 사다카게가 달려와 마침내 요시타다를 베어버리고 말았다. 그런 줄도 모르고 주인과 생사를 같이 하겠다고 말했던 분조 이에야스는 주인을 찾아 돌아다녔으나 수많은 적에게 막혀 요시타다가 어디서 무엇을 하고 있는지 알 수가 없었다. 이에 충의로 가득 찬 마음에서,

"칸토 8개 쿠니의 사람들이여. 대대로 겐지를 섬겨오던 자들이여. 헤이케 토벌의 영지가 내린 오늘, 겐지에게 활을 쏘아 후회하는 일이 없도록 하라!"라고 커다란 목소리로 외쳤다. 이때 분조를 상대로 싸우고 있던 자는 이나게 사부로 시게나리였다.

"분조여, 참으로 기특하구나. 하지만 너희 주인인 요이치는 목숨을 잃었다. 지금에 와서는 누구를 기르려 하는 것이냐? 놓아줄 테니 달아나도록 하라."

"이나게 나리, 주인이 전사했다고 해서 달아날 수는 없소. 요이치 나리께서 전사하셨다면 나의 목숨도 더는 필요 없소. 나리와 승부를 겨루도록 하겠소."라며 앞으로 나섰으나 이나게 사부로의 로도가

사이로 껴들어 둘을 맞붙지 못하게 했다. 그래도 이에야스는 맞붙으려 했다. 서로가 엎치락뒤치락하던 중에 이에야스는 결국 목숨을 잃고 말았다.

오카자키 시로 요시자네가 요시타다와 이에야스의 용감한 전사를 요리토모에게 보고하자 요리토모는 참으로 안타깝다는 듯,

"그것 참 안타깝게 되었군. 이 요리토모의 목숨이 붙어 있는 한은 명복을 빌어주도록 하겠소."라며 감개무량한 표정을 지었다. 오카자키 시로도 자신의 아들이기는 하나 참으로 훌륭하게 싸워주었다는 생각이 들었으며, 요리토모로부터 고마운 말을 들었기에 크게 감동하지 않을 수 없었다. 그랬기에,

"설령 다섯 명의 아들을 잃는다 할지라도 주군께서 세상에 서실 수 있다면 그것만이 제가 바라는 바이옵니다."라며 눈물을 흘렸다. 안타깝게도 요시타다는 스무 살을 일기로 이번 싸움에서 목숨을 잃고 말았다.

요시타다가 전사한 이후에도 겐지와 헤이시는 밤새도록 뒤얽혀 싸웠는데, 헤이시의 세력이 산야에 가득했기에 소수의 겐지가 제아무리 용감하다 할지라도 거기에는 당해낼 수가 없었다. 요리토모는 거친 비바람을 맞으며 도히의 스기야마(杉山산)로 달아났고 카게치카는 한 치의 틈도 주지 않고 뒤를 쫓았다. 그런데 그때 헤이케 쪽의 이이다 고로 이에요시(飯田 五郎 家義)라는 자가 갑자기 요리토모 편을 들기 시작하여 로도 예닐곱 기와 함께 카게치카 군의 옆구리를 쳤기에 그 틈을 이용해서 요리토모는 스기야마의 깊은 곳으로 달아났다.

(2) 카지와라 카게토키의 공명

달아나는 겐지를 추격하던 자 가운데 사사키 고로 요시키요(佐々木 五郎 義淸)라는 자가 있었다. 시로 타카쓰나의 동생이었으나 아내가 오오바 카게치카의 여동생이었기에 이번 싸움에는 헤이케 편에 가담하여 참가했다. 그런 그가 지금 요리토모를 추격하고 있었다. 타카쓰나가 이 모습을 보고,

"너는 오로지 한 사람의 여인을 위해 주군을 등지고 부모에게서 멀어졌으면서도 부끄러움조차 모르고 돌아다닌단 말이냐?"라고 말하며 화살을 퍼부었기에 간신히 목숨만 건져 달아나버리고 말았다.

이러는 사이에 요리토모는 도히 지로 사네히라와 단둘이서 스기야마의 험한 길로 달아났다. 카노스케 모치미쓰(狩野介 茂光_{쿠도 모치미쓰})는 나이를 먹은 데다 살이 쪘기에 험한 길로 들어서자 몸을 생각처럼 움직일 수가 없었다. 아들이 카노 고로 치카미쓰(狩野 五郎 親光)를 불러,

"아버지는 버리고 스케도노_(요리토모)를 따르며 모시도록 하라."라고 말한 뒤 자신은 그 자리에서 자결하고 말았다. 아버지의 비참한 최후를 본 치카미쓰는 눈물을 흘리며 토키마사·카게카도·타카쓰나 등 6명과 함께 요리토모를 찾아 스기야마로 들어갔다.

그러자 저쪽에 쓰러져 있는 커다란 나무 위에 요리토모가 서 있는 모습이 눈에 들어왔다. 6명은 가슴을 쓸어내리며 생사를

같이 하기 위해 그리로 몰려갔다. 사네히라가 이 모습을 보고 달아나는 데 인원이 많아서는 불편하다고 요리토모에게 말했기에 요리토모도 끝까지 따르려는 자들을 타일러, 토키마사에게는 카이로 가서 그 쿠니의 겐지를 모으게 했으며 그 외의 사람들에게는,

"내가 만약 산을 나서서 아와노쿠니94)나 카즈사노쿠니95)로 들어갔다는 소식이 들리면 그때 서둘러 와주기 바라네."라고 말했다.

이에 저마다 길을 달리하여 달아났다. 야마키의 저택에서 승리를 거두었던 용사들도 이제는 뜻밖의 이별을 맞이하게 되었기에 커다란 슬픔에 잠겨 있었다.

이때 헤이케의 사무라이 가운데 이이다 고로 이에요시라는 자가 있었다. 헤이케 측에 가담하기는 했으나 요리토모에게 마음을 주고 있었다. 이에 요리토모가 패하여 스기야마로 들어갔을 때, 이에요시도 그 뒤를 따라서 갔는데, 길에 요리토모가 가지고 다니던 염주가 떨어져 있었다. 요리토모는 신불에 대한 신앙심이 깊어서 어떠한 경우에라도 반드시 염주를 가지고 있었기에 사가미 사람들 가운데 그 염주를 모르는 자가 없을 정도였다. 그런데 이번 싸움에서 그 소중한 염주를 잃었기에 얼마나 안타까워했는지 모를 정도였다. 그러한 때에 이에요시가 주워가지고 온 것이었다. 요리토모는 크게 기뻐하며 재삼 고맙다는 말을 했는데, 이에요시는 고맙다는 말보다 요리토모를 섬기고 싶었기에,

---

94) 安房国. 치바 현 남부. 보슈(房州).
95) 上総国. 치바 현 중부. 소슈(総州).

"모쪼록 저도 함께……."라고 말했다. 그러나 때가 때였던 만큼 그 청은 받아들여지지 않았다. 이에요시는 하는 수 없이 눈물을 흘리며 그들과 헤어질 수밖에 없었다.

한편 요리토모는 사네히라와 함께 단둘이서 쓰러진 나무의 빈 공간으로 들어가 몸을 숨겼다.

헤이케 측의 카게치카와 카게히사 등 3천여 기가 요리토모를 찾기 위해 산을 오르고 계곡을 내려가고, 수풀 속을 샅샅이 뒤졌으나 아무래도 요리토모의 모습은 보이지 않았다. 카게치카는 쓰러진 나무 위로 올라가 활을 지팡이 삼아 서서,

"스케도노는 틀림없이 여기까지 왔다. 이 나무가 의심스러우니 샅샅이 뒤져라."라고 말했다. 카게치카의 부하인 카지와라 헤이조 카게토키(梶原 平三 景時)가 활을 옆구리에 끼고 커다란 칼의 손잡이로 손을 가져간 채 쓰러진 나무의 속을 들여다보니 그 정면에 요리토모가 있었다. 요리토모는 자신의 목숨도 여기까지라고 각오를 하지 않을 수 없었다. 이에 허리에 찬 칼로 손을 가져가 적이 오기를 기다리고 있었는데, 어떻게 된 일인지 카게토키는 말없이 그대로 나가버렸다. 그리고 활을 짚은 채 쓰러진 나무 앞을 가로막고 서서,

"이 안에 박쥐는 많아도 스케도노는 안 계십니다."라고 말했다. 카게치카가 참으로 이해할 수 없다는 듯,

"아무래도 이 나무 안이 수상하다. 그렇다면 이번에는 내가 직접……."이라고 말하며 안으로 들어가려 했다. 카게토키가 칼로 손을 가져가며 커다란 목소리로 거칠게,

"오오바 나리, 나리께서는 이 카게토키를 못 믿으시는 겝니까? 이 카게토키가 없다고 한 것을 다시 찾으시겠다니 그건 저를 의심하고 계시다는 말씀 아니십니까? 그렇다면 저는 더 이상 살아 있을 수가 없습니다."라며 이를 악물고 대들었다. 그러자 카게치카도 억지로는 들어갈 수 없어서 결국은 그곳을 떠나버리고 말았다.

(3) 요리토모, 하코네로 달아나다

　호조 토키마사는 아들인 사부로와 시로를 데리고 카이노쿠니로 들어가려 했으나 도중에 이토 스케치카의 군에 둘러싸여 사부로가 마침내 목숨을 잃고 말았다. 이에 다시 스기야마로 돌아가서 때가 오기를 기다리기로 했다. 이토 스케치카는 요리토모에게 원한을 품고 있는 자였기에 300여 기를 이끌고 겐지 군의 뒤편에 있는 산에 진을 치고 있다가 틈이 보이면 요리토모를 치려 하고 있었던 것이다.

　한편 하코네 곤겐(신사)의 벳토인 교지쓰(行実)는 요리토모가 패하여 스기야마에 몸을 숨겼다는 말을 듣고 무엇보다 굶주림에 시달릴 것이라 생각했기에 동생이자 승려인 에이지쓰(永実)에게 식량을 가지고 가서 요리토모를 찾게 했다. 그런데 이 자가 산속에서 토키마사와 마주치게 되었다. 전에부터 알고 지내던 사이였기에,

　"스케도노는 어디에 계십니까?"라고 물었더니,

　"분하게 되었소. 대장께서는 카게치카의 포위망을 뚫지 못하시어……."라고 근심스럽게 말하기 시작했다. 에이지쓰가 그의 말을 가로막으며,

　"귀하께서는 이 에이지쓰까지 의심하시어 그런 허황된 말씀을 하시는 겝니까? 귀하야말로 스케도노의 상황을 모르시는 듯합니다."라고 씩씩거리며 말했기에 토키마사가 웃으며 요리토모가 있

는 곳으로 데려다주었다.

　에이지쓰가 무엇보다 먼저 가지고 온 식량을 내밀자 요리토모를 비롯한 사람들 모두 굶주려 있던 차였기에 천금과도 같은 식량이라고 기뻐하며 그것을 먹었다. 그런 다음 요리토모는 에이지쓰의 안내로 은밀하게 하코네야마(箱根山)로 갔다. 사람들의 눈을 피해야 했기에 한동안은 에이지쓰의 승방에서 머물기로 했다.

　하코네 곤겐의 벳토인 교지쓰는 아버지 때부터 겐지와 친하게 지내던 사이로 요리토모가 호조에 있을 때도 겐지를 위해서 기원하는 등 겐지의 재흥을 진심으로 바라던 자였다. 이번에도 요리토모가 이시바시야마에서 패했다는 소식을 듣고는 남몰래 걱정이 되어 수많은 형제 가운데서도 무예에 뛰어난 에이지쓰를 보낸 것이었다.

(4) 요리토모, 보소 반도로

이전부터 요리토모가 8월 23일에 이시바시야마에서 기치를 올릴 것이라는 소식을 전해왔기에 미우라 오오스케 요시아키는 아들인 미우라 아라지로 요시즈미·사하라 주로 요시쓰라(佐原 十郎 義連)·손자인 와다 코타로 요시모리(和田 小太郎 義盛) 등에게 300기를 주어 이시바시야마로 향하게 했다. 그런데 도중에 요리토모가 패해 목숨을 잃었다는 소식을 들었기에 낙담한 나머지 발걸음을 돌렸는데, 마침 유이가하마(由井浜)에서 하타케야마 시게타다(畠山 重忠)의 500기와 맞닥뜨렸다. 미우라가 분풀이라도 하듯 날카로운 기세로 달려들었기에 하타케야마 군은 수많은 희생자를 남긴 채 퇴각하고 말았다. 미우라 씨는 일단 미우라로 돌아가 훗날을 도모하기로 했다.

한편 퇴각한 하타케야마 시게타다는 싸움에서 패한 것이 분해서 견딜 수가 없었다. 어떻게 해서든 미우라 일당을 멸망시키겠다며 카와고에 타로 시게요리(河越 太郎 重頼)에게 가세를 해달라고 부탁했다. 그러자 시게요리는 바로 거기에 응했으며 에도 타로 시게나가(江戸 太郎 重長)까지 가담하게 하여 일거에 미우라 일당을 멸망시키려 했다.

그 소식은 곧 미우라 쪽에도 전해졌다. 이에 미우라 일당은 키누가사(衣笠) 성으로 들어가 일전을 치르기로 했다. 아라지로 요시즈미, 주로 요시쓰라 등의 용장이 동쪽 문을 지키고 있자니 카와고에 타로 시게요리 등의 1천여 기가 밀고 들어왔다. 요시즈미 등이 앞장서서 싸웠으나 이틀 연속 이어진 싸움에 몸은 피곤하고 화살이 떨어져 얼마 버티지 못하고 달아날 준비를 시작하지 않을 수 없었다.

그때였다. 미우라 요시아키는 나이가 들어 이미 89세, 마침 병으로 누워 있었는데 억지로 말에 올라 이번이 요시아키의 마지막 싸움이라는 듯 하얀 옷에 모미에보시96)를 쓰고 허리에 칼 하나만을 찬 채 부하 두 사람에게 말의 부리를 끌게 하여 기세 좋게 달려나가려 했다. 이를 본 요시즈미 등이 그를 거듭 말리고 자신들만이 앞으로 나서서 용감하게 싸웠다. 그러나 결국에는 싸움에서 지고 말았기에 요시아키도 더는 참지 못하고 요시즈미 등을 불러,

"스케도노(요리토모)는 영리하신 분이시니 목숨을 잃으셨을 리 없다. 나는 벌써 여든을 넘긴 늙은 몸이기에 제대로 걸을 수조차 없고 말도 생각대로 탈 수가 없다. 스케도노를 위해 목숨을 바쳐 여기서 싸우다 죽을 생각이다. 너희는 얼른 달아나 나리의 안부를 확인하기 바란다."라고 나이 든 눈에 눈물을 글썽이며 말했기에 비통함에 잠긴 집안사람들 가운데 눈물을 흘리지 않는 자가 없었다.

그러나 지금은 적의 한가운데에 있어서 사태가 급박했기에 요시아키가 눈물짓는 집안사람들을 격려하여,

"얼른 가지 못하겠느냐. 나의 일은 생각할 것 없다, 어서 가거라."

라고 재촉했으나 이별을 아쉬워하는 사람들은 쉽사리 움직일 수가

---

96) 揉烏帽子. 투구 안에 쓰던 건의 일종.

없었다. 그래도 나이 든 요시아키가 꿈쩍도 하지 않고 사람들을 재촉했기에 요시즈미 등도 더는 어쩌지 못하고 나이 든 아버지를 뒤에 남겨둔 채 달아나기로 했다. 그러는 사이에 요시아키는 마침내 적의 손에 목숨을 잃고 말았다.

한편 하코네로 들어간 요리토모는 그곳을 잠시 은거지로 삼으려 했으나 교지쓰의 동생이 마침 야마키의 호간 카네타카와 친하게 지내던 자였기에 형 몰래 사람들을 모아 요리토모를 살해하려 했다. 그 사실을 안 에이지쓰가 교지쓰와 요리토모에게 그 사실을 알렸기에 교지쓰도 일단은 놀랐으나,

"저들의 무용을 두려워하는 것은 아니나, 만약 소동이 벌어지면 카게치카 등이 병사를 이끌고 와서 힘을 보탤 것이 분명합니다. 그렇게 되면 일이 커지니 지금은 얼른 달아나시는 것이 상책일 듯합니다."라고 말했기에 요리토모도,

"옳으신 말씀이시오."라고 대답하고 도히 사네히라·와다 요시모리·오카자키 요시자네·호조 토키마사 등 7기와 함께 승려인 에이지쓰를 데리고 산길을 따라서 도히로 몸을 피했다.

28일, 요리토모는 도히의 마나즈루자키(真鶴崎)의 해안에서 배에 올라 이튿날인 29일에 아와노쿠니의 료가시마(猟ヶ島)에 도착했다.

헤이케를 토벌하겠다는 뜻을 세우고 일어나 세상에 나왔다가 그 시작부터 이처럼 간신히 목숨을 구했으나 그것도 참으로 신기한 일이 아닐 수 없었다. 요리토모는 이후 자신이 직접 무기를 쥐고 싸운 적이 없었는데, 자신이 직접 참가한 전투에서 이처럼 졌다는

것은 흔히 운이 나쁜 일이라 여겨지지만, 요리토모에게는 그것이 오히려 앞날에 대한 계획을 세우는 데 커다란 도움이 되었다.

헤이지의 난에서 패했을 때 모리야마의 역참에서 목숨을 잃을 뻔했으나 오히려 적을 베었으며, 무네키요에게 붙들려 목숨을 잃을 뻔했을 때는 이케노젠니 덕분에 목숨을 건졌고, 이토 스케치카의 분노를 사서 살해당할 뻔했을 때는 스케치카의 아들인 스케키요의 도움으로 살아남을 수 있었으며, 지금 또 다시 이시바시야마 전투에서 패해 전사를 당할 뻔했을 때는 카지와라 카게토키 덕분에 신기하게도 목숨을 이어갈 수 있었다. 이러한 점들을 생각해보면 요리토모는 참으로 행운아였다. 이러한 운명을 가진 아이가 훗날 타이쇼군이 되리라고 누가 상상이나 할 수 있었겠는가.

제8장 백기 나부끼는 칸토 8개 주

아와로 들어간 요리토모는 우선 각 장수들을 불러들였다. 안자이 카게마스(安斎 景益)는 요리토모와 어렸을 때부터 알고 지내던 자였기에 그에게로 사자를 보내 그곳의 관리들을 모아 데리고 오라고 전했다. 또 편지로 시모쓰케노쿠니[97]의 오야마 토모마사(小山 朝政)·시모우사노쿠니[98]의 시모코우베 유키히라(下河辺 行平) 등의 가세를 독촉했으며, 겐지에게 뜻이 있는 자는 전부 데리고 오라고 전했다. 또한 카사이 키요시게(葛西 清重)에게는 에도·카와고에 등의 헤이케 군에 둘러싸여 뭍으로는 움직일 수가 없으니 얼른 바다로 오라고 말했다.

그날(29일) 밤, 요리토모는 카즈사(지)노스케 히로쓰네(上総介 広常)의 집까지 갈 생각이었으나 도중에 날이 저물어 한 민가에서 묵기로 했다. 그런데 그 지방에서 살고 있던 나가사 로쿠로(長狭 六郎)라는 헤이케 측의 무사가, 요리토모가 묵게 되었다는 사실을 알고 그의 목숨을 빼앗기 위해 계획을 세웠다. 다행히 미우라 요시즈미가 이 계획을 눈치챘기에 오히려 로쿠로의 군이 달아나게

---

97) 下野国. 토치기 현. 야슈(野州).
98) 下総国. 치바 현 북부와 이바라키 현 남부. 소슈(総州).

되었으나, 이러한 사실만 봐도 요리토모는 아직 안심할 수 있는 몸이 아니었음을 알 수 있다. 편지를 받은 안자이 카게마스는 9월 4일이 되어서야 일족 및 부하들을 데리고 달려왔다.

"지금부터 카즈사(介)노스케 히로쓰네의 집으로 들어가실 것이라 들었습니다만 그것은 경솔한 일인 듯합니다. 나가사 로쿠로와 같은 자가 어디에 또 숨어 있을지 모르니 우선은 사람을 보내 데리러 오라고 말하는 편이 좋을 듯합니다."

요리토모도 소중한 목숨을 이름도 없는 무사에게 빼앗겨서는 안 되겠다 싶었기에 우선은 카게마스의 집으로 가서 와다 요시모리를 히로쓰네에게로, 토쿠로 모리나가를 치바(介)노스케 쓰네타네(千葉介 常胤)에게로 보내서 가세를 독촉했다.

9월 9일, 토쿠로 모리나가가 치바에서 돌아왔다.

"쓰네타네의 집에 도착하여 객실로 안내를 받았는데 거기에는 쓰네타네를 중심으로 아들인 타네마사(胤正)·타네요리가 좌우에 앉아 있었습니다. 저의 말을 자세히 들은 쓰네타네가 한동안 눈을 감은 채 무엇인가를 생각하고 있자니 양옆에 있던 아들들이 한 목소리로, '요리토모 공께서 선조들의 위풍을 이어받아 승냥이 같은 헤이시를 정벌함에 있어서 저희를 가장 먼저 불러들인 것은 저희의 명예로, 달리 생각하실 필요도 없는 일입니다. 얼른 승낙하시기 바랍니다.'라고 말했습니다. 그러자 쓰네타네는, '승낙을 하는 데에는 물론 아무런 이견도 없다. 이번에 겐케의 재흥을 꾀하신 것은 참으로 기꺼운 일이다. 그 말을 듣고 나도 모르게 솟아오른 감격의 눈물에 목이 멘 것이다.'라며 흔쾌히 승낙했습니다. 그리고 '요리토모 공께서 지금 묵고 계신 숙소는 그다지 요해지라 할 수 없는 곳입니다. 또한 겐지 발상의 땅도 아닙니다. 무엇보다 먼저 사가미의 카마쿠라로 들어가셔야 한다고 생각합니다. 이 쓰네타네가 하루라도 빨리 부하들을 이끌고 모시러 가겠습니다.'라고 말했습니다."

이 말을 들은 요리토모는 마음이 놓이기도 하고 고맙다는 생각이 들기도 했다. 그랬기에 히로쓰네가 우물쭈물하며 아직 대답을 하지 않았음에도 17일에 300여 기의 정병을 데리고 시모우사노쿠니로 들어가자, 치바(지)노스케 쓰네타네가 그의 아들인 타네마사·모로쓰네(師常)·타네나리(胤成)·타네쓰구(胤嗣)·타네미치(胤道)·타네요리·적손인 나리타네(成胤) 등 일당백의 젊은이들을 비롯하여 그 숫자 역시 300여 기를 이끌고 시모우사의 코쿠후99)로 데리러 왔으며, 적군인 치다의 호간다이 치카마사(親政)를 사로잡았다. 치카마사는 타이라노 키요모리의 사위인데 쓰네타네의 손자인 나리타네에게 사로잡히고 만 것이었다. 요리토모가 쓰네타네를 가까이로 불러서,

"앞으로는 그대를 아버지라 생각하겠네."라며 감격의 눈물을 흘렸을 만큼 이 일은 요리토모에게 더없이 기쁜 일이었다. 쓰네타네가 한 젊은 무사를 요리토모 앞으로 데리고 와서,

"이 사람은 무쓰 로쿠로 요시타카(요리토모의 아버지인 요시토모의 숙부) 나리께서 남기고 가신 아드님, 모리 칸자 요리타카(毛利 冠者

---

99) 国府. 지방의 행정단위인 쿠니(国)의 행정관청 소재지.

賴隆)입니다."라고 소개를 했다.

이 젊은이의 아버지인 요시타카는 지난 헤이지의 난에서 겐지가 패해 토고쿠로 달아날 때, 히에이잔 북쪽의 류게고에 산 속에서 망부 요시토모 대신 전사한 사람이었다. 그때 요리타카는 태어난 지 아직 50일밖에 되지 않았으나 아버지의 죄 때문에 두 살이 되었을 때 시모우사로 유배보내졌는데, 그런 그를 쓰네타네가 가엾이 여겨 기르고 있었던 것이다. 돌아보면 13세의 요리토모가 처음 전쟁에 참가했을 때의 일로, 지금 갑옷을 갖춰 입고 쓰네타네 옆에 무릎을 꿇고 앉아 있는 모습을 가만히 보니 어렴풋하기는 하나 용모와 체격이 요시타카를 빼닮은 듯도 했다. 요리토모는 크게 기뻐하며 우선은 쓰네타네보다도 윗자리에 앉게 했다.

이 300기를 더해 더욱 의기양양해진 요리토모가 스미다가와(隅田川강)를 건너 무사시(武蔵)로 들어서려던 때에 카즈사(지)노스케 히로쓰네가 마침내 병사 2만여 기를 이끌고 와서 요리토모를 맞이했다. 이는 19일의 일이었다.

그런데 요리토모는 히로쓰네가 오는 것이 너무 늦었다며 크게 마음이 상한 듯 도히 사네히라를 통해서 다음과 같이 전하게 했다.

"요리토모가 영지를 받들어 군사를 일으킨 뒤 그 사실을 알리고 네게도 얼른 올 것을 재촉하였는데 이렇게 늦게 왔다는 것은 이해할 수 없는 일이다. 당분간은 후진에서 다음 명령을 기다리도록 하라."

자리에서 물러난 히로쓰네는,

'지금은 일본의 모든 천하가 헤이케의 영토여서 요리토모 같은 유배자의 신분으로 섣불리 병사를 일으켜서는 도저히 헤이케를 당해낼 수 없을 것이다. 그런데 오늘 와서 보니 놀랍게도 이 대군을 데려온 것을 기뻐하지도 않고, 오는 것이 늦었다며 불편한 심기를 내비치다니. 그의 담력은 이만저만한 것이 아니다.'라고 생각하여 내심 그를 따르게 되었다.

얼마 지나지 않아서 요리토모가 히로쓰네의 죄를 용서하고 그 군세를 받아들였기에 그의 군대는 곧 대군이 되었다. 거기에 이시바시야마에서 뿔뿔이 흩어졌던 군병들도 차례차례로 모여들었기에 세력은 더욱 커져만 갈 뿐이었다.

이에 앞서 타이라노 키요모리는 이시바시야마 전투에서 아군이 승리를 거두었다는 소식을 듣고 기뻐했으나, 요리토모가 다시 세력을 회복했다는 사실을 알고는 크게 두려움을 느껴 나이다이진(관) 시게모리의 적자이자 자신의 손자인 코마쓰 쇼쇼 코레모리(小松 少将 維盛)와 자신의 가신인 타다키요(忠清)를 보내 합계 5만 기의 병력으로 요리토모를 공격하게 했다.

요리토모는 무사시로 사람을 보내 여러 병력을 불러들임과 동시에 카이로도 사자를 보내 카이의 각 장수들로 하여금 병력을 스루가로 내어 자신과 함께 헤이시를 치게 했다. 그리고 자신은 10월 2일에 3만 기를 이끌고 스미다가와(강)를 건넜다. 요리토모의 세력이 이처럼 커지자 무사시의 카사이 키요시게 등이 나와서 요리토모를 맞이했으며, 4일에는 하타케야마 시게타다·카와고에 시게요리·에도 시게나가 등이 항복해왔다. 이후 6일에 10만여 기를 이끌고 카마쿠라로 들어가 막부를 세우고, 스스로 대장이 돼서 서쪽으로 향하여 헤이케 군에게 일격을 가하겠다는 계획을 세우기에 이르렀다. 요리토모가 거병을 한 이후 여기에 이르기까지 50일, 개선장군과도 같은 기개로 카마쿠라에 들어온 것이었다.

이렇게 해서 8개 주의 호걸들이 앞다투어 그의 산하로 들어왔기에 10월 18일에 아시가라야마(足柄山산)를 넘어 그곳에서 카이의 세력과 합류했을 때는 20만 기가 되었으며, 20일에는 그 세력으로 카시마(加島)에 도착하여 코레모리 군과 후지가와(富士川강)를 사이에 두고 대치했다.

마침내 겐페이 양 군의 전투가 내일 펼쳐지기로 정해졌다. 그런데 겐지 쪽의 타케다 노부요시(武田 信義)가 야습을 감행하기로 마음먹고 밤이 되자 은밀하게 헤이케의 진 뒤편으로 돌아들어갔다. 바로 그때 마침 후지누마(富士沼)에 앉아 있던 수천 마리의 물새들이 일제히 푸드득 날아올랐다. 반도의 무사에게 두려움을 느끼고 있던 헤이케 군에게는 그 날갯짓 소리가 마치 군마가 공격해 들어오는 소리처럼 들렸다. 퍼뜩 놀라 달아나려 했다.

바로 그때 타다키요가,

"듣자하니 토고쿠는 전부 겐지를 따르고 있다고 하던데 섣불리 손을 내밀었다가 산산이 패해서는 득이 될 게 없습니다. 차라리 잠시 쿄토로 돌아가 다른 계획을 세우는 것이 어떻겠습니까?"라고 말했기에 겁을 집어먹은 코마쓰 쇼쇼 코레모리 등이 모두 이 의견에 찬성하고 날이 밝기도 전에 퇴각해버리고 말았다.

이튿날인 21일, 겐지 군이 곧 추격을 시작하여 발걸음을 재촉했으나 생각이 깊은 쓰네타네·요시즈미·히로쓰네 등이 그들을 만류하며,

"이 기세를 몰아 쿄토로 들어가기란 그리 어려운 일이 아닐 테지만, 히타치에는 아직 사타케 요시마사(佐竹 義政)라는 헤이케 편에 선 자가 있습니다. 그 외에도 아직 따르지 않는 자들이 적지 않습니다. 우선은 토고쿠를 평정하신 뒤 쿄토로 들어가시는 것이."

요리토모는 이 간언을 옳은 말이라고 생각했다. 이에 군을 되돌려 스루가의 키세가와(黃瀨川)에 진을 쳤다.

그때 스물두어 살쯤 된 젊은 무사가 20기 정도의 병력을 데리고 와서,

"카마쿠라도노(鎌倉殿요리토모)의 진소가 여기입니까? 뵙고 싶습니다."라고 청했다. 도히 사네히라·오카자키 요시자네 등의 장수들이 말을 들으러 나갔으나 그 사람이 누구인지 아는 자가 없었다.

누구인지 생각을 해보았으나 아무래도 떠오르지 않았다. 요리토모도 이상히 여겨 그 모습을 묻자,

"나이는 스무 살쯤, 얼굴의 강인한 기백이 좌중을 압도합니다. 범상치 않은 인물입니다."라고 대답했다. 그러자 요리토모는 홀로 짚이는 바가 있는 듯,

"나이도 그렇고, 모습도 그렇고, 이는 오슈의 쿠로(九郞)가 아닐까? 얼른 들이도록 하라."

사네히라의 안내를 받아 막사 안으로 들어온 무사는 다름 아닌 쿠로 요시쓰네였다. 형제라고는 하나 서로 얼굴을 알고 있는 것은 아니었다. 요시쓰네는 지난 헤이지의 난 때 아직 강보에 둘러싸인 채 아버지와 사별했으며 의붓아버지인 이치조 나가시게(一條 長成)의 손에 자랐는데, 그 후에 출가를 하기 위해 쿠라마야마(鞍馬

山)로 들어가 수행을 했으나 철이 들어감에 따라서 겐케의 멸망을 한탄하게 되었고 그 재흥을 간절하게 바란 나머지 스스로 관례식을 치르고 쿠로 요시쓰네라는 이름을 붙인 뒤, 오슈의 후지와라노 히데히라를 의지하여 그곳에서 신세를 지고 있었다. 이번에 형 요리토모가 거병하여 헤이케를 칠 것이라는 소문이 들려왔기에 요시쓰네는 그대로 앉아 있을 수 없었다. 서둘러 준비를 해서 길을 떠나려 하자 히데히라가 그를 말리며,

"잠시 상황을 지켜본 후에 떠나도 늦지 않을 것입니다."라고 말했다. 그러나 요시쓰네는 도저히 기다릴 수가 없었다. 결국에는 몰래 빠져나가려 했기에 히데히라도 어쩔 수 없이,

"그럼 이 두 사람을 가신으로."라며 사토 쓰구노부(佐藤 継信)와 타다노부(忠信) 형제를 붙여주었다. 그 이후부터 말이 버틸 수 있을 때까지 달리고 또 달려 이 키세가와의 진영으로 온 것이었다.

막사 안으로 들어온 요시쓰네가 예의 바르게,

"형님께서 이번에 헤이케 토벌의 영지를 받들어 기치를 올리셨다는 소식을 듣고 기쁨을 견디지 못해 힘을 보태기 위해서 밤낮없이 이렇게 달려왔습니다."

이 말을 들은 요리토모는 꿈처럼 기뻐했고, 두 사람은 지난날의 일들을 이야기하며 눈물을 흘렸다. 곁에 있던 수많은 장사들도 두 사람의 흉중을 헤아려 함께 눈물을 흘렸다.

잠시 후 요리토모가 천천히,

"지금 문득, 옛날 시라카와 천황 시절인 에이호(永保) 3년 (1083) 9월에 증조부이신 무쓰(지)노카미 아손(요시이에)께서 오슈에

요리토모의 진으로 찾아온 요시쓰네

서 키요하라 타케히라와 전투를 벌이셨을 때, 동생이신 사효에(판)노조 요시미쓰(左兵衛尉 義光) 나리께서는 쿄토의 관직에 계셨는데, 형님이 어려움을 겪고 계시다는 소식을 듣자 관직을 버리고 오슈로 향해서 형님을 도왔기에 강적도 곧 패했다는 이야기가 떠올랐구나. 오늘 네가 와준 것은 참으로 축하할 만한 일이다."

이렇게 해서 요리토모는 더없는 기쁨과 힘을 얻었으며, 이 외에도 또 다른 동생들인 카바노카자 노리요리·아노 젠세이(阿野 全成이마와카마루) 등도 모두 요리토모를 찾아왔기에 앞날에 대한 커다란 기쁨을 느끼게 되었다. 단, 아쉬운 것은 요리토모의 동생인 마레요시(希義)는 토사로 유배당했는데 사이고쿠100)는 헤이케의 세력이 강한 곳이었기에 끝내는 살해당하고 말았다는 사실이었다.

10월 23일, 요리토모는 군대를 돌려 사가미의 코쿠후로 들어갔

---

100) 西国. 쿄토를 중심으로 서쪽에 있는 지방.

으며 거기서 비로소 공이 있는 자에게는 상을 내리고 죄가 있는 자에게는 벌을 내렸다. 호조 토키마사 이하, 원래의 영지를 그대로 소유하게 된 자, 새로운 땅을 받게 된 자, 위계가 오른 자 등 각자의 공에 따라서 상을 받았으며, 죄가 있는 자도 적지 않았다.

오오바 사부로 카게치카는 이시바시야마 전투에서 요리토모를 괴롭힌 자였으나, 요리토모의 세력이 나날이 커지자 마침내는 항복을 해왔다. 그는 히로쓰네 밑으로 들어가게 되었다.

이 외에도 항복해온 자들은 우선 각 장수들이 나누어 맡게 되었으나, 목을 베인 자들도 적지 않았다.

그 가운데 타키구치 쓰네토시는 앞서 요리토모가 거병하려 했을 때 요리토모의 편지를 받았던 옛 가신이었으나 여러 가지로 요리토모를 비웃었으며, 이시바시야마에서는 카게치카와 함께 요리토모를 괴롭힌 자였다. 그가 항복을 해왔기에 우선은 영지를 몰수하고 본인은 사네히라에게 맡기기로 했다.

그런데 평의를 연 결과 타키구치 쓰네토시는 목을 치기로 결정되었다. 이를 듣고 놀란 것은 쓰네토시의 어머니였다. 쓰네토시의 어머니는 요리토모의 유모였는데 자신의 아들을 살리기 위해 서둘러 요리토모 앞으로 나아가서,

"부족하나마 저희 선조는 대대로 겐지에게 충성을 바쳐왔습니다. 그 가운데서도 토시미치(俊通)는 헤이지의 난 때 로쿠조가와라에서 전사하고 말았습니다. 그런데 쓰네토시가 이번에 오오바 편에 서서 나리에게 저항을 했으니 참으로 뭐라 드릴 말씀이 없습니다. 그 아이를 탓하시는 것도 당연한 일이시나, 이는 헤이케를

두려워한 마음에서 일시적으로 취한 행동일 뿐 본심은 아니었습니다. 모쪼록 선조의 공을 생각하시어 쓰네토시를 살려주시기 바랍니다."라고 눈물을 흘리며 청했다. 이때 요리토모는 언제나처럼 한마디도 하지 않았다. 단지,

"사네히라, 지난번에 맡겨두었던 갑옷을 이리로 가져오게."

사네히라가 맡고 있던 갑옷을 상자째 공손하게 가져왔다. 요리토모는 직접 뚜껑을 열어 갑옷 한 벌을 유모 앞에 놓고,

"유모, 훗날의 증거로 삼기 위해 남겨놓은 것일세. 이 갑옷의 소매에 있는 화살은 이시바이야마 전투에서 그대의 아들이 쏜 것일세. 자, 여기에 타키구치 사부로 쓰네토시라고 적혀 있지 않은가? 잘 보게."라고 글자를 내보이며 읽어주었기에 유모도 여기에는 한마디 대답도 못하고 눈물을 훔치며 그대로 물러나고 말았다.

그 후, 요리토모는 사네히라를 불러,

"쓰네토시는 묵과할 수 없는 죄를 저질렀으나 유모의 탄식도 있고 조상들의 공도 있으니 용서를 해주기로 하겠네."라고 말해서 쓰네토시의 죽음을 면하게 해주었다.

그리고 나가오 신로쿠 사다카게는 이시바시야마 전투에서 오오바 카게치카와 함께 요리토모에게 활을 쏘았을 뿐만 아니라 요이치 요시타다의 목숨을 빼앗은 자였는데, 카게치카와 함께 항복을 해왔다. 요리토모는 요이치의 아버지인 오카자키 시로 요시자네를 불러 사다카게를 맡겼다. 그것은 '아들의 원수이니 당장 목을 쳐서 원한을 풀도록 하게.'라는 의미였다.

그러나 요시자네는 자비심 깊은 무사였기에 그대로 가둬둔 채

목을 칠 마음은 들지 않았다.

한편 사다카게는 불교신자였기에 감옥 안에서 매일 법화경을 읽었다. 이를 보고 그 마음에 감탄한 요시자네가 요리토모 앞으로 나아가 이렇게 말했다.

"사다카게 놈은 요이치의 원수로 목을 치려 했으나 기특하게도 매일 법화경을 읽고 있습니다. 원망스러운 놈이라 생각하면서도 그 독경 소리를 듣고 있으면 원한이 가라앉습니다. 놈을 베기는 쉬운 일이나 베고 나면 오히려 아들놈의 저승길에 방해가 될 듯합니다. 하여 녀석의 목숨을 살려두고 싶습니다만……."

이를 들은 요리토모는,

"그것이야말로 참된 사람의 마음이오. 녀석을 그대에게 맡긴 것은 그대의 원한을 풀어주고 싶었기 때문이오. 그런 그대가 법화경의 공덕으로 녀석을 용서해주고 싶다고 말해왔으니 이 요리토모도 같은 마음이오. 그대의 뜻대로 해도 상관없소."라고 말했다.

이에 요시자네는 집으로 돌아가 바로 사다카게를 용서해주었다.

이렇게 해서 요리토모는 전쟁을 한 번 치를 때마다 크게 사기가 올랐으나, 그래도 아직은 안심할 수 있을 정도에 달하지는 못했다. 이에 10월 27일에 히타치의 사타케 씨를 치기 위해 출진했다.

11월 4일, 대군이 히타치의 코쿠후에 도착했다. 누가 뭐래도 사타케 씨는 그 지방의 호족으로 자손도 많았으며 로도도 쿠니 안에 가득했기에 섣불리 공격할 수는 없었다. 쓰네타네·히로쓰네·요시즈미·사네히라 등의 노장들이 머리를 맞대고 평의한 결과 우선은 사타케 씨의 마음을 떠보기로 하고 연줄이 있는 히로쓰네가 가서 항복을 권하기로 했다.

그러자 장남인 요시마사는 바로 항복을 해왔으나 그의 동생인 히데요시(秀義)는 요시마사보다 로도가 더 많고 아버지가 헤이케 쪽에 있었기에 단호히 항복을 거절하고 카나사(金砂) 성으로 들어갔다.

거절당했기에 요리토모는 군세를 몰아 카나사 성을 공격하게 했다. 각오한 일이었기에 사타케 히데요시는 대비를 하고 있었다는 듯 저항했는데, 그 성 안에서 쏘아대는 화살이 빗줄기 같았다. 지키는 성은 높은 산의 정상, 공격하는 군은 산기슭의 계곡 아래에 있었기에 성 안에서 쏘는 화살은 백발백중이었으나 계곡에서 쏘는 화살은 성에 이르지도 못하는 형편이었다. 여기에는 겐지의 군대도 크게 애를 먹었다. 더구나 길은 암석으로 막혀 있어서 기어오를 수도 없었다. 그저 화살을 메긴 채 빈틈을 노리고 있을 수밖에 없었다.

그러던 중에 해도 저물어 달이 동쪽 산으로 솟아오르기 시작했다.

이튿날인 5일, 사네히라 등은 요리토모에게 사람을 보내서 카나사 성은 천연의 요해지이기에 사람의 힘으로는 도저히 깨부술 수 없다고 말했다. 이에 요리토모는 다시 노장들을 불러모아 의견을 듣기로 했다.

그 자리에서 히로쓰네가,

"히데요시의 숙부 가운데 사타케 쿠란도(佐竹 蔵人)라는 자가 있는데 꽤나 영리한 자이기는 하나, 동시에 꽤나 탐욕스러운 자이기도 합니다. 상을 줄 테니 히데요시를 어떻게 좀 해달라고 하면 그는 반드시 히데요시를 멸망시킬 계획을 세울 것입니다."라고 한 가지 계책을 내었다. 모두가 그 의견에 찬성했기에 곧 히로쓰네가 사자가 되어 쿠란도를 찾아갔다.

사타케 쿠란도는 히로쓰네의 방문을 크게 기뻐했다. 이에 히로쓰네가 말하기를,

"토고쿠의 무사 대부분이 이처럼 요리토모 나리를 따르고 있는데 히데요시만이 홀로 적대시하고 있으니 참으로 무모한 생각이라 하지 않을 수 없습니다. 귀하와 히데요시는 혈육관계에 있다고 들었으나 이 모든 사실을 아시면서도 히데요시의 불의를 도우리라고는 여겨지지 않습니다. 한시라도 빨리 요리토모 나리를 따르시고 히데요시를 쳐서 그 공에 따라 히데요시의 영지를 받으실 계책을 세워주시기 바랍니다."

이 말을 들은 쿠란도는 히로쓰네의 말이 옳다고 생각했다. 이에,

"그렇다면 우선 히데요시를 치기로 하겠습니다."라며 병사를 내고 스스로 앞장서서 히로쓰네를 안내하여 카나사 성의 뒤로 돌아들어가 일제히 함성을 질렀다.

이를 들은 히데요시 이하 성 안의 병사들은 대군이 습격해온 것이라는 생각에 간담이 서늘해져서 막으려는 자가 아무도 없었다. 때를 놓치지 않고 히로쓰네가 성 안으로 공격해 들어갔기에 성 안의 병사들은 앞다투어 달아나버리고 말았다. 막을 방법이 없었기에 히데요시도 성을 버린 채 달아나버리고 말았다.

이튿날인 6일, 히로쓰네는 카나사 성에 불을 지르고 길목마다 병사들을 세워 히데요시를 찾게 했으나 아무래도 찾을 수가 없었다.

훗날 들려온 말에 의하면 깊은 산을 타고 오슈로 달아나 하나조노(花園) 성으로 들어갔다는 것이었다.

요리토모의 세력이 날로 커져가는 가운데 칸토 지방에서 아직 복종하지 않은 자는 코즈케노쿠니101)의 닛타 요시시게(新田 義重)와, 시모쓰케의 아시카가 요시카네(足利 義兼)와, 히타치의 사타케 히데요시뿐이었다. 그런데 닛타 씨와 아시카가 씨는 요리토모의 세력을 보고 항복해왔다. 오직 사타케 씨만이 히타치에서 버티고 있었기에 요리토모에게는 이를 제거하는 것이 무엇보다 중요한 일이었다. 그 일이 마무리 지어졌기에 요리토모는 11월 17일에 카마쿠라로 돌아갔다. 병사를 낸 지 20일, 그 기민함은 놀랄 만한 것이었다.

요리토모의 이러한 기세가 각 지방으로 퍼져나갔기에 시다 요시히로(志田 義広)와 미나모토노 유키이에에게도 각자 여러 가지로 생각한 바는 있었겠으나 결국에는 히타치의 코쿠후까지 와서 출정 중인 요리토모와 면회했을 정도였다.

지쇼 4년(1180) 12월 12일, 하늘이 맑고 바람도 잦아든 날에 요리토모는 새로 지은 카마쿠라의 저택으로 거처를 옮겼다.

정해진 시각이 되자 요리토모는 평상복에 말을 타고 히로쓰네의 집에서 나와 새로운 저택으로 향했다. 와다 요시모리가 선두에 섰으며 말 좌우에 무사가 각각 1명씩, 기마에 이어 호조 토키마사 이하의 맹장들이 뒤를 따랐고 후미는 하타케야마 지로 시게타다가

---

101) 上野国. 군마 현. 조슈(上州).

카마쿠라 막부 방생회

맡았다.

요리토모가 정전으로 들어가자 일동은 사무라이도코로102)에 모여 양쪽으로 늘어섰다. 요시모리가 대열의 한가운데로 나서서 도착한 사람들의 이름을 적었다. 자리에 모인 무사는 311명이었다.

가신들도 역시 카마쿠라에 거처를 마련했다. 예전에는 농부와 어부밖에 살지 않았던 카마쿠라도 이제는 도로를 정비하고 마을의 이름을 붙였으며 가옥이 즐비하여 단번에 번화한 시가지가 되었다.

요리토모가 쿄토를 마음에 두지 않고 카마쿠라에 막부를 연 데에는 여러 가지 이유가 있었을 테지만 무엇보다 그곳이 조상 대대로 뿌리를 내린 연고지였기 때문이었을 것이다. 치바(지)노스케 쓰네타네의 충언에도 있었던 것처럼 카마쿠라는 요해지이자, 조상 대대로 깊은 인연을 맺어온 땅이기도 했다. 그리고 또한 그곳의

---

102) 侍所. 가신을 통제하기 위해 1180년에 설치한 기관. 장관을 벳토라 칭했으며 처음에는 와다 요시모리가 그 직을 맡았으나 이후 호조 씨가 세습했다.

병력을 생각했기 때문이었을 것이다. 당시 칸핫슈103)는 병력에 있어서 실로 천하제일이었다. 사슴과 여우를 사냥하며 밤낮으로 산촌을 누비던 용맹한 무사의 기풍은, 풍류와 사치에 젖어 있던 쿄토의 기풍을 압도하고 있었다. 사이토 벳토 사네모리가 헤이케의 진중에서 칸토 무사의 강인함에 대해서,

"이 사네모리는 활의 명수라 여겨지고 있지만 겨우 13줌104) 길이의 화살을 쏠 뿐입니다. 그러나 칸토에서 명수라 불리는 자 가운데 15줌 이하를 쏘는 자는 없습니다. 활도 건장한 무사 대여섯 명이서 시위를 걸어야 하는 강한 것을 씁니다. 이러한 활로 화살을 쏘면 갑옷 두어 벌은 간단히 뚫을 수 있습니다. 또한 다이묘105)라 불리는 자 가운데 500기 이하의 병력을 가진 자는 없습니다. 말에 오르면 떨어지는 법이 없으며, 제아무리 좋지 않은 땅을 달릴 때라도 말이 넘어지는 적이 없고, 또한 싸움에 임하면 자신의 아비라도 아들이라도 치고, 그들이 목숨을 잃어도 그 시체 위를 넘어 싸웁니다. 그에 비해서 사이고쿠의 군은 아비가 목숨을 잃으면 물러나 불공을 올려 효행을 다하고 기일이 끝나야 다시 밀고 들어가며, 아들이 목숨을 잃으면 슬피 한탄하며 나아가려 하지 않습니다. 군량미가 떨어지면 봄에는 벼를 심고 가을에는 수확을 한 뒤에야 나아가며, 여름에는 덥다며 싸움을 싫어하고, 겨울에는 춥다며 싫어합니다. 토고쿠 군에 그러한 자는 결코 없습니다."라고 말했는

---

103) 関八州. 칸토 지방의 8개 주를 아울러 이르던 말.
104) 화살의 길이는 나타내는 단위로 엄지를 뺀 네 손가락의 폭.
105) 大名. 다이묘라는 말은 시대에 따라서 그 의미가 조금씩 달라지는데 이 시기에는 넓은 땅을 소유한 자를 가리켰다.

데, 요리토모는 바로 이러한 군병을 이끌고 일어서려 한 것이었다.

　요와(養和) 원년(1181) 9월, 요리토모가 군사를 일으킨 지 1년이 지나자 칸핫슈 전역에서 겐지의 백기가 나부끼게 되었다. 이시바시야마에서 참패한 요리토모의 마음은 어떠한 것이었을까? 그러나 이는 아직 시작에 불과했다. 요리토모에게 있어서 지금까지의 고심은 빈손이었던 그의 준비단계에 지나지 않았던 것이다.

제9장 요리토모의 세력과 조정

(1) 기둥이 썩기 시작한 헤이케 일문

겐지에게 있어서 겐잔미 요리마사의 거병은 헤이케 토벌의 효종을 울린 셈이었다. 설령 그 끝은 덧없이 사라져버린 풀잎의 이슬 같았다 할지라도 겐지의 입장에서 보자면 더없이 중요한 사건이었다. 당시 요리토모는 34세, 요시나카는 27세, 요시쓰네는 22세의 청년이었다. 청년은 인생의 꽃, 활력으로 가득하여 무슨 일인가를 하지 않고는 그냥 있을 수 없는 시기다. 이러한 때였기에 요리토모는 앞서 이야기한 것처럼 일어났다. 그리고 이와 비슷한 시기에 일어선 것이 시나노의 키소 요시나카였다.

요시나카는 요리토모의 명령에 따라서 군대를 일으킨 것이 아니었다. 그도 타카쿠라노미야 모치히토 왕의 영지에 따라 분연히 헤이케 토벌을 위해서 일어선 것이었다. 따라서 비록 요리토모와 연락은 없었다 할지라도 목적은 똑같이 헤이케 토벌이었는데, 그 병사를 쓴 곳이 시나노·코즈케에서 호쿠리쿠에 걸친 지방이었다는 점이 요리토모에게는 다행스러운 일이었다. 왜냐하면 처음 요리토모는 칸핫슈 평정에 힘을 쏟았고 헤이케에 대한 견제를 위해서는 카이 겐지를 스루가로 들여보냈는데, 요시나카가 시나노에서 일어선 것은 마치 대장군의 명령에 따라 서로 지역을 나누어 일어선 것과 같은 효과가 있었기 때문이다. 게다가 그 요시나카는 싸움에 매우 능한 자였을 뿐만 아니라, 이처럼 각지에서 겐지가 봉기했기에 헤이시는 나날이 불안이 커져만 갔다.

키요모리는 앞서 코레모리가 후지가와(강)에서 싸워보지도 않고 달아났기에 안 그래도 심기가 불편했는데 후쿠하라(福原)로의 천도도 뜻대로 되지 않았으며, 쿄토로 돌아와서는 나라와 히에이잔의 승병들도 마음에 걸렸기에 초조함이 더욱 깊어갈 뿐이었다.

이러한 때일수록 이상한 소문이 돌기 쉬운 법으로, 모치히토 왕이 아직 살아 있다는 둥, 겐지가 왕을 받들어 카이에 숨었다는 둥, 어딘가 불안한 기운이 감돌고 있었다.

이러한 때에 조바심을 치면 끝도 없는 법으로 키요모리는 토모모리[106]를 대장으로 삼아 토고쿠 정벌을 보내기도 하고, 미이데라를 공격게 하기도 하고, 나라를 불태우기도 하는 등 이전의 키요모리와는 다른 태도를 보였다.

뿐만 아니라 겐지에서 불충한 자라고 말하는 것이 듣기 싫었던 키요모리는 작년부터 가두어두었던 고시라카와 법황을 타카쿠라 천황의 궁궐로 맞아들여 예전처럼 정치를 해달라고 청하기도 하고, 키요모리의 분노를 사서 쿄토에서 추방했던 칸파쿠 모토후사에게 돌아와주었으면 한다고 청하기도 하는 등 고시라카와 법황의 환심

---

106) 타이라노 토모모리(平 知盛, 1152~1185). 키요모리의 넷째 아들. 미나모토노 요리마사와 미나모토노 유키이에를 격파했으나 겐페이의 마지막 싸움인 단노우라 전투에서 전사했다.

을 사기에 노력했다. 이러한 일들이 키요모리의 뜻대로 행해졌다면 혹은 다시 천하의 신용을 얻어 예전처럼 전성기를 누렸을지도 모르겠으나 불행히도 그해(1181) 1월 말 무렵부터 다시 일어설 수 없는 큰 병에 걸리고 말았다.

『겐페이 성쇠기』에 의하면 그 병이란 병상에 누운 날부터 물도 제대로 마시지 못하고 몸은 타오를 듯 뜨거웠으며, 누워 있는 주위로 사람들조차 다가오지 못하게 할 정도로 그저 덥다고 외치기만 할 뿐이었는데 그 목소리가 문 밖에까지 들렸을 정도라고 한다. 또한 너무나도 괴로워하기에 사람 100명을 히에이잔 센주인(千手院)으로 보내 물을 떠오게 해서 돌로 만든 욕조에 채우고 그 안에 들어가 몸을 식히게 했는데 물이 끓어올라 뜨거울 물이 되었으나 고통은 조금도 가시지 않았다고 한다. 어쨌든 신기한 열병에 걸려 윤2월 4일에 64세를 일기로 이 세상을 떠나고 말았다. 그 유언은 사후 3일에 장례를 치를 것, 유골은 하리마노쿠니[107] 야마다(山田)의 법화당에 안치할 것, 7월 7일에 법회를 열 것, 쿄토에서는 법회를 열지 말 것, 자손은 칸토 진정을 유일한 목적으로 삼을 것 등의 여러 조항이었다.

헤이케에게 있어서 키요모리의 죽음은 실로 커다란 사건이었다. 안 그래도 불안함이 느껴지기 시작했던 헤이케의 세력은 이후부터 마치 내리막을 서둘러 내려가는 것처럼 기울고 말았다.

그래도 키요모리 사후 30개월 동안은 헤이케의 각 장수들도

---

[107] 播磨国. 효고 현 남서부. 반슈(播州).

그 세력을 유지하기 위해 여러 가지로 힘을 기울였다. 내리막을 걷던 헤이시가 그렇게 할 수 있었던 것은 기근이 들어 겐지의 군대가 뜻한 바대로 움직일 수 없었을 뿐만 아니라, 헤이케가 고시라카와 법황에 순종적이었기 때문이었다.

즉, 키요모리가 죽은 달 10일에 토고쿠를 정벌하기 위한 군대를 보냈으며, 15일에는 법황의 명령을 받아 1만 5천의 병사를 출발시켰고, 3월 10일에는 스노마타가와(墨股川오와리노쿠니)에서 미나모토노 유키이에를 격파하여 달아나게 하고 겐지의 장수인 기엔(義円오토와카)을 베어 얼마간 사기를 올렸다. 요리토모가 은밀히 법황에게 상주하여 앞으로는 겐페이 두 집안에서 함께 조정을 섬기고 싶다고 청했을 때, 헤이케의 대장인 무네모리(宗盛)는 이를 받아들이지 않았으며 오히려 8월 16일에 군대를 내어 요리토모 토벌에 나서게 했고, 10월에 들어서는 토카이·토잔·호쿠리쿠 각 도108)의 겐지를 전부 토멸할 계획을 세웠을 정도였다. 그러나 그것은 단지 헤이케의 계획에 지나지 않았다. 곧 겐지의 백기가 카모가와109)의 둑에서 펄럭이게 되었다.

---

108) 옛 일본의 행정구역 단위였던 도(道)를 말한다. 총 7개 도가 있었다.
109) 賀茂川. 쿄토 시 동부를 남쪽으로 흐르는 강.

(2) 백기 펄럭이는 카모가와 둑

지쇼 4년(1180), 모치히토 왕의 영지는 키소의 산에도 도달했다. 요시나카는 당시 27세, 그야말로 혈기가 하늘을 찌를 것 같은 시기였다. 요시나카가 부근의 세력을 규합하여 활동을 시작한 것은 요리토모의 거병과 거의 비슷한 시기였다. 그 후 시나노의 대부분을 통일하고 코즈케로 나아갔는데 이는 시모쓰케의 아시카가 씨·히타치의 사타케 씨를 견제하여 요리토모의 배후를 치지 못하게 했을 뿐만 아니라, 카이 겐지의 각 장수들이 후지산 자락을 돌아 토카이도로 들어가는 것을 용이하게 해주는 효과도 있었다. 이렇게 해서 시나노와 코즈케의 일부를 장악한 요시나카는 요와 원년(1181)에 들어서자 쿄토를 위협하던 숙부 미나모토노 유키이에가 미노·오와리의 각지에서 패했다는 소식을 들으며 스스로는 에치고노쿠니[110]를 향해 나아갔다. 6월에 겨우 2천 기의 병력으로 조 나가모치(城 長茂)의 4만을 치쿠마가와라(筑摩河原)에서 맞아 격파했기에 세상 사람들을 놀라게 했다.

그 후 요시나카는 에치고에서 에치젠으로 들어가 곳곳의 헤이케 군을 격파하며 전진했는데, 그해 가을부터 이듬해인 주에이(寿永) 원년(1182)에 걸쳐서는 기근이 심했기에 싸움에도 커다란 변화가 없었으며, 양 군은 그저 에치젠을 경계로 교착상태에 빠져 있었다.

---

110) 越後国. 니가타 현. 엣슈(越州).

요시나카는 그 동안에 잠시 에치고로 물러나 있었던 듯하다.

주에이 2년이 되자 요시나카가 갑자기 활동을 시작했는데 3월에 요리토모와의 사이에서 좋지 않은 일이 벌어졌다. 카이 겐지인 타케다 노부요시의 아들 노부미쓰(信光)가 혼인에 관한 일로 요시나카에게 원한을 품고, 요시나카가 헤이케와 함께 요리토모까지 멸망시킬 음모를 꾸미고 있다고 모함했기 때문이었다. 이 무렵 요리토모도 요시나카가 겐지의 적류인 자신을 따르지 않고 스스로 세력을 키워나가고 있었기에 내심 불쾌하게 생각하고 있었는데, 처음 요리토모를 따르던 미나모토노 유키이에가 요리토모에게 변변한 대우를 받지 못하자 이를 불만스럽게 생각하여 1천여 기를 이끌고 요시나카에게로 가버렸다. 이에 더욱 화가 난 요리토모는 요시나카를 치기 위해 시나노로 군대를 보냈다.

그러나 헤이케 토벌이라는 커다란 일을 앞두고 요리토모와의 싸움은 사소한 일이라 생각한 요시나카가 에치고로 물러났기에 요리토모도 카마쿠라로 물러났으며, '당장에 유키이에를 내쫓거나, 아니면 아들인 요시타카(義高)를 인질로 보내라.'고 요구했다. 요시나카는 어쩔 수 없이 요시타카를 카마쿠라로 보내어 사건을 마무리 지었다. 사건은 이렇게 마무리 지어졌으나 요리토모와 요시나카는 어디까지나 별개의 세력으로 서로 도울 마음은 없었던 듯하다. 요시나카가 요리토모를 따르지 않았던 데에는 요시나카의 아버지인 요시카타(義賢)가 요리토모의 형인 요시히라의 손에 살해당했다는 이유도 있었던 듯하다.

4월, 헤이케는 요시나카 토벌을 위해서 코레모리·미치모리·타다키요를 대장으로 하는 대군을 호쿠리쿠도로 향하게 했다. 이 헤이케의 정예 10만은 히우치(燧) 성·산조노(三条野)·시노하라 등의 싸움에서 요시나카 군의 선발대를 물리치고 엣추노쿠니[111]로 진출했다. 요시나카에게 있어서 이는 참으로 커다란 사건이었다. 이에 5월 9일에 요시나카는 스스로 5만 기를 이끌고 에치고를 출발하여 엣추로 들어가 토나미야마(礪波山산)의 동쪽 기슭에 진을 치고 밤을 기다렸다가 적진에 습격을 가했다. 이것이 바로 그 이름 높은 쿠리카라토우게(俱梨伽羅峠) 전투로, 이는 실로 요시나카의 운명을 결정한 전투였다. 다행히도 요시나카의 기습이 성공을 거두어 헤이케의 대군은 1만 8천의 포로를 남긴 채 패주하고 말았다. 승기를 잡은 요시나카는 달아나는 헤이케 군을 뒤쫓아 카가노쿠니[112]에서 에치젠으로 들어갔고, 더욱 멀리까지 나아가 오우미에 이르렀으며, 호수(비와코)를 건너 7월 22일에 히에이잔의 엔랴쿠지에 진을 쳤다. 그리고 마침내 쿄토로 육박해 들어가게 되었다.

---

111) 越中国. 토야마 현. 엣슈(越州).
112) 加賀国. 이시카와 현 남부. 카슈(河州).

(3) 법황, 요리토모를 부르다

일이 이렇게 될 줄 몰랐던 헤이케는 이 요시나카의 진격에 얼마나 놀랐는지 모른다. 당황하면서도 다시 군대를 내보기는 했으나 대세를 막을 수는 없었기에 퇴각해버리고 말았다. 거기에 작은 세력이기는 하나 킨키[113]의 겐지가 여기저기에서 봉기했으며, 요시노(吉野)에서도 승병들이 소란을 피웠다. 그리고 참으로 난처하게도 탄바노쿠니[114]의 겐지 군을 토벌하러 갔던 타다키요가 오오에야마(大江山)까지 퇴각해서 헤이케는 앞뒤로 적을 맞이한 형국이 되었기에, 그대로 쿄토에 머문다는 것은 멸망을 기다리는 것과 다를 바 없는 상황이 되어버리고 말았다. 한때는 헤이케가 아니면 사람이 아니라고까지 큰소리를 치던 헤이케였다. 그런 헤이케가 쿄토에서 물러나 다자이후[115]로 갈 결심을 하게 되었으니 세상일이란 참으로 알 수 없는 법이다.

7월 25일, 헤이케는 마침내 일문의 저택에 불을 지르고 비통한 심정으로 출발하기에 이르렀다. 고시라카와 법황도 데려갈 생각이었으나, 법황은 요시나카의 기세가 높은 것을 보고 요시나카에게 의지하여 예전처럼 원[院]의 세력을 회복해야겠다고 생각했기에 교묘하게 헤이케의 손에서 벗어나 24일 밤에 은밀히 엔랴쿠지로

---

113) 近畿. 예전의 행정구역인 5기 7도 가운데 5기(야마시로·야마토·카와치·이즈미·셋쓰) 및 쿄토를 아우른 지역.
114) 丹波国. 쿄토 부 중부와 효고 현 동부. 탄슈(丹州).
115) 大宰府. 큐슈 및 이키·쓰시마를 다스리고 외교·해상방어 등을 담당하던 관청.

들어갔다. 헤이케에서는 이튿날이 되어서야 이 사실을 알게 되었기에 어떻게 손을 써볼 수도 없는 일이 되어버렸다. 무네모리는 어쩔 수 없이 안토쿠 천황과 3종의 신기116)를 받들고 후쿠하라에서 효고로 들어갔으며, 일문 모두 배에 올라 세토나이카이117)를 건너 큐슈118)로 달아나는 신세가 되어버리고 말았다.

헤이케가 도읍을 버리고 달아나 더는 요시나카를 적대시할 자가 아무도 없었기에, 요시나카는 26일에 법황과 유키이에와 함께 6만의 병사를 이끌고 당당하게 쿄토로 들어갔다. 법황은 요시나카의 공을 치하하여 원의 전에 드는 것을 허락했으며, 쿄토의 수호를 명령했다. 그와 동시에 헤이케를 조정의 적으로 간주하여 그 관작을 빼앗았으며, 천황을 새로이 세웠다. 그 새로운 천황을 고토바(後鳥羽) 천황(1180~1239)이라고 한다.

그런데 요시나카가, 헤이케의 몰락은 모치히토 왕의 유지에 의한 것이니 에치고에 있던 왕의 아들인 호쿠리쿠노미야(北陸宮)를 천황으로 세워야 한다고 주장했다. 그러나 이 주장이 끝내 받아들여지지 않았기에 화가 난 요시나카는 행동이 점점 거칠어지기 시작했다. 거기다 요시나카가 이끌고 온 홋코쿠의 병사들은 식량이 부족했기에 민가로 들어가 곡물을 멋대로 약탈했다. 이에 조정의 신하를 비롯하여 쿄토 사람들의 민심이 흉흉해졌다. 요시나카는 산골에서 자라 예법을 몰랐기에 종종 도읍 사람들의 웃음거리

---

116) 三種の神器. 신에게서 받았다는 세 가지 기물(칼·구슬·거울)로 황위를 상징한다.
117) 瀨戶内海. 혼슈(本州), 시코쿠, 큐슈에 둘러싸인 내해.
118) 九州. 일본 열도의 4대 섬 가운데 하나로 서쪽 끝에 위치했다.

가 되기도 했다. 거기에 부하 병사들이 행패를 부렸기에 요시나카를 향한 사람들의 마음은 날이 갈수록 멀어질 뿐이었다.

특히 요시나카는 9월 20일에 헤이케 토벌을 위해서 사이고쿠로 향하라는 명령을 받았으면서도 끝내 쿄토를 떠나지 않았다. 지난 8월에 법황의 사자가 카마쿠라로 가서 요리토모를 불러들이려 했다는 사실을 알고 있었기 때문이었다. 요시나카는 만약 요리토모가 군대를 이끌고 쿄토로 들어오려 하면 그를 맞아 싸울 준비를 하고 있었던 것이다. 그러나 요리토모는 오슈의 후지와라 씨와 히타치의 사타케 씨가 등 뒤에 있었기에 섣불리 쿄토로 출발할 수 없었으며, 수만의 병사를 이끌고 쿄토로 들어가면 소요의 씨앗이 될 것이라 생각했기에 겐쿠로 요시쓰네로 하여금 공물의 감독을 맡아 쿄토로 들어가게 하겠다는 뜻을 전했다. 그런데 이 말을 들은 요시나카는 의심하는 마음이 더욱 깊어져 마침내 전쟁준비에 들어갔다. 법황은 그 모습을 보고 요리토모와 요시나카가 전쟁을 시작하면 천하의 대란이 될 것이라 생각했기에 요리토모에게 다시 사자를 보내 요시나카와 화목하라고 명령했다. 이때 요리토모는 사자를 통해서 3가지 사항을 상주했다. 이는 요리토모가 정치에 처음으로 발을 들여놓은 계기가 되었다. 그것은 9월의 일이었다.

① 일본은 신의 나라임에도 불구하고 근래에는 신사의 영지를 세우지 않고, 불사의 영지를 돌아보지 않습니다. 이는 옳지 않은 일이니 그들의 영지를 예전처럼 회복시키라는 명령을 내리시기 바랍니다.

② 지금까지 헤이케가 힘으로 빼앗은 곳곳의 땅을 전부 원래의

영주에게 돌려주시기 바랍니다.

③ 사이카이도119)로 달아난 헤이케 사람 가운데 상경하여 항복하는 자가 있으면 받아주시기 바랍니다. 저도 예전에는 천황의 책망을 받았으나 이슬 같은 목숨을 연명하여 지금은 조정의 적을 칠 수 있게 되었습니다.

요리토모는 이상의 명령을 토카이·호쿠리쿠·토잔의 3개 도에 내려달라고 청한 것이었다. 요시나카가 쿄토에서 대군을 먹일 군량미가 부족해 난폭하게도 약탈을 하여 쿄토 사람들의 인망을 잃고 있을 때 요리토모가 이처럼 의를 밝힌 상주를 했기에 쿄토 사람들의 마음이 요리토모에게로 쏠린 것은 당연한 일이었다.

요시나카에게는 이에 대한 근심이 있었다. 그랬기에 쿄토에서 쉽게 나서려 하지 않았으나, 법황의 재촉이 거듭되었기에 우선은 부하 대장을 선발대로 보내고 뒤이어 10월 초순에 자신도 마음을 정하여 원정길에 올랐다.

그러나 요시나카에게 있어서 이 원정은 커다란 실패였다. 윤10월 1일, 빗추노쿠니120)의 미즈시마(水島) 전투에서 지상전에 강한 신에쓰121) 지방의 병사(요시나카 군)가 해전에 강한 세토나이카이의 무사(헤이케)들에게 참패를 당하고 만 것이었다. 요시나카에게 있어서 이는 참으로 커다란 사건이었다. 호쿠리쿠에서 백전백승의 용장이었던 요시나카는 당연히 그곳에 머물며 그 치욕을 씻었어야

---
119) 西海道. 행정구역인 7도 가운데 하나. 일본의 서쪽 지방인 지금의 큐슈 전역.
120) 備中國. 오카야마 현 서부. 비슈(備州).
121) 信越. 시나노와 에치고를 아울러 이르는 말.

만 했다. 그러나 요리토모의 다이칸122)인 요시쓰네가 쿄토로 올 것이라는 소식을 들었기에 요시나카는 전장에 머물러 있지 않았다. 같은 달 15일에 그는 갑자기 쿄토로 돌아왔다. 요시나카가 서쪽으로 향한 것을 기뻐했던 쿄토 사람들은 그가 다시 쿄토로 돌아왔기에 커다란 슬픔에 빠졌다.

요시나카의 근심도 어찌 보면 당연한 일이었다.

당시 요리토모는 카마쿠라에 머물며 칸핫슈는 물론 대부분의 토카이·토잔 지역에서 무가정치를 행하고 있었다. 막부에 쿠몬조123)·몬추조124)를 두어 정치 및 재판업무를 다루었으며, 그 관원으로는 오오에 히로모토(大江 広元)·미요시 야스노부 등의 인물을 등용했고, 사무라이도코로에는 와다 요시모리를 벳토로 두었기에 군병들이 절도를 지켰다. 이때 요리토모는 민심을 얻고 무사를 다스리는 일에 커다란 고심을 하던 때였기에 단 하루도 카마쿠라에서 벗어나려 하지 않았다. 그랬기에 법황의 부름을 받고서도 태연히 칸토에 머물러 있었던 것이다.

하지만 법황의 부름이 거듭되었기에 주에이 2년(1183) 윤10월, 동생인 요시쓰네에게 칸토의 공물을 감독하여 쿄토로 들어가 은밀히 요시나카의 거동을 살피라고 명령했다.

요시나카는 바로 이것을 두려워한 것이었다. 요리토모의 다이칸이 온다는 것은 곧 쿄토에서의 자신의 몰락을 의미하는 것이라고

---

122) 代官. 어떤 관직의 대리. 혹은 막부 직할 토지를 관할하던 지방관.
123) 公文所. 막부의 정무를 관장하던 관청.
124) 問注所. 소송의 심리·문서작성을 관장하던 관청.

생각했기 때문이었다. 그랬기에 그는 미즈시마 전투에서의 패전을 설욕할 틈도 없이 서둘러 쿄토로 돌아와 요시쓰네를 맞아 싸울 준비를 한 것이었다.

그런데 이때 요시나카에게는 좋지 않은 일이 또 벌어지고 말았다. 그것은 미나모토노 유키이에와의 불화였다. 유키이에는 앞서 요시나카와 함께 개선장군처럼 쿄토로 들어와 요시나카와 나란히 조정의 은혜를 받았다. 유키이에는 이전에 요리토모를 원망하여 요시나카와 손을 잡은 것이었는데 이번에는 요시나카를 원망하여 법황에게 요시나카에 대한 좋지 않은 소리를 했다. 요시나카가 법황을 데리고 홋코쿠로 갈 계획을 세우고 있다고 말한 것이었다. 이 때문에 요시나카는 법황의 꾸지람을 들었다. 요시나카는 솔직하고 가식이 없는 무사였기에 그러한 생각은 전혀 가지고 있지 않다고 말함과 동시에, 근래 들어 법황이 요리토모를 중히 쓰려 하는 것에 대한 불평을 이야기하고 요리토모를 치라는 명령을 내려달라고 청했다. 사태가 이렇게 되자 유키이에는 모르는 척하고 쿄토에 남아 있을 수 없게 되었다. 이에 11월 8일, 헤이케를 토벌하겠다는 명목으로 하리마노쿠니로 가버리고 말았다.

동쪽에서는 요리토모의 다이칸이 대군을 이끌고 와서 공격을 가하려 하고 있었다. 서쪽에서는 헤이케가 점점 세력을 회복하여 쿄토로 육박해오려 하고 있었다. 게다가 유키이에는 요시나카에게서 멀어져 쿄토를 떠나버리고 말았다. 아사히쇼군(旭将軍) 요시나카는 완전히 궁지에 몰리고 말았다.

이러한 때에 법황이 헤이케 토벌을 위해 다시 서쪽으로 향하라고 요시나카를 재촉했다. 그러나 요시나카는 무슨 일이 있어도 쿄토를 벗어날 수가 없었다. 그 무렵, 법황의 사자로 요시나카에게 갔다가 농락을 당하고 온 케비이시125) 타이라노 토모야스가 법황에게 권하여 요시나카를 칠 계책을 꾸미고 승려와 무뢰한 서민들을 호주지(法住寺절)로 모이게 했다. 그리고 법황도 요시나카에게로 사람을 보내 얼른 쿄토에서 출발하라고 명령했다.

이때 요시나카는 이대로 멸망할 것이냐, 스스로 조정의 적이 될 것이냐 하는 갈림길에 서게 되었다. 요시나카는 이미 결심을 하고 있었다. 결국 호주지를 포위하고 마침내는 관군과 싸워 조정의 적이 되어버리고 말았다. 그는 이때 관군 100여 명을 죽이고 불을 질러 절을 불태웠다. 이는 11월 19일의 일이었다.

이때부터 요시나카는 제멋대로 난폭한 행동을 일삼았는데 이 무렵 요시쓰네는 이미 아쓰타에 도착해 있었던 듯하며, 22·3일 경에 이 소식을 전해들은 듯하다. 요시쓰네는 이 사실을 카마쿠라에 알리고 요리토모의 지도를 기다리고 있었다. 이를 들은 요리토모는 틀림없이,

"옳다구나."하며 기뻐했을 것이다. 게다가 요시나카는 명백하게 조정의 적이었기에 그를 토벌한다는 것은 곧 고시라카와 법황을 안심시키는 일이기도 했다.

이렇게 해서 칸핫슈의 무사는 요리토모의 명령에 따라 대거 쿄토로 들어가게 되었다.

---

125) 檢非違使. 처음에는 쿄토의 경찰업무를 담당했으나 이후 소송·재판까지 겸했기에 커다란 권력을 갖게 되었다.

(4) 요시나카의 말로

요시나카 정벌을 위해서 요리토모는 칸핫슈의 무사들을 불러모았다. 징집에 응하여 모여든 자는 6천 기[126], 요리토모는 이들을 전부 쿄토로 향하게 했다. 칸토의 병사들은 요시나카를 조금도 두려워하지 않았다. 그러나 적은 이름 높은 아사히쇼군이었다. 마음을 다잡고 가야 한다는 것은 누구나 생각한 일이었다. 이때 요리토모는,

"키소(요시나카)는 틀림없이 우지가와까지 나와서 우리를 막으려 할 것이다. 이 강은 바닥이 깊고 흐름이 빨라 평범한 말로는 건널 수 없다. 모두 좋은 말을 준비하여 공명을 세우라."라고 명령했다.

공명을 다투는 것은 칸토 무사가 바라는 일, 강적에 맞서는 것도 반도 무사가 희망하는 일, 로도와 가신 모두 앞다투어 좋은 말을 준비했다. 명마 이케즈키(生月)의 일로 사사키 시로 타카쓰나가 카지와라 겐타 카게스에(梶原 源太 景季)를 속인 것도 바로 이때의 일이었다.

동군(요리토모의 군)은 2갈래로 나뉘어 쿄토로 향했다. 적의 정면을 향해 가는 군의 대장은 노리요리로 따르는 병력은 3만여 기, 카이도를 북상하여 오우미의 세타로 향했다. 적의 후방을 향해 가는 군의 대장은 요시쓰네, 총 2만 5천여 기의 병력을 이끌고 이세

---

126) 6만 기의 잘못일까?

가도에서 야마시로노쿠니127)의 우지로 향했다.

한편 요시나카는 동군이 그렇게 빨리 오리라고는 생각지 못했기에 히구치 카네미쓰(樋口 兼光)를 보내 미나모토노 유키이에를 치게 했는데, 동군이 우지·세타까지 왔다는 소식을 듣고는 크게 당황했다. 이에 남은 병력 1천여 기를 다시 셋으로 나누고 이마이 시로 카네히라(今井 四郎 兼平)에게 500기를 주어 세타로 향하게 했으며, 네노이 유키치카(根井 行親) 등에게 300기를 주어 우지를 막게 했고, 요시나카 자신은 100여 기를 데리고 법황이 있는 곳을 지키기로 했다.

요시쓰네가 이세 가도에서 카사기(笠置)를 거쳐 우지로 들어가 뵤도인(平等院) 북쪽에 있는 후케(富家)의 나루터에 도착한 것은 정월 20일의 일이었다. 사사키 시로 타카쓰나의 그 유명한 우지가와 선봉의 일화도 이때 있었던 일이다128). 이 전투에서 요시나카 군은 대패를 당하고 말았다. 요시나카는 서둘러 잔병들을 모아

---

127) 山城国. 쿄토 부 남부. 조슈(城州).
128) 앞서 기술한 명마 이케즈키는 당시 요리토모가 가지고 있던 말로 또 다른 말인 스루스미와 함께 명마로 불렸다. 요시나카 정벌에 나서기 전, 카지와라 카게스에가 이케즈키를 자신에게 달라고 졸랐다. 요리토모는 그에게 이케즈키 대신 스루스미를 주었다. 그 후, 요리토모는 이케즈키를 사사키 타카쓰나에게 주었다. 감격한 타카쓰나는, '이 말로 우지가와를 가장 먼저 건너지 못한다면 목숨을 버리겠습니다.'라고 요리토모에게 약속했다. 스루스미를 타고 쿄토로 향하던 중 자신이 가장 좋은 말을 탔다는 자부심에 다른 말들을 둘러보던 카게스에의 눈에 문득 이케즈키가 들어왔다. 그것이 타카쓰나의 말이라는 사실을 알게 된 카게스에는 무서운 기세로 타카쓰나를 찾아갔다. 그 모습을 본 타카쓰나가 순간적으로, '이 말은 요리토모 나리 것을 훔친 것이다.'라고 말했기에 두 사람 모두 웃으며 일이 원만하게 마무리 지어졌다. 이후 우지가와에 도착한 두 사람 모두 앞다투어 강을 건너려 했으나 카게스에가 앞질러 나가게 되었다. 이에 요리토모와의 약속을 지키지 못하게 될 것 같았기에 타카쓰나는 카게스에에게 말의 뱃대끈이 느슨한 것 같다고 말했고, 카게스에가 뱃대끈을 살펴보는 사이에 앞질러 강을 건넜다고 한다.

세타의 군과 합류하려 했으나 그쪽의 이마이 카네히라도 애초부터 승산이 없는 싸움이었다. 그곳으로 우지에서의 패보가 전해지자 요시나카의 안부가 궁금했기에 서둘러 잔병들을 모아 오오쓰로 향했는데, 도중에 아와즈(粟津)의 호숫가에서 요시나카와 마주치게 되었다. 기뻐하며 바라보니 요시나카는 악전고투 끝에 여기까지 온 탓인지 그때 그를 따르던 자는 7·8기밖에 되지 않았다.

거기에 깃발을 세우고 뿔뿔이 흩어졌던 병사들을 모았더니 여기서 50기, 저기서 30기씩 달려왔기에 마침내는 400여 기가 되었다. 요시나카는 이들을 데리고 에치젠으로 갈 생각이었으나 안타깝게 이들도 노리요리 군의 공격을 받아 400기가 300기가 되었고, 200기가 되었으며, 100기가 되었다가 동군의 포위망을 뚫고 나왔을 때에는 주종 2기만이 남게 되었다. 요시나카와 함께 살아남은 자는 요시나카와 같은 젖을 먹고 자란 카네히라였다. 지난해 6월, 호쿠리쿠도에서 올라왔을 때는 수만에 이르는 대군이었으나 아와즈 전투 후에는 주종 2기. 요시나카가,

"평소에는 아무렇지도 않게 여겨졌던 우스가네(薄金갑옷의 이름)가 왠지 무겁게 느껴지는구나."라고 말했기에 카네히라는,

"그것은 아군의 기세가 떨어져 낙담하셨기 때문입니다. 결국은 죽을 운명이니 저 맞은편 언덕에 보이는 한 무리의 솔숲으로 들어가 조용한 마음으로 염불을 외우며 자결하시기 바랍니다. 그때까지는 카네히라가 여기에 버티고 서서 저들을 막다가 곧 뒤를 따라가도록 하겠습니다."

일시적이기는 했으나 세이이타이쇼군[129]의 자리에 있었던 요시

나카의 최후라기에는 너무나도 가엾은 것이었다.

마침내 요시나카는 맞은편 언덕을 향해 길을 따라 말을 달리기 시작했다. 때는 겐랴쿠(元曆) 원년(1184) 정월 20일, 봉우리에는 하얀 눈이 깊이 쌓여 있고 계곡은 얼어붙어 있을 때였다. 맞은편 언덕으로 비스듬히 질러가자며 얼음이 얼어 있는 논을 옆에 두고 지났는데 말이 그만 깊은 논두렁에 빠져버리고 말았기에 채찍을 아무리 휘둘러도 말이 움직이지 못했다. 앞발을 들었는가 싶으면 뒷발이 빠져버렸고, 뒷발을 움직였는가 싶으면 앞발이 더욱 깊이 박혀버려서 달리 손을 쓸 수가 없었다.

카네히라가 뒤따라오고 있지 않을까 싶어 뒤를 돌아본 순간 적이 쏜 화살 하나가 기세 좋게 날아와서 투구의 챙에 맞았다. 이마를 말의 머리에 묻어 엎드린 자세가 되었다. 요시나카임을 확인한 적병이 잽싸게 말을 몰아 논으로 들어와 요시나카를 끌어내린 뒤 그의 목을 베어버리고 말았다. 요시나카는 당시 31세였다.

지금이 마지막이라며 기세 좋게 싸우던 카네히라도,

"키소 나리의 목을 베었다."라고 외치는 소리를 들었기에 칼끝을 입에 물고 말에서 거꾸로 떨어져 스스로 목숨을 끊어버리고 말았다.

이러한 요시나카의 최후는 쿄토 사람들을 더없이 기쁘게 했다. 살아 있을 때는 마음 편할 날이 없었으며, 죽어서는 역신이 되어버린 요시나카의 삶 역시 가여운 것이기는 했다.

---

129) 세이이타이쇼군이 아니라 세이토타이쇼군(征東大将軍)이었다는 설이 더 유력하다.

제10장 카마쿠라를 떠나지 않고 천하를 평정한 요리토모

(1) 요시쓰네, 가신 대우를 받다

키세가와에서 요리토모와 요시쓰네가 만난 장면은 참으로 아름다운 것이었다. 처음 요시쓰네가 요리토모의 진으로 왔을 때 거느린 로도는 겨우 20기, 여행의 피로는 얼굴빛에도 태도에도 드러나 있었다. 카마쿠라도노(요리토모)를 뵙고 싶다고 말했으나 그가 누구인지 아는 자는 아무도 없었다. 가세를 청한 무사도 아니고 부름을 받은 로도도 아니었다. 사람들이 의아히 여기고 있을 때,

'나이는 스무 살쯤, 얼굴의 강인한 기백이 좌중을 압도합니다. 범상치 않은 인물입니다.'라는 말을 들은 요리토모의 가슴에는 오슈의 쿠로 요시쓰네가 떠올랐다.

두 사람은 형제였으나 서로 같은 집의 정원에서 사이좋게 지낸 적도 없었으며, 형제로서 잊을 수 없는 추억이 있는 것도 아니었지만, 마음은 같아서 선대들의 원수를 갚겠다는 일념을 품고 있었다. 형이 거병했다는 소식을 듣고 화살보다 빠르게 달려온 동생의 마음. 이렇게 해서 두 사람은 이 세상에서의 첫 대면을 하게 된 것이었다. 이는 지쇼 4년(1180) 10월 21일의 일이었다.

그 후 요리토모는 칸핫슈를 통솔하여 카마쿠라에 막부를 열고,

뜻을 쿄토에 두기를 굳이 서두르지 않았기에 한동안은 풍운에 휩싸이지 않을 수 있었다. 이 기간 동안 군대를 움직인 경우는 11월에 사타케 씨 공격, 이듬해인 요와 원년(1181) 윤2월에 숙부인 시다 사부로 센조 요시히로(志太 三郎 先生 義広)를 히타치에서 축출, 주에이 2년(1183) 12월에 카즈사(지)노스케 히로쓰네를 살해한 외에 키소 요시나카를 위협한 정도였다. 이처럼 세월이 흘러 3년이 지났다.

키세가와 진영에서의 요리토모와 요시쓰네의 만남은 자리에 있던 칸토의 거친 무사들까지 눈물 짓게 만들었는데 이때 요리토모가 가장 먼저 눈물을 흘려 그 형제애에 감사의 뜻을 내보였다. 그러나 그 이후 보인 요리토모의 태도에는 형제의 정을 다한 것이라고는 여겨지지 않는 부분도 있었다.

키세가와에서의 만남 이후 반년쯤 지난 요와 원년 7월 20일, 카마쿠라에서는 쓰루가오카 와카미야[130] 보전의 상량식이 행해졌다. 요리토모는 신전의 동쪽에 마련한 가건물 중앙에 앉았고 가신들이 그 남북으로 갈려 자리를 잡고 있었다. 이때 요리토모가 요시쓰네에게, 목수에게 상으로 줄 말을 끌고 나오라고 명령했다. 요시쓰네가 말을 끌 자가 부족하다고 말하자 요리토모는 화를 내며,

"그 역할이 비천하기에 핑계를 대는 것이냐?"라고 말했다. 요시쓰네는 움츠러든 마음으로 자리에서 일어나 하타케야마 지로, 도히 지로 등과 함께 그 역할을 수행했다고 『아즈마카가미』에

---

[130] 鶴岡 若宮. 쓰루가오카 하치만구(鶴岡 八幡宮)라고도 한다. 겐지의 수호신을 모신 신사. 이후 카마쿠라 무사의 수호신이 되었다.

기록되어 있다.

  이 사실을 통해서 요시쓰네를 다른 가신들과 같이 보았다는 사실을 알 수 있다. 요시쓰네는 이러한 대우에 순종적이었다.

  두 사람의 아버지인 요시토모를 중심으로 생각해보자면 요리토모와 요시쓰네는 물론 형제였다. 그러나 이 형제는 어머니가 달랐기에 같은 가정에서 자라며 밤낮으로 동고동락한 사이는 아니었다. 그저 아버지가 같은 요시토모의 아들들에 지나지 않았다. 요리토모는 아쓰타의 신관인 후지와라노 스에노리의 딸을 어머니로 두었으며 12세까지 그 어머니의 감화를 받았다. 요시쓰네는 쿠조인[131]의 하급 여관인 토키와를 어머니로 두었으며 쿠라마야마로 간 7세까지 그 감화를 받았다. 이는 단지 요리토모와 요시쓰네만이 아니었다. 9명의 형제 가운데는 한 집에서 자라지 않은 자들이 많았다.

  그러나 그 가운데 계통이나 가문이 높은 어머니를 가진 자는 물론 요리토모였다. 요시쓰네의 생모인 토키와는 집안의 내력조차 알려져 있지 않다. 따라서 요리토모가 겐지의 적류로서 겐케의 가보인 갑옷과 칼을 받은 것은, 당시로서는 지극히 당연한 일이었다. 그리고 이러한 환경이야말로 요리토모가 종종 요시쓰네 등을 가신 취급한 이유일 것이라 여겨진다. 물론 이는 당시의 관습으로, 당시에는 그러한 일들이 통용되었다.

  요시쓰네는 이처럼 형에게 순종적인 동생으로 카마쿠라에서 3년을 보냈다. 전쟁에 천재적인 재능을 가지고 있던 그였기에

---

[131] 九条院. 코노에 천황의 후궁.

선대들의 원수를 갚고 싶다는 마음이 누구보다 컸을 것이며, 바로 그렇기 때문에 오슈에서 밤낮을 가리지 않고 달려온 것이리라.

이러한 때에 그 전쟁의 천재로 하여금 자신의 뜻을 펼치게 할 만한 사건이 일어났다. 그것은 쿄토에서의 여러 사건에 이어서 요시나카를 토벌하라는 명령이 형 요리토모에게 떨어진 일이었다. 요리토모는 그때 마침 카마쿠라에 머물며 칸토 경영에 부심하던 차였기에 자신의 대리인으로 요시쓰네를 파견했다.

요시나카 정벌에 나선 요시쓰네는 자신의 천재성을 드러냈다. 우지가와에서 요시나카 군을 격파한 그는 곧 쿄토로 들어갔으며, 가장 먼저 고시라카와 법황의 궁으로 가 문 밖에서,

"카마쿠라의 우효에(判)노스케 요리토모의 사자로 그의 아우인 쿠로 칸자 요시쓰네가 우지를 뚫고 달려왔기에 이렇게 아룁니다."

라고 말에 탄 채로 고했다. 이 소식이 전해지자 법황을 비롯하여 궁중의 사람들 모두 크게 기뻐했으며 곧 문이 열렸다. 명령에 따라서 요시쓰네 주종 6기가 중문 밖의 수레가 멈추는 곳에 늘어서 있자니 법황이 그 모습을 보고 일동의 이름과 나이를 물었다. 얼굴에 드러난 기백과 풍채가 듬직한 장사라는 영광스러운 말을 듣고 일동은 자리에서 물러났다. 요시쓰네가 얼마나 자랑스러워했을지는 짐작하고도 남음이 있다.

(2) 다이칸 요시쓰네의 전공 ①

요시나카에게 쫓겨난 뒤의 헤이케는 더 이상 일어설 수 없을 만큼 세력을 잃은 듯했으나 사실은 그렇지가 않았다. 이치노타니(一ノ谷) 전투 이전에는 산요도132)와 난카이도133) 지방을 자신의 세력으로 삼았으며, 야시마(屋島)를 떠나 효고(兵庫) 항구에 상륙하여 셋쓰노쿠니134)와 하리마의 경계에 있는 이치노타니의 요해지에 성을 쌓고 몇 번이나 쿄토로 들어가려 틈을 노리고 있었다. 그 기세는 반드시 쿄토를 되찾겠다는 의지로 가득했다. 돌아보면 요시나카도 동쪽에서 요시쓰네와 노리요리가 오자 서쪽에서 헤이케가 습격해오지나 않을까 고심한 나머지 잠시 홋코쿠로 몸을 피할 생각까지 하지 않았는가. 따라서 쿄토에 들어온 겐지도 이를 그대로 내버려둘 수는 없었다. 특히 헤이케에는 안토쿠 천황과 함께 3종의 신기가 있지 않은가. 이는 헤이케의 강점임과 동시에, 조정에서는 어떻게 해서든 그들을 쿄토로 무사히 맞아들이고 싶어 했다.

요시나카의 멸망으로부터 며칠 뒤인 25일(1184.1.), 헤이케가 쿄토를 공격할 것이라는 소문이 돌기 시작했다. 그러한 헤이케의

---

132) 山陽道. 5기 7도 가운데 하나. 현 추고쿠 지방의 세토나이카이 쪽. 총 8개 쿠니로 이루어져 있었다.
133) 南海道. 5기 7도 가운데 하나. 현 킨키 지방의 남부와 시코쿠. 총 6개 쿠니로 이루어져 있었다.
134) 摂津国. 오오사카 부 북서부와 효고 현의 남동부. 셋슈(摂州).

동정을 살핀 요시쓰네는 하루라도 빨리 토멸시키지 않으면 안 되겠다고 생각했다. 그랬기에 26일에 헤이케를 토벌하라는 법황의 명령이 요리토모에게 떨어지기도 전에 겐지의 병사들은 이미 전쟁 준비를 하고 있었으며, 명령이 떨어진 뒤 29일에는 벌써 모두가 출발을 해버렸다. 이것만 봐도 당시 헤이케 군이 쿄토를 위협하고 있었다는 사실을 알 수 있을 뿐만 아니라, 요시쓰네가 한시라도 빨리 헤이케를 멸망시켜야겠다고 생각하고 있었음을 알 수 있다.

2월 5일, 셋쓰노쿠니에 도착한 노리요리와 요시쓰네 군은 10일 새벽을 기하여 적군과 자웅을 겨루기로 했다. 적의 정면으로 향한 대장은 노리요리로 5만 6천여 기를 이끌고 있었으며, 후방으로는 요시쓰네가 2만여 기를 데리고 다가갔다.

이치노타니는 동쪽의 이쿠타(生田) 숲에서부터 서쪽의 이치노타니까지가 30리(12km), 북쪽은 산의 기슭이고 남쪽은 바닷가였기에 인마가 지날 틈조차 보이지 않을 정도의 요해지였다. 땅에는 가시울타리를 두르고 망루를 세우고 이중삼중으로 방패막이처럼 울타리를 둘렀다. 또한 바다에는 몇 천 척인지도 모를 배들이 곳곳에 가득했다. 거기에 이치노타니는 입구가 좁고 안쪽은 널따라며, 북쪽에는 높은 산이 병풍을 세워놓은 것처럼 자리하고 있기에 인마가 지날 길이 없었다. 남쪽으로는 바다가 펼쳐져 있어서 물에 익숙하지 않은 토고쿠 무사에게는 활동에 어려움이 있었다.

그러나 요해지도 천연의 험한 땅도 요시쓰네의 눈에는 들어오지 않았다. 억지로 무슨 수를 써서라도 나아가 이 이치노타니를 함락시키지 못하면 동군에게 좋지 않은 사건이 일어날 것이라는 사실을 알고 있었다. 이에 동군이 가장 능한 기병전으로 단번에 헤이케를 멸망시켜야겠다고 생각했다. 요시쓰네가 탄바 가도를 통해서 카메오카(龜岡)·시노야마(篠山)를 지나 미쿠사야마(三草山)에서 하리마로 들어가 이치노타니로 나온 것도 이 때문이었다.

신기에 가까운 요시쓰네의 히요도리고에(鵯越) 기습에 헤이케 군은 얼마나 놀랐는지 모른다. 숫자상으로는 헤이케 군이 더 많았으나 크게 당황했기에 적을 막기보다는 달아나기에 바빴으며, 호되게 당한 채 바다에 떠 있는 배로 올라갔다.

전투는 7일 새벽 4시 무렵부터 시작되었는데 8시 무렵에는 천하의 요해지에 있는 성도 떨어져버리고 말았다. 물론 무네모리 부자는 안토쿠 천황을 데리고 일찍부터 배 안에 있었기에 바로 야시마의 근거지로 물러났으나, 사상자나 생포당한 자의 숫자가 적지 않았다.

이튿날인 8일, 노리요리와 요시쓰네는 일단 쿄토로 전령을 보내서 어제 있었던 이치노타니 전투에서 장수 9명과 병졸 1천여 명을 죽였다고 보고하고, 그 이튿날인 9일에 요시쓰네가 소수의 병사를 데리고 상경하여 헤이케 일문의 목을 대로에 늘어놓게 해달라고 청했다.

11일에 조정에서 이 건에 대한 평의가 있었는데 누가 뭐래도 오랫동안 조정을 섬겨온 헤이케 사람들이니 시체를 대로에 늘어놓는 것은 온당치 않다는 의견도 있었기에 좀처럼 결론이 나지 않았으나 결국에는 두 장군의 청을 받아들이기로 했다. 이에 13일에 그들의 목을 요시쓰네의 저택이 있는 로쿠조 무로마치(室町)에서 모아 하치조가와라(八条河原)로 가지고 갔다. 거기서 각각의 창끝과 칼끝에 머리를 걸어놓고 빨간 종이에 이름을 적어 붙인 뒤 옥문에 걸었다. 그 9명의 장수란 미치모리(通盛)·타다노리(忠度)·쓰네타다(経正)·노리쓰네(教経)·아쓰모리(敦盛)·토모아키(知章)·쓰네토시(経俊)·나리모리(業盛)·모리토시(盛俊)였다. 쿄토 사람들은 이를 보며 오래 영화를 누리지 못하고 스러져버린 자들의 운명을 불쌍히 여겼다.

(3) 요리토모와 무사의 절도 ①

요시쓰네가 쿄토 사람들에게 자신의 이름을 알린 것은 주에이 2년(1183) 10월에 공물의 감독을 맡아 쿄토로 가지고 왔을 때였다. 요시쓰네는 당시 25세였다. 헤이케를 멸망시켜 아버지의 원수를 갚겠다며 멀리 오슈에서 나온 지 3년이라는 세월이 흘렀을 때의 일이었다. 그는 이듬해인 겐랴쿠 원년(1184) 정월 20일에 법황의 명령에 따라서 키소 요시나카를 격파하고, 2월 7일에는 이치노타니에서 헤이케의 근거지를 무너뜨려 커다란 공을 세웠다. 요리토모의 다이칸으로 충분한 활약을 펼쳤으며, 그 영광은 참으로 눈부신 것이었다.

하지만 이치노타니를 함락시킨 겐랴쿠 원년 2월 7일 이후 나가토노쿠니[135]의 단노우라(壇の浦)에서 헤이케를 전멸시킨 겐랴쿠 2년(1185) 3월 24일까지, 그 사이에는 1년이 넘는 세월이 있었다. 우지와 세타에서의 전투 이후 질풍신뢰처럼 민첩하게 이치노타니로 밀고 들어갔던 요시쓰네가 어째서 이처럼 1년을 헛되이 보냈던 것일까?

요시쓰네는 이치노타니를 공격하여 헤이케를 다시는 쿄토로 들어오지 못하게 한 뒤 가볍게 헤이케의 뒤를 쫓아서는 안 된다는 사실을 애초부터 알고 있었다. 이는 마치 개에 쫓기던 원앙새가

---

135) 長門国. 야마구치 현 서부. 초슈(長州).

유유히 연못에 떠 있는 듯한 형국으로, 기마전에 능한 겐지 군이 바다를 건너 시코쿠136)에 있는 적의 근거지 야시마를 공격하기란 매우 어려운 일이기 때문이었다. 특히 칸토에서야 겐지의 명령이 힘을 발휘하지만, 킨키 이서에는 아직 헤이케의 세력이 잠재해 있었기에 안심하고 헤이케를 추격하기란 생각만큼 쉬운 일이 아니었다.

그리고 헤이케의 토벌을 약간 늦춰야 할 사정이 조정에도 있었다. 이치노타니 전투에서 생포한 타이라노 시게히라(平 重衡)에게 삼종의 신기 반환과 겐페이가 화평할 것을 권하는 편지를 쓰게 해서 야시마의 무네모리에게 보낸 것이었다.

그런데 무네모리로부터 신기만을 쿄토로 돌려보낼 수는 없다고 거절하는 답이 왔기에 조정에서도 마침내 헤이케 토벌의 선지를 내리지 않을 수 없게 되었다. 거기에 요리토모로부터도 헤이케를 토벌하라는 선지를 내려주었으면 한다는 주청이 있었기에 조정에서도 드디어 헤이케를 토벌하기로 결정했다. 그러나 요시쓰네는 아직 만단의 준비를 갖추지 못했기에 명령이 떨어지자마자 바로 출발할 수는 없었다.

3월이 되자 요리토모는 도히 사네히라 등을 산요 지방으로 보내고, 다시 큐슈 지방으로 들어가게 해서 시코쿠를 고립시킬 계획을 진행해나갔다. 그리고 요리토모가 직접 큐슈 사람들에게,

"카마쿠라의 가신이 되어라. 그리하면 현재의 영지에 대한 소유

---

136) 四国. 일본 열도의 4대 섬 가운데 하나. 아와(토쿠시마)·사누키(카가와)·이요(아이치)·토사(코치)노쿠니로 이루어져 있다.

권을 인정해주겠다(본령안도). 그리고 겐지 군에 가세하여 공을 세우라. 훗날 상이 있으리라."라는 명령을 내려 토벌 준비를 서두르고 있었다.

그러던 중 요시쓰네에게는 뜻밖이라 여겨지는 일이 일어났다. 6월 5일, 조정에서 노리요리를 미카와(지)노카미(三河守)로 임명한 것이었다. 요시쓰네 입장에서 보자면 무능한 대장, 게다가 한때는 요리토모의 꾸지람을 들었던 노리요리가 요리토모의 추거로 미카와노카미가 되어 종5위하가 되었는데 요시쓰네에게는 아무런 상도 내리지 않았기에 이는 참으로 뜻밖이라 여겨졌던 듯하다.

우지카와와 이치노타니에서의 훈공은 조정에서도 인정하고 있었으며, 요리토모도 알고 있을 터였다. 게다가 요시쓰네가 요리토모의 다이칸으로 쿄토에 머무는 이상, 위계나 관직이 없으면 여러 가지로 불편한 점이 있기에 요리토모에게 추거를 해서 관위를 받게 해달라고 청했을 것임에 틀림없다. 그런데 그 청은 받아들여지지 않았으며, 한때는 꾸지람을 들었던 노리요리가 추거되고 요시쓰네에 대한 은상은 카마쿠라에 있는 형의 손에 의해서 짓이겨지고만 것이었다. 참으로 불쾌한 처사라고 생각하는 것도 당연한 일이었다.

그러나 생각해보면 요리토모에게도 요시쓰네를 소외시키려는 생각은 없었을지도 모른다. 그것은 쓰루가오카 와카미야의 상량식에서 요시쓰네를 가신과 마찬가지로 취급한 것처럼 단지 요시쓰네를 순종적인 부하로 만들고 싶다는 생각에서 일부러 추거를 하지 않은 것일지도 모른다. 그렇다고는 해도 당시 26세였던 개선장군에게 이는 예삿일이 아니라고 여겨진 것은 어쩌면 당연한 일이었다. 요시쓰네의 이러한 불평에 동정한 것이 고시라카와 법황이었다.

법황은 요시쓰네의 훈공을 생각하여 몇 번이고 두터운 상을 내리려 했으나 요리토모의 다이칸으로 와 있는 요시쓰네는 무사로서의 절도를 지켜 거듭거듭 이 고마운 뜻에 대해서 사퇴의 뜻을 밝혔다. 그러나 법황이 수차례에 걸친 훈공을 그냥 넘어갈 수는 없다며 마침내는 8월 6일에 요리토모의 추거를 얻지 않은 채 요시쓰네를 사에몬(判)노쇼조(左衛門小尉)에 임명하고 케비이시의 자리에 앉혔다. 요시쓰네는 이 사실을 바로 카마쿠라에 보고하고 법황의 마음을 거절할 수 없었기에 어쩔 수 없이 임관하게 되었다고 말했다. 그러나 요리토모의 노여움은 매우 큰 것이어서,

"내게 다 생각한 바가 있어서 지금까지 요시쓰네가 벼슬길에 오르는 것을 미루어온 것인데, 이번의 임관은 틀림없이 요시쓰네의 소망에 의한 것이리라. 요시쓰네가 요리토모의 명령을 등진 것은 이번만이 아니다."라며, 요시쓰네의 헤이케 토벌을 단호히 중단케 했다.

애초부터 요리토모는 일본 전국의 무사를 통솔하여 그 총대장이 되겠다는 희망을 품고 카마쿠라에 막부를 연 것이었다. 따라서 무가에 관한 일은 전부 조정에서 떼어내어 임관이든 서위든 적어도 무사에 관한 일이라면 무엇이든 요리토모의 추거를 얻어야만 가능하도록 해두었다. 만약 조정으로부터 직접 관이나 위를 받는 자가 있으면 그 영지를 빼앗게 되어 있었다. 요리쓰네도 그러한 가신들과 같은 취급을 받았던 것이리라.

요시쓰네와 요리토모의 사이가 벌어진 이유로 사람들은 흔히 카지와라 카게토키의 참언을 든다. 물론 그러한 참언이 요리토모의 마음을 한층 더 불쾌하게 만든 것도 부인할 수 없는 사실일 것이다. 이치노타니 전투에서 카게토키는 원래 요시쓰네의 이쿠사부교[137]였는데 요리토모의 마음에 든 사람으로 방약무인한 행동이 많았기에 요시쓰네의 마음에는 조금도 들지 않았으며, 따라서 카게토키도 거기에는 머물지 못하고 마침내는 노리요리의 군으로 가버렸다. 이러한 일들로 봐서 카마쿠라에 돌아온 뒤 요시쓰네를 좋지 않게 말했을 것이라는 점은 쉽게 상상해볼 수 있는 일이다. 그러나 요시쓰네는 대쪽 같은 성격에 인의[仁義]를 아는 무사였다. 그렇기에 카마쿠라 무사의 표본이라 일컬어지는 하타케야마 시게타다는 처음 노리요리를 따르고 있었으나 후에는 요시쓰네 밑으로 들어갔다. 또한 도히 사네히라도 노리요리에게 소속되어 있었으나 결국에는 요시쓰네에게 속하게 되었다. 이러한 요시쓰네의 인망이 카지와라 카게토키로 하여금 요시쓰네를 더욱 미워하게 한 것이라 여겨진다. 그리고 그의 참언이 끝내는 요리토모를 움직이게 한 것이 아닐까 여겨진다.

생각해보면 요시쓰네의 훈공에 대한 법황의 은상은 결코 지나친 것이 아니었다. 그러나 무사인 요시쓰네로서 이것을 받았다는 사실은 온당하지 않은 행동이라고 볼 수도 있었다. 이렇게 해서 요시쓰네는 형의 마음을 거스른 것에 대한 대가로 헤이케를 토벌할

---

[137] 戰奉行. 임시로 군의 여러 일을 통괄하던 사람.

자격을 잃고 만 것이다. 11세 때부터 헤아려 16년, 헤이케를 토벌하겠다는 마음을 꿈에서조차 잊지 못했는데 한순간에 그 꿈을 잃고 말았으니 그 실망이 얼마나 컸을지.

노리요리가 꾸지람을 들은 것은 지난해에 쿄토로 들어올 때 오와리의 스노마타가와에서 부하와 선봉을 다툰 일 때문이었다. 온순하고 오히려 무능했던 노리요리가 그 후 카마쿠라로 돌아가서 형 요리토모에게 온갖 말로 변명했기에 요리토모의 마음도 풀어졌을 뿐만 아니라 마침내는 요리토모의 추거를 얻어 미카와(지)노카미에 임명되었고, 그 후에도 우애의 정이 한층 더 깊어졌다.

이에 비해서 요시쓰네는 벼슬을 얻지 못한 뒤에도 카마쿠라로 돌아가지 않고 여전히 쿄토의 수호에 임했다. 만약 요시쓰네도 노리요리처럼 형에게로 돌아가 사과하고 용서를 빌었다면 헤이케 추토사[追討使]에서 제외되지는 않았을지도 모른다. 그러나 요시쓰네의 마음은 그렇게 할 수 없었던 것이다.

9월 3일, 요시쓰네는 다시 종5위하에 서임되었고 다이후(관)노조(大夫尉)로 승진하여 10월 11일에 그에 대한 예를 올릴 때 원 안의 전에 오르는 것을 허락받았다. 오오에 히로모토의 보고에 의하면 요시쓰네는 8장 연꽃잎을 새긴 수레에 올랐으며, 따르는 관리 3명과 사무라이 20명이 말을 타고 그 뒤를 이었고, 우선 뜰 위에서 절한 뒤 칼과 홀[笏]을 내려놓고 전 위로 올라가 법황을 알현했다고 되어 있다. 그리고 25일의 다이조에[138]에 앞서 행해진

---

138) 大嘗会. 그해에 수확한 곡물을 신에게 바치고 천황 자신도 그 곡물을 먹는 행사를 신조사이라고 하며, 즉위 후 처음으로 행하는 신조사이를 다이조에라고 한다.

천황의 목욕재계 행사에서는 요시쓰네가 행렬의 선두에 섰는데 키는 크지 않았으나 낯빛이 희었으며 용모가 아름다웠고 진퇴의 우아함이 요시나카 등에 비할 바가 아니어서 특히 쿄토의 풍습에 익숙한 듯 보였다고 『겐페이 성쇠기』에 기록되어 있다. 무사의 절도를 중히 여기고, 질박하고 소박하여 실질을 중요하게 생각한 요리토모는 이러한 요시쓰네의 거동을 듣고 내심 흔쾌히 여기지 않았을 것이다.

(4) 다이칸 요시쓰네의 전공 ②

 몇 번인가 형 요리토모의 감정을 상하게 해서 마침내 헤이케 토벌의 임무에서 제외되어버린 요시쓰네는 쿄토에 머문 1년 동안 쿄토 사람들의 인망을 한 몸에 얻고 위계를 받아 신분도 올랐으나 동생으로서 형의 뜻을 거슬렀다는 사실에 심적 고통을 느끼고 있었다. 그랬기에 어떻게든 형의 노여움을 풀기 위해 고심함과 동시에, 돌아가신 아버지의 원수를 갚겠다는 생각이 한시도 가슴속에서 떠나지 않았을 것이다. 더구나 노리요리의 군이 쿄토를 출발하여 서쪽으로 원정을 떠난 지 5개월이 지났는데 아직 적과 제대로 싸워보지도 못한 채 어려움에 빠져 있다는 사실을 들었으니 요시쓰네의 가슴은 찢어질 듯했을 것이다. 이러한 때에 이 난국을 타개할 수 있는 것은 요시쓰네의 전략밖에 없다고 생각한 것이 바로 요리토모였다. 이에 일단 원정군에서 제외시켰던 요시쓰네를 다시 보내 헤이케를 토벌케 했다.

 이 명령을 받은 요시쓰네는 이때 이미 죽음을 각오하고 있었다. 정월 10일, 법황을 배알한 요시쓰네는 오오쿠라쿄 타카시나 야스쓰네(大蔵卿 高階 泰経)를 통해서,

 "이번에 서쪽으로 향하면 다른 이들은 어떨지 모르겠으나 이 요시쓰네만은 헤이케의 무리를 남김없이 처단하지 않고는 두 번 다시 왕성으로 돌아오지 않을 각오입니다. 목숨이 붙어 있는 한 끝까지 그들을 칠 생각입니다."라고 말했다. 그리고 출발에 앞서서

는 각지의 무사들에게,

"목숨이 아까워 나아가기를 망설이는 자가 있다면 여기서 한 걸음도 내디뎌서는 안 될 것이다. 요시쓰네는 카마쿠라도노(요리토모)의 대리자로서 황공하옵게도 칙명을 받았으니 죽음을 각오로 출진할 것이다."라고 말했다. 참으로 사내답고 대장군다운 용맹스러운 말이 아닐 수 없다. 쿄토를 출발한 요시쓰네는 요도(淀)의 나루터에서 셋쓰의 와타나베(渡辺)로 향했다.

겐랴쿠 2년(1185) 2월 17일 밤, 스스로 선두에 선 요시쓰네는 거친 바다를 헤치고 시코쿠로 들어갔다. 카쓰우라(勝浦)에 상륙한 뒤에는 숨을 돌릴 틈도 없이 강행군, 19일 아침에 벌써 야시마의 맞은편 기슭에 도착했기에 헤이케 쪽의 당혹감은 이만저만한 것이 아니었다. 이에 무네모리는 안토쿠 천황을 데리고 궁에서 나와 일족과 함께 바다 위로 갔다.

20일에 요시쓰네는 군병을 이끌고 물가로 갔으며 한편으로는 부하 장사들로 하여금 궁을 비롯하여 무네모리 이하의 진을 불태우게 했기에 치솟는 연기에 태양도 그 빛을 잃었을 정도였다. 이 싸움에서 사토 쓰구노부라는 충신을 잃었으며, 나스 요이치(那須与一)가 부채를 쏘아 맞혔다는 전설도 이때의 일이었다. 이번 싸움에서 헤이케는 커다란 타격을 입었다. 야시마는 헤이케의 근거지로 그곳이 있었기에 세토나이카이를 자유로이 오가며 그 세력을 잃지 않을 수 있었던 것이다. 그런데 그 근거지가 쑥대밭이 되었기에 멀리 나가토의 히코시마(彦島)까지 물러나서 신추나곤(新中納言) 토모모리의 함대와 합류했다.

신추나곤 토모모리는 헤이케에서도 으뜸가는 무사로 앞선 요시나카와의 전투에서도 쿄토를 버리는 것에 반대하고 깨끗하게 요시나카와 일전을 치르려 한 훌륭한 무사였다. 그런 토모모리가 이번에는 마지막 일전을 지휘하게 된 것이었다.

겐랴쿠 2년 3월 24일, 날이 밝자 겐지의 전함이 아침 바람에 백기를 펄럭이며 위풍당당하게 머물러 있었다. 이와 상대해서 서쪽의 타노우라(田ノ浦)에는 헤이시의 병선이 천황이 탄 배를 중심으로 당장에라도 움직일 듯한 형세였다. 서쪽과 동쪽, 적기와 백기, 마주한 채 서로 노려보기를 한나절, 최후의 일전을 향해 시시각각 무르익어가는 전기에 주위에는 비장함마저 깃들어 있었다.

정오, 양 군이 서로 배를 움직여 다가가더니, 잠시 후 양쪽에서 화살이 오가기 시작했다. 동군(겐지)과 서군(헤이시) 모두 필사적으로 싸웠는데 처음에는 서군이 우세한 것처럼 보였다. 그것은 헤이시가 요시쓰네를 생포하려 기세를 올렸을 뿐만 아니라 조류에 따라서 북쪽 물길을 기세 좋게 전진했기 때문이었다. 그런데 오후 3시쯤 되자 조류가 일단 멈추어 움직이지 않는가 싶더니 곧 썰물로 바뀌어 서쪽으로 흐르기 시작했다.

그러자 겐지의 함대를 북쪽의 물길에서 압박하던 헤이케의 병선이 소용돌이치며 빠져나가는 물살에 떠밀려나가기 시작했다. 겐지의 함선이, 하늘이 준 이 기회를 놓치지 않겠다는 듯 곧 공세로 전환하여 헤이케의 배를 쫓기 시작했다. 민감하게 흐름을 읽을 줄 아는 눈을 가진 요시쓰네가 이번 기회를 놓쳐서는 안 된다고

단노우라 전투

생각했기에 스스로 앞장서서 헤이케의 병선으로 뛰어들어 사공들을 참살하기도 하고 활로 쏘기도 했기에 헤이케의 혼란은 말로 표현할 수 없는 것이었다.

이렇게 해서 시각은 오후 4시가 되었다.

서산으로 기울기 시작한 햇살이 어지러운 파도에 반사되었다. 이때 헤이케의 전함이 진형을 흩뜨린 채 퇴각하기 시작했다. 토모모리가 지휘하던 병선은 요시쓰네의 목을 베지 못한 채 퇴각을 시작하고 말았다. 점점 불리해져가는 헤이케 세력의 운명이 다할 날도 시시각각으로 다가오고 있었던 것이다.

이것이 마지막이라고 생각한 토모모리는 켄레이몬인(建禮門院 키요모리의 딸로 안토쿠 천황의 생모)·니이노아마(二位尼 키요모리의 아내)가 타고 있는 배로 가서 사태가 이미 끝에 이르렀음을 고했다. 바로 마음을 정한 니이노아마는 안토쿠 천황을 품에 안아 허리띠로 단단히 묶고 3종의 신기 가운데 검과 구슬을 가지고 뱃머리에 섰다. 참으로 가슴 아픈 장면이다. 이제 8세인 안토쿠 천황은 이렇게 물속으로 들어간 것이었다.

  천황의 뒤를 이어서 켄레이몬인을 비롯하여 헤이케 일문 대부분이 바다로 뛰어들었기에 주인을 잃은 배는 공허히 조류에 휩쓸리고 바람에 이끌려 흔들흔들 정처 없이 흘러가버리고 말았다.

  헤이케 일문 가운데서는 노리모리(教盛)·토모모리·쓰네모리(経盛)·유키모리(行盛)·노리쓰네 등이 물에 빠지거나 칼에 맞아 목숨을 잃었으나, 무네모리와 그의 아들인 키요무네(清宗)만은 죽지 못하고 적에게 생포당하고 말았다. 쿄토를 버린 지 3년, 헤이케는 이렇게 해서 모두가 바다의 원혼이 되어버리고 말았다. 헤이케가 아니면 사람이 아니라고까지 말했던 헤이케 일문은 이렇게 해서 영원히 멸망하게 되었다.

  4월 3일, 요시쓰네는 쿄토로 사람을 보내서 전승을 보고케 했다. 이튿날 다시 사자를 보내서 사상자와 생포한 자의 이름 등을 아뢰게 했다.

  그 이튿날 쿄토에서 칙사가 나가토로 내려와서 이번의 무훈을 칭찬했으며, 다음으로 신기를 무사히 쿄토로 가지고 오라는 칙명이 내려졌다. 신기에 대해서는 조정과 요리토모, 그리고 요시쓰네도 어떻게 해서든 쿄토로 가지고 가야 한다고 적잖이 고심했다. 그랬기에 요시쓰네도 단노우라에서는 무엇보다 먼저 천황이 있던 배로 뛰어들었다. 다행히 거울은 배 안에 있었으며, 구슬은 물 위로 떠올랐으나 보검만은 아무래도 찾아낼 수가 없었다. 요시쓰네는 더없이 유감스러운 일이라 생각했으나 그 후의 조치에 대해서는 명령을 기다리기로 했다.

승전보가 카마쿠라에 도착한 것은 11일로, 마침 미나미노미도(南御堂)의 상량식이 거행되고 있어서 요리토모도 그 식에 참석했을 때였다. 사자가 헤이케가 멸망했다는 사실을 전하고 보고서를 내밀었다. 후지와라노 쿠니미치가 요리토모 앞에서 그것을 읽었다. 쿠니미치가 읽기를 마치자 그것을 받아든 요리토모는 자신의 손으로 직접 말아 받쳐들고 공손하게 쓰루가오카 하치만구 쪽을 향해 앉은 채 한동안 말이 없었다. 상량식이 끝나자 목수들에게 선물을 내리고 막부로 돌아온 요리토모는 승전보를 가지고 온 사자를 다시 불러 자세한 전황을 들었는데 더없이 감격한 표정이었다.

그 이튿날에는 헤이케가 멸망한 뒤의 사이고쿠를 어떻게 할지에 대한 평의를 열었다. 그 결과 노리요리는 잠시 큐슈에 머물게 하고, 요시쓰네로 하여금 생포한 자들을 데리고 쿄토로 돌아가게 하기로 결정되었다. 이에 사람을 보내서 그 사실을 요시쓰네와 노리요리에게 전했다.

14일이 되자 오오쿠라쿄 야스쓰네의 사자가 카마쿠라로 와서 헤이케 토벌이 무사히 끝난 것은 오로지 병법의 공이라며 상황이 크게 감복하여 칭찬했다는 말을 전했다.

이렇게 해서 요시쓰네는 형 요리토모의 대리로서의 역할을 훌륭하게 수행했다. 키소 요시나카를 멸망시킨 뒤로부터 1년 2개월, 이치노타니·야시마·단노우라 등 늘 사람들의 의표를 찌르는 전법으로 사람이 행하기 어려운 일을 이루어내 대리자로서의 역할을 수행했을 뿐만 아니라 자신의 오랜 소망까지도 이루었다. 당시 27세의 젊은 장군이었다.

25일, 개선장군 요시쓰네는 아름다운 무장을 하고 정병 300여 기를 인솔하여 3종의 신기 가운데 구슬과 거울의 선두에 섰다. 거듭된 훈공으로 인해 위로는 법황의 마음을 더욱 흡족하게 했으며, 아래로는 쿄토 사람들의 인망이 더욱 두터워졌다. 결사의 마음으로 나섰던 요시쓰네가 다시 쿄토의 땅을 밟았으니 그 마음은 어떠한 것이었을지.

(5) 요리토모와 무사의 절도 ②

단노우라에서의 승전보가 카마쿠라에 도달했을 때 요리토모는 미나미노미도의 상량식에 참석해 있었는데 쿠니미치가 읽은 요시쓰네의 보고서를 듣고 나서 그 보고서를 받아든 채 한 마디도 하지 않고 쓰루가오카 하치만구를 향해 절한 뒤 말없이 앉아 있었다고 한다. 요리토모도 이 승전보에는 감개무량하여 말도 나오지 않았던 것이라 여겨진다. 그도 그럴 것이 요리토모는 단노우라의 해전(3월 24일)에 앞서 3월 12일에 헤이케 토벌을 위해 멀리 이즈노쿠니에서 군량을 실은 병선 32척을 출발시켜 노리요리의 어려움을 구하려 했을 정도이니 아직 그와 같은 대승을 거두지는 못했을 것이라 생각하고 있었을 터였다. 게다가 노리요리에게 큐슈 방면의 정벌을 명하고, 요시쓰네에게는 시코쿠를 치라고 명령할 생각이었다. 그런데 그 요시쓰네가 시코쿠는 물론이거니와 나아가 헤이케 최후의 근거지까지 점령해버렸으니 요리토모에게는 참으로 뜻밖의 일이었으리라.

일반적으로 그 정도의 전공을 세웠다면, 앞서 사에몬(관)노조에 임명되었다는 사실에 분노하여 헤이케 추토사를 그만두게 한 감정도 누그러들 만도 한데 요리토모는 결코 그렇지 않았다. 또한 요시쓰네도 요리토모의 불쾌함이 마음에 걸렸기에 전장에서 깨끗하게 목숨을 버려 자신의 마음을 보여줄 생각을 품고 야시마로 향한 것이었는데 전사를 하기도 전에 전투에서 거듭 승리를 거두어 결국에는 적을 전멸시키고 말았다. 이렇게 된 이상 한시라도 빨리 형을 만나 마음속에 응어리져 있는 악감정을 풀어 키세가와에서 만났을 때처럼 돈독한 형제 사이로 돌아가야겠다고 생각했을 것임에 틀림없다.

그러나 요시쓰네에게 귀경을 명령한 지 3일 후인 4월 15일에 요리토모는 태산보다 무거운 엄명을 내려,

"칸토의 가신으로 요리토모의 추거 없이 조정의 관직에 임명된 자는 칸토로 내려와서는 안 된다. 쿄토에 머물며 군무를 수행하라. 만약 스미마타(오와리) 동쪽으로 넘어오는 자가 있다면 그 영지를 몰수하고 참수로 죄를 묻겠다."

참으로 엄중한 명령이었다. 그러한 자들 가운데는 요시쓰네의 고굉지신인 사토 타다노부도 있었다. 우지가와 전투에서 훈공을 세운 시부야 우마(관)노스케 등도 있었다. 전부 합쳐서 20여 명이나 되었다. 따라서 요시쓰네에게 이 명령은 가볍게 받아들일 만한 것이 아니었다. 왜냐하면 앞서 요시쓰네가 헤이케 추토사에서 내려오게 된 것도 끝내 사퇴할 수 없어서 받아들인 관위 때문이었다.

그 인물됨으로 봤을 때 요리토모는,

'무사가 세상을 얻으면 고위고관을 바라고, 고위고관에 오르면 그것으로 다른 자를 위압하려 든다. 아버지 요시토모는 호겐의 난 이후 쇼덴[139]을 허락받았다는 사실을 일세의 영광으로 생각했으며, 키소 요시나카는 세이이타이쇼군이 되기를 바랐다. 이는

---

139) 昇殿 천황이 거주하는 궁전에 드는 일.

무사로서 조신의 흉내를 내려는 것으로, 그 극치가 바로 헤이케다.'라고 생각했으리라. 그렇게 생각했기에 조정에 대해서 칸토 가신의 상벌은 칸토에서 직접 행하겠다고 말하고, 가신에 대해서는 사사로이 조정으로부터 관계를 받지 못하게 한 것이리라. 칸토 무인의 화신이라 할 수 있는 요리토모는 무사가 자신의 이름을 위하여 그 실질을 버릴까 두려워했던 것인 듯하다.

이를 다른 예로 살펴보자면, 지쇼 4년(1180)에 카즈사(지)노스케 히로쓰네가 요리토모의 사자가 왔음에도 쉽사리 거기에 응하지 않았던 것은, 유배자의 신분이었던 요리토모의 거병이 자신의 앞길에 위험을 가져다줄지도 모른다고 생각했기 때문일 것이다. 그 정도로 당시의 요리토모는 병사를 모으기에 급급한 처지였음에도 불구하고 그가 늦게 온 것을 나무라며 후진에서 대기케 했다. 그러한 요리토모의 용기와 담력이 오만한 히로쓰네를 오히려 감탄케 했다. 또한 이시바시야마 전투에서 유모의 아들인 타키구치 사부로가 쏜 화살이 자신의 갑옷에 맞은 것을 책망하여 훗날 참수로 죄를 물으려 하자 유모가 울며 사면해줄 것을 청했다. 그래도 요리토모는 단호히 그를 처벌했다. 요리토모는 철과 같은 의지로 통솔자로서의 권위를 발휘한 것이었다. 따라서 요시쓰네도 사사로이 사에몬(관)노조의 임명을 받아들였기에 가차 없이 그의 철완으로 내려친 것이라 여겨진다. 그러나 한편으로는 그처럼 철완을 휘둘렀으면서도, 전국의 전개가 뜻대로 이루어지지 않자 요시쓰네를 다시 보내서 마침내 그 힘을 썼다는 것은, 요리토모의 지휘로써는 얼마간 부족함이 느껴진다.

하지만 요시쓰네에게 있어서 이는 17년 동안의 간절한 소망이었을 뿐만 아니라 전쟁의 국면이 요시쓰네의 출진을 재촉한 셈이었다. 이러한 여러 가지 정황 때문에 요시쓰네는 다시 출진하게 되었으며, 요시쓰네가 다시 출진하자 카지와라 카게토키 같은 이쿠사부교가 손을 내밀 여지도 없을 만큼의 전투가 행해져 그 카게토키를 꼭두각시처럼 만들어버렸다는 사실이 마침내 요리토모의 감정을 상하게 하는 참언을 하게 만든 것이었다.

그야 어찌 됐든 요리토모와 요시쓰네는 형제였다. 예전에는 키소가와에서 눈물을 흘리며 그가 와준 것을 기뻐했던 형제 사이였다. 깊은 밤 꿈에서 깨어 이 동생의 고충을 생각하면 강철처럼, 얼음처럼 비범한 의지를 가진 요리토모라도 그 마음이 마냥 편하지는 않았을 테지만, 어찌하겠는가 요리토모 주위에는 노회한 호조 토키마사가 있었다. 냉혹한 오오에 히로모토가 있었다. 간사한 카지와라 카게토키가 있었다. 토키마사는 후에 외척으로서 권력을 휘둘러 정치의 실권을 호조 씨가 쥐게 한 인물이었다. 오오에 히로모토도 카게토키에 뒤지지 않을 만큼 간사해서 늘 요리토모의 그림자 속에 머물며 단물을 빨아먹은 인물이었다. 거기에 카게토키의 간사함은 700년이 지난 오늘날에도 여전히 지탄의 대상이 되고 있지 않은가? 이러한 사람들이 주위에 있었으니 정치가적 행동을 하던 요리토모가 요시쓰네에게 애정 어린 마음을 보낼 수 없었던 것도 당연한 일이었으리라 여겨진다.

(6) 요리토모와 요시쓰네와 카게토키

카지와라 카게토키는 토고쿠 무사의 호쾌함과는 어울리지 않게 음모로 가득한 성격을 가진 자였기에 대쪽 같은 성격의 요시쓰네와는 자연스럽게 서로 마음이 맞지 않았다. 예전에 이시바시야마 전투에서 오오바 카게치카를 속여 적의 대장인 요리토모를 도왔다는 사실부터가 이미 이상한 얘기 아니겠는가? 당시 요리토모는 병력도 얼마 되지 않았고 싸움에서 패한 장수였는데 그런 적을 적극적으로 도왔다는 것은 거기에 어떤 이유가 있었던 것이라 여겨진다. 그 일로 요리토모의 신용을 얻은 카게토키는 카마쿠라 가신들 사이에서 커다란 세력을 갖게 되었다.

우지가와 전투 때 카게토키는 요시쓰네와 함께 출진했으나, 이후 이치노타니 전투 때는 요시쓰네를 싫어하여 노리요리 군으로 들어갔다. 그 후 카게토키는 노리요리와 전후하여 사이고쿠로 향했으나 야시마 전투에서는 다시 요시쓰네와 함께 전투를 치렀다.

단노우라 전투가 끝나자 카게토키는 4월 21일에 한 통의 서장을 요리토모에게 보냈다. 카게토키는 이번 전투에서 겐지에게 경하스러운 조짐이 있었다는 사실을 늘어놓은 뒤,

〈……호간 나리(요시쓰네)는 주군의 대리인으로 가신들을 따르게 한 것이며, 그 병사로 전쟁을 치렀습니다. 그런데 따르는 가신들의 공은 생각지 않고 오로지 자신의 훈공만 자랑하고 있습니다. 짐작건대 대부분의 사람들은 호간 나리를 위해서 싸운 것이 아니라 생각하

고 있을 것입니다. 오로지 주군을 위하는 마음이 깊었기에 마음을 합쳐 훈공에 힘쓴 것입니다. 그런데 전투가 끝나고 나자 호간 나리의 태도는 날이 갈수록 더욱 거칠어져서 사졸 군병 모두 어떤 일을 당하게 될지 마치 살얼음을 밟고 있는 듯한 기분일 뿐, 참으로 평화로운 마음을 가진 자는 아무도 없습니다. 특히 카게토키는 주군을 가까이서 모시는 사무라이로 특별한 명령을 받은 몸이기에 호간 나리의 좋지 않은 점을 볼 때마다 그래서는 카마쿠라도노의 뜻과는 다른 것 아닙니까, 라고 간언했으나, 오히려 그것이 원한을 사서 경우에 따라서는 형벌을 받게 될지도 모를 형편입니다. 다행히 싸움이 승리로 끝났으니, 더 이상 호간 나리 곁을 지키기란 참으로 불안한 일입니다. 한시라도 빨리 지금의 임무에서 벗어나게 해주시어 칸토로 돌아가게 해주셨으면 합니다.〉라고 요시쓰네에 대해서 좋지 않은 말로 요리토모에게 호소했다.

원래 막부의 제도에서 병사에 관한 건은 사무라이도코로에서 통괄했기에 노리요리와 요시쓰네를 대장으로 삼아 서쪽으로 보냈을 때도 이쿠사부교로 사무라이도코로의 벳토인 와다 요시모리를 노리요리에게 붙이고, 쇼시[140]인 카지와라 카게토키를 요시쓰네에게 붙인 것이었다. 그런데 노리요리는 요리토모의 명령이 지당한 것이라 생각하여 대소사 전부를 요시모리와 노장인 치바 쓰네타네 등과 상의했으나, 요시쓰네는 모든 일을 스스로가 결정해서 행했기에 그것이 카게토키의 마음에 들지 않았던 것이다. 그리고 가끔

---

140) 所司. 사무라이도코로의 차관.

의견을 내면 천재적 전략가인 요시쓰네가 한마디로 배척했기에 둘 사이에 감정의 충돌이 있었던 것은 당연한 일이었다. 특히 카게토키는 요리토모와 요시쓰네 사이의 감정에 융화가 부족하다는 사실을 알고 있었기에 그 빈틈을 파고들어 교묘하게 자신과 맞지 않는 요시쓰네를 좋지 않게 말한 것이었다. 또한 이 참언을 들은 요리토모도 쿠로(요시쓰네)는 무시무시한 영재, 고금에 다시 없는 전략가이니 그는 노리요리처럼 형에게 순종적인 동생이 아니라는 사실을 알고 있었다. 따라서 진중에 있어서도 독단전행이 많았을 것이라는 사실도 상상하고 있었다. 그러한 사실을 알고 있었다 할지라도 요시쓰네가 자신의 전공을 자랑하며 다른 사람은 안중에도 없는 듯 행동하여 사졸 모두 전전긍긍 살얼음을 밟고 있는 것 같다고 말한 데에는 내심 당황하지 않을 수 없었을 것이다. 그리고 미래에 대한 불안감이 더욱 깊어졌을 것이다. 그랬기에 요리토모의 마음도 마침내는 동요하지 않을 수 없었던 것이리라. 이렇게 해서 요리토모는 결국 요시쓰네를 압박하기로 결심했던 것이리라.

요리토모는 카게토키로부터의 서장을 받은 지 얼마 지나지 않아서 큐슈에 있는 타시로 칸자 노부요시(田代 冠者 信義)에게 편지를 보내,

〈요시쓰네는 칸토의 사자로 가신을 붙여서 사이고쿠로 보낸 것인데, 제멋대로 행동할 뿐만 아니라 무사들을 자신의 가신인 양 다루어 사람들도 요시쓰네에게 원한을 품고 있으니, 칸토의 은혜를 생각하는 자는 앞으로 요시쓰네의 명령에 따르지 않아도

된다.〉고 엄하게 명령을 내렸다. 이는 4월 29일의 일이었다.

뒤이어 카지와라 카게토키가 보냈던 사자가 5월 4일에 큐슈로 돌아갈 때 건네준 편지에는, 이제는 요시쓰네의 명령에 따르지 않아도 된다는 명령이 적혀 있었다. 또한 그 이튿날인 5일에는 사자를 노리요리에게 보내서 3종의 신기 가운데 하나인 보검을 찾을 것과, 이번 겨울까지 큐슈에 머물며 여러 사안을 처치할 것을 명함과 동시에, 너에게 딸려보낸 가신이 설령 너의 명령에 따르지 않는다 할지라도 멋대로 벌해서는 안 되며 반드시 칸토에 보고하여 그 명령을 기다리라고 말했다. 이에 비해서 요시쓰네는 부하의 상벌을 스스로의 생각으로 행했으니 요리토모가 기뻐하지 않은 것도 당연한 일이었다.

이런 일들 이후 7일에 요시쓰네는 타이라노 무네모리 부자 이하 생포한 자들을 이끌고 쿄토를 출발하여 카마쿠라로 향했다. 15일에 사가미노쿠니의 사카와(酒勾) 역에 도착했으며, 거기서 사자를 보내 내일 카마쿠라로 들어가겠다고 보고했다. 헤아려보면 2년 전 키소 요시나카를 토벌하기 위해 카마쿠라를 떠난 지 20개월, 대부분 쿄토 부근에 머물며 단 한 번도 토고쿠에는 돌아오지 않았다. 오랜만에 돌아와보니 전에 보던 산하는 여전히 웃으며 맞아주고 있었으나, 노여움을 산 요시쓰네의 가슴속은 요리토모와의 대면으로 그곳에 응어리져 있는 악감정을 풀 수 있을지, 오로지 그 생각으로만 가득했다. 그러나 요시쓰네의 이러한 소망은 참으로 허망한 것이었다. 요시쓰네가 기다리고 있던 것은 형의 차가운 마음을 전하는 사자가 아니었다. 그런데 호조 토키마사가 사카와까지 사자로 와서 무네모리 등을 카마쿠라로 데리고 갔으며 요시쓰네에게는 명령이 있을 때까지 카마쿠라에 들어와서는 안 된다고 전했다. 요시쓰네는 가슴 가득 근심이 넘쳐났다. 한밤중에 잠에서 깨어나 멀리서 흐느끼는 듯한 파도 소리가 들려오면 요시쓰네는 어떤 생각에 잠겼을지.

물론 그에 앞서 요시쓰네는 카마쿠라에서 기쁜 소식을 가지고 사자가 오기를 기대하고 있었다. 그런데 요시쓰네는 4월 29일에 이미 칸도141) 당했다는 사실을 알게 되었다. 놀라서 카메이 로쿠로(亀井 六郎)를 사자로 삼아 카마쿠라로 보냈으며, 5월 7일에는 결코 두 마음을 품고 있지 않다고 천지신명께 맹세하는 글까지 올렸으나, 평소에는 제멋대로 일을 꾀하다가 노여움을 샀다는 말을 듣자 곧 변명을 하려 들다니 괘씸하기 짝이 없는 일이라며 오히려 노여움을 더욱 키운 꼴이 되고 말았다. 이렇게 해서 요시쓰네는 끝내 형 요리토모 앞에서 자신의 마음을 해명할 기회를 얻지 못한 채 영원히 멀어지려 하고 있었다. 요시쓰네에게 있어서 이는 견딜 수 없는 슬픔이었다. 이에 사카와에 편안히 머물 수도 없었기에 은밀히 코시고에(腰越)로 가서 머물기를 수일, 근심이 가득한 나머지 글 하나를 오오에 히로모토에게 주어 그 충정을 피력했다. 그 편지가 유명한 코시고에조(腰越状)다.

그 서장은 과거의 공로를 이야기하고 피를 토하는 듯한 심정으로 충성스러운 본심을 밝힌 것이었으나 요리토모는 이에 대해서도

---

141) 勘当. 잘못에 대한 대가로 서로의 연을 끊는 것.

아무런 대답조차 하지 않았다. 단지 이후 명령을 내릴 것이라고만 말했을 뿐이었다. 이처럼 요시쓰네가 심혈을 기울여 쓴 서장조차 끝끝내 요리토모의 마음을 움직이지는 못했다. 아니, 요리토모는 이미 골육을 위해 흘릴 눈물이 말라버린 것이었다. 요리토모는 무가정치를 위해서 어떠한 희생도 마다하지 않았던 것이다.

요리토모가 요시쓰네에게 그처럼 냉혹한 처치를 내린 데에는 물론 카지와라 카게토키의 참언이 커다란 원인으로 작용했을 테지만, 그 외에도 여러 가지 사정이 있었던 듯하다. 그 첫 번째는 요시쓰네가 아무런 상의도 없이 헤이케의 포로인 토키타다의 딸을 아내로 맞아들였다는 사실이다. 단지 형에게 이야기하지 않았을 뿐만 아니라, 쿠게142) 가운데서도 수완가로 알려진 헤이다이나곤(平大納言타이라노 토키타다)과 친밀한 관계를 맺었다는 사실이 요리토모를 노하게 만들었다. 두 번째로는 요시쓰네가 무네모리 등을 호송하여 사카와로 왔을 때 쿄토의 이치조 요시야스(一条 能保)의 하인과 요시쓰네의 하인이 싸운 사건이 있었다. 이 이치조 요시야스는 요리토모의 매제(여동생의 남편)였는데, 요시쓰네와 함께 쿄토를 지키며 요리토모의 눈과 귀 역할을 한 사람으로 쿠게와 카마쿠라 사이에서 수완을 발휘했던 사람이었다. 이러한 관계 때문에 그 하인들의 싸움까지 요리토모의 노여움을 산 것이었다. 어쨌든 그러한 일들이 여러 가지로 뒤얽혀서 요시쓰네는 마침내 형을 만나서 본심을 털어놓을 기회를 영원히 잃고 만 것이었다.

---

142) 公卿. 조정에서 삼품 이상의 벼슬을 하던 귀족.

그 후 무네모리 등을 쿄토로 되돌려보내기로 했기에 요시쓰네는 6월 9일에 다시 무네모리 등을 데리고 사카와를 출발하여 불만을 품은 채 쿄토로 향했다. 요시쓰네 자신의 훈공이 무네모리 등의 목숨을 구할 수 있을지도 모른다는 소망도 수포로 돌아가서 무네모리는 결국 키요무네와 함께 쿄토로 돌아가던 중 오우미노쿠니의 시노하라에서 참수당하고 말았다.

(7) 요리토모와 요시쓰네와 유키이에

복잡한 심경을 품은 요시쓰네가 쿄토로 돌아가기 시작한 뒤, 요리토모는 예전에 헤이케의 땅으로 요시쓰네에게 주었던 영지 24개소를 몰수하여 다른 사람들에게 나누어주었다. 그 이유는 요시쓰네가 쿄토로 돌아가기 전에 카마쿠라에 원한이 있는 자는 요시쓰네를 따르라는 폭언을 내뱉었는데 그것이 요리토모의 심기를 건드렸기 때문인 듯하다. 이것도 카게토키 등의 참언인지 어떤지는 알 수 없으나 어쨌든 요리토모가 요시쓰네를 압박하는 구실이 되었던 것만은 사실이다.

그로부터 얼마 지나지 않은 8월 16일 밤, 헤이케 토벌에 대한 은상으로 요리토모의 추거를 받아 겐지 사람들 6명에게 벼슬이 내려졌다. 요시쓰네도 그 가운데 한 사람으로 이요(지)노카미(伊予守)에 임명되었다. 그러나 이는 요시쓰네에 대한 요리토모의 압박이 느슨해졌음을 의미하는 것이 아니라, 이미 2개월쯤 전에 오오쿠라쿄 타카시나 야스쓰네를 통해서 내부적으로 청을 해둔 일이었기에 지금 그 관계가 악화되었다고 해서 요리토모도 헤이케 토벌에 대한 은상에서 요시쓰네를 제외할 수는 없었던 것이리라. 하지만 굳이 요리토모의 심사를 추측해보자면, 지금 요리토모와 요시쓰네의 관계가 악화되어 있으니 법황도 이를 거부하고 요시쓰네도 사퇴해야 한다고 생각했을지도 모른다. 그러나 법황 입장에서 보자면 헤이케 토벌에 대한 은상에서 특히 공이 큰 요시쓰네를 제외할 수는 없었으며, 요시쓰네도 요리토모가 추거한 것을 사퇴할 이유가 없었기에 그대로 받은 것이었다. 이는 후에 요리토모가 자의적으로 이요의 코쿠시143)를 임명하여 요시쓰네를 이름뿐인 이요노카미로 만들어버렸다는 사실로도 짐작해볼 수가 있다. 이러한 때에 요시쓰네에게는 커다란 사건이라고 할 만한 일이 머리를 쳐들기 시작했다. 그것은 요리토모와 유키이에의 관계였다.

원래 미나모토노 유키이에는 로쿠조호간 타메요시의 아들로 요시토모의 동생, 요리토모와 요시쓰네에게는 숙부에 해당하는 사람이었다. 유키이에는 모치히토 왕의 영지를 각 지방에 있던 겐지에게 전한 공로자였는데, 처음에는 요리토모와 행동을 같이 했으나 둘 사이가 벌어지자 이번에는 요시나카 쪽으로 붙었다. 그런데 요시나카와도 역시 충돌했기에 이번에는 고시라카와 법황에게 의지하기로 했다. 그도 그럴 것이 유키이에는 병략가나 용감한 무장이라기보다는 오히려 잔재주를 피우는 정략가였기 때문이었다. 모치히토 왕의 영지를 받들어 겐지를 설득하기 위해 각 지방을 돌아다니며 겐지를 일제히 일으킨 데에는 유키이에의 말솜씨의 공도 있었을 것이다. 또한 유키이에가 요리토모에게서 떠나 요시나카에게로 갔을 때, 요리토모는 요시나카에게 유키이에를 돌려보내거나 인질을 보내라고 말했는데 이에 대해서 요시나카는 유키이에를 감싸며 자신의 사랑하는 아들인 시미즈 칸자 요시타카(清水冠者 義高)를 카마쿠라로 보냈다. 이는 요시나카가 유키이에의

---

143) 国司. 조정에서 각 지방에 파견하던 지방관.

세 치 혀에 농락당했기 때문이리라.

그러나 유키이에의 세 치 혀는 사람을 농락하기에는 충분했을지 몰라도, 전쟁에는 서툴러서 헤이케 군에게조차 늘 패하기만 했다. 따라서 자신은 겐지 발흥의 주창자 가운데 한 사람으로 헤이케 토벌의 효종을 울리며 돌아다닌 몸이었으나, 표면적으로는 이렇다 할 아무런 훈공도 세우지 못했다. 뿐만 아니라 요시나카와 등을 돌린 뒤의 행적은 그다지 분명하게 알려져 있지 않다. 단지 쿄토 근방에 있었다는 사실만이 알려져 있을 뿐이다.

이러한 때에 요리토모는 가슴속으로 지금 유키이에를 제거하지 않으면 곧 요시쓰네와 힘을 합칠지도 모르니 사태가 그렇게 된 뒤에 후회해봐야 소용없는 일이라고 생각했다. 이에 칸토의 친족이면서 곳곳의 인민을 괴롭히는 것은 좋지 않은 일이다, 여기에는 틀림없이 모반의 음모가 있는 것이라며 마침내는 오우미의 사사키 타로 사다쓰나에게 명령하여 유키이에를 치게 하기로 했다.

이를 들은 유키이에는 자신의 성격이라고도 할 수 있는 교묘한 지혜를 이용하여 이번에는 요시쓰네의 보호를 받는 것이 유리하겠다고 생각했다. 유키이에는 요시쓰네의 숙부였다. 그 숙부가 쿄토의 요시쓰네를 은밀히 찾아와서 그 교묘한 말솜씨로 비호를 청해왔기에 요시쓰네는 한 줄기 눈물을 흘리지 않을 수 없었다. 설령 그가 형과 사이가 좋지 않은 자라 할지라도 신변에 위협을 느낀 숙부를 그냥 보아 넘긴다는 것은 있을 수 없는 일이었다. 이렇게 해서 요시쓰네는 유키이에를 보호해주겠다고 약속했다. 그러나 요시쓰네에게 있어서 이는 형 요리토모의 화를 더욱 키우는 일 외에 아무것도 아니었다.

    아니나 다를까, 요시쓰네가 유키이에를 돕기 위해 칸토에 등을 돌렸다는 소문이 카마쿠라에까지 전해졌다. 또한 헤이다이나곤 토키타다는 5월 21일에 노토노쿠니로의 유배가 결정되었는데 아직도 유배지로 떠나지 않은 것은 요시쓰네가 그의 사위로 비호를 하고 있기 때문이라는 소문도 있었다. 의심의 눈길로 바라보자면 무슨 일이든 의심스럽게 보이는 법이다. 한 마리 개가 헛되이 짖으면 모든 개가 그것을 사실인 양 전하는 게 이 세상이다. 요시쓰네에게는 모반의 마음이 없었으며, 요시쓰네에게는 죄를 감쌀 실력이 없었으나 소문이 소문을 낳아 카마쿠라에까지 전해진 것이리라.

    그 소문을 들은 요리토모는 그냥 내버려둘 수 없는 일이라고 생각했다. 이에 카지와라 카게스에 등을 상경시키기로 했다. 표면적으로는 미나미노미도의 공양에 종사할 도사를 구하고 보시 등을 하기 위해서라고 했으나, 사실은 토키타다 등이 얼른 유배지로 향할 수 있게 하라고 상주하고 요시쓰네의 거동을 살펴 소문의 진위를 밝혀내기 위한 것이었다. 이 사자는 9월 12일에 쿄토로 들어갔다. 카게스에가 곧 요시쓰네의 저택으로 갔으나 요시쓰네는 병에 걸렸다며 그를 만나주지 않았다. 이에 하루이틀 뒤에 다시 갔더니 이번에는 그를 만나주었다. 이날 요시쓰네는 야윈 몸을 사방침에 기대고 곳곳에 남아 있는 뜸 자국을 내보여 병든 몸임을 내비쳤다. 카게스에가 요리토모의 명령을 전달하고 나자 요시쓰네는 이렇게 대답했다.

"유키이에를 주살하라는 카마쿠라도노의 말씀, 물론 거절할 마음은 없습니다. 그 어떤 강도·절도의 범인이라 할지라도 카마쿠라도노의 명령이 떨어지면 곧 그를 잡겠습니다. 하물며 유키이에는 말할 것도 없습니다. 그러나 유키이에는 같은 로쿠손 왕의 후예이자 궁시를 손에 쥔 자로 평범한 사람이 아닙니다. 가신 등만을 남겨둔 채 항복게 만든다는 것은 쉬운 일이 아닙니다. 그러니 한시라도 빨리 몸을 추슬러 건강을 회복한 뒤 계책을 세울 테니 그 뜻을 카마쿠라도노께 잘 말씀드려주시기 바랍니다."

카게스에는 이러한 답을 얻어 곧 발걸음을 돌렸으며 10월 6일, 카마쿠라에 도착하여 요리토모에게 보고했다. 요리토모가 곰곰이 생각하다,

"치라는 명령을 받은 유키이에를 비호하기 위해서 꾀병을 부린 것 아닌가?"라고 묻자 곁에 있던 카게토키가,

"틀림없이 그럴 것입니다. 첫날 만나지 않고 하루이틀 지나서 만났다는 것이 미심쩍습니다. 하루 동안 먹지 않고 하룻밤 자지 않으면 야위는 것은 당연한 일입니다. 뜸 따위는 당장에 얼마든지 뜰 수 있습니다. 유키이에를 감싸고 있다는 점은 의심할 필요도 없는 사실입니다."라고 요리토모의 안색을 살피며 거들었다.

이에 요리토모는 요시쓰네에게 모반의 뜻이 있음은 더 이상 의심의 여지도 없는 사실이라 여기고 마침내는 요시쓰네 토벌을 결심하여 10월 9일에 그를 토벌할 자들을 뽑기 위해 칸토의 장사들을 불러모았다.

그런데 참으로 난처하게도 스스로 나서서 가겠다는 자가 한

사람도 없었다. 그것은 남몰래 요시쓰네를 동정하는 자도 있고, 요시쓰네의 병략을 두려워하는 자도 있기 때문이었다. 이러한 모습에 요리토모는 조바심을 치며,

"그래, 누가 적임자네 아니네 할 필요도 없이 카지와라가 있지 않은가? 카게토키, 쿄토로 올라가서 치고 오게."라고 엄명을 내렸다. 하지만 카게토키는 요시쓰네가 병략가임을 아주 잘 알고 있는 자였다. 아무리 요리토모의 명령이라 해도 섣불리 받아들일 수는 없었기에 몸을 납작하게 엎드리고 바닥에 문지르듯 머리를 조아려 자신은 적임자가 아니라며 사퇴했다. 요리토모는 기개 없는 자들이라며 한껏 마음이 상해 있었는데, 그때 멀리 끝자리에서,

"제게 토벌군의 대장을 명하여주시기 바랍니다."라고 청하는 자가 있었다. 고개를 들어 보니 그는 토사노보 쇼슌(土佐坊 昌俊)이라는 자였다.

9일, 쇼슌은 83기를 이끌고 쿄토를 향해 출발했다. 카마쿠라에서는 이들 쇼슌 일행이 뜻대로 요시쓰네 등의 목을 가져오기를 얼마나 고대했는지 모른다. 그런데 카마쿠라에서 이처럼 요시쓰네 퇴치계획을 세우고 있을 때, 쿄토의 요시쓰네는 형 요리토모의 압박이 너무나도 심한 것에 분노하여 10월 13일에 은밀히 법황을 찾아가,

"전 비젠(지)노카미 유키이에는 이번에 칸토에 등을 돌려 모반을 꾀했습니다. 그 이유는 요리토모가 유키이에를 주살하라고 명령한 것을 유키이에가 듣고 무슨 죄가 있어서 유키이에를 주살하려 하는 것인가 하며 화를 낸 데 있습니다. 저는 거듭 그만둘 것을 권했으나 유키이에는 듣지 않았습니다. 게다가 저는 헤이케 퇴치에

훈공을 세웠는데 요리토모는 아무런 보답도 하지 않았을 뿐만 아니라 전에 주었던 영지까지도 거두고, 심지어는 토벌할 것이라는 소문까지 있기에 저도 그 난을 피하기 위해서 유키이에게 동의했습니다. 따라서 스노마타 부근으로 내려가서 한 번의 싸움으로 생사를 결정할 생각입니다. 그러하오니 모쪼록 요리토모를 토벌하라는 명령을 내려주셨으면 합니다. 만약 이 청을 받아주시지 않으신다면 지금의 자리에서 물러나 큐슈로 갈 수밖에 없습니다."라고 말했다.

참으로 잔꾀에 능한 유키이에였다. 그는 카게스에가 요시쓰네에게 요리토모의 명령을 전달했다는 말을 듣고 머지않아 요리토모의 손길이 자신을 향해서 올 것이라는 사실을 깨달았다. 그랬기에 어차피 요리토모의 손에 걸릴 바에는 이쪽에서 먼저 요리토모에 대항하자고 생각했다. 이에 요시쓰네에게 권하여 요리토모를 토벌하라는 글을 받아오게 한 것이었다. 그런데 요시쓰네가 법황을 만나 이러한 청을 하기 전부터 유키이에는 조정의 신하들 사이에서 활발하게 운동을 하여 거의 대부분은 성공을 손에 넣은 상태였던 듯 여겨진다. 그러한 계획이 비밀리에 진행되고 있었다는 사실을 몰랐던 요시쓰네는 역시 대쪽 같은 성격을 가지고 있었으며, 유키이에는 교활한 지혜를 가진 자라는 사실을 알 수 있다.

화살이 나는 소리만 들려오지 않았을 뿐, 마음속에서는 이미 전쟁을 하고 있는 것이나 다를 바 없는 상황이 되었다. 고시라카와 법황은 이러한 요시쓰네의 청을 어떻게 처리해야 할지 조정의 신하들을 모아놓고 평의했다. 요리토모를 편드는 자와 요시쓰네를 편드는 자 사이에서 여러 가지 논의가 오갔으나 법황은 결국 요시쓰네의 청을 받아들이기로 했다. 세상이 다시 한 번 떠들썩해졌다. 소란이 일어날 것이라 예상한 쿄토의 시민들은 가재도구를 챙겨 피난갈 채비를 했다. 세상이 다시 한 번 요동치기 시작한 것이었다.

그런데 그날 밤, 이미 쿄토에 들어와 있던 토사노보 쇼슌이 호리카와야카타(堀川館)에 갑자기 습격을 감행했다. 요시쓰네가 사토 타다노부 등과 함께 문을 열고 나가서 방어전을 펼치고 있자니 소식을 들은 유키이에 등도 달려왔기에 쇼슌의 병사들은 산산이 패하여 달아나버리고 말았다. 요시쓰네는 당장 법황을 찾아가 이번 일에 대해서 아뢰었다. 요시쓰네 이외에 쿄토를 수호할 자가 없는 지금, 만약 소란이 일어난다면 아무도 막을 자가 없으리라 걱정되었기에 18일에 요리토모를 토벌하라는 명령을 내렸다.

한편 쇼슌은 그렇게 패하고 말았다. 그리고 법황의 명령이 떨어졌다. 하지만 이때 요시쓰네의 수하는 극히 소수에 불과했다. 짐작건대 요시쓰네는 한숨을 내쉬며 그리운 오슈의 산하를 바라보고 있었으리라. 그러나 그곳은 몇 개의 산하를 건너야 하는 먼 땅이었기에 그저 그리워하기만 할 뿐 달리 뾰족한 수는 없었다. 그렇다고 해서 킨키 지방에도 역시 요시쓰네에게 힘을 빌려줄 만한 자는 아무도 없었다. 이에 떠오른 곳이 사이고쿠였으나 그곳은 헤이케의 잔당들이 여전히 남아 있어서 그가 갈 수 있을 만한 땅이 아니었다. 여기에 이르자 요시쓰네는 애가 타는 심정으로 근심에 잠겨 있을 수밖에 없었다. 그렇다고 해서 쿄토에 그대로 머문다는 것은 죽음을 기다리는 것이나 다를 바 없는 일이었다. 어차피 죽을 바에는 사이고쿠로 가서 신천지를 개척해보자는 생각이 들었다. 백성들 역시 그러한 마음을 감지했는지 요시쓰네가 법황을 데리고 서쪽으로 갈 것이라는 풍설이 심심치 않게 들려왔다.

토사노보 쇼슌이 쿄토에서 실패했다는 소식은 요리토모로 하여금 사태가 중대하다는 생각을 더욱 깊게 해주었다. 요리토모는 24일에 와다 요시모리·카지와라 카게토키 등을 불러 이번에는 자신이 직접 쿄토로 갈 것이니 서둘러 병사들을 불러모으라고 명하고, 이튿날 아침에 선진으로 출발하고 싶은 자가 있으면 그 명단을 적어서 올리라고 명령했다.

마침 미나미노미도의 공양을 위해서 칸토의 무사들이 여럿 카마쿠라에 모여 있었기에 바로 그 명령을 하달했는데 카마쿠라에 있던 자는 2천 96명이었으나 스스로 나서서 쿄토로 가겠다고 한 자는 58명에 불과했다. 이는 요시쓰네를 동정하는 자와 요시쓰네를 두려워하는 자들이 많았기 때문이리라.

요리토모는 이전부터 요시쓰네가 공세를 취할 것이라 예상하고 있었다. 또한 요시쓰네가 군대를 이끌고 반드시 동쪽으로 올 것이라 생각하고 있었다. 이에 58명의 용사들에게,

"한시라도 빨리 가서 스노마타가와 나루터를 지키도록 하라. 그리고 나아가 유키이에와 요시쓰네 등을 주륙하도록 하라. 만약 두 사람이 쿄토에 없을 시에는 요리토모의 명령을 기다리며……."

라고 앞서 달려갈 것을 명령했다. 그리고 자신은 29일에 카마쿠라를 출발하여 11월 1일에 스루가의 키세가와에 도착했으며, 거기서 쿄토의 상황을 알 수 있을 때까지 머물기로 했다. 키세가와에서

쿄토의 상황을 살폈다는 것은 군세가 생각만큼 모이지 않았다는 사실을 의미하는 것 아닐지 모르겠다. 키세가와 6년 전에 요리토모가 처음으로 요시쓰네를 만나 서로 손을 잡고 우애의 눈물을 흘리며, 하치만타로와 신라 사부로 같다고까지 말했던 땅이다. 지금 그 신라 사부로에 비유했던 요시쓰네를, 하치만타로에 비유했던 요리토모가 주륙하려는 것이었다. 6년의 세월이 흐르는 동안 요리토모도 무엇인가를 느꼈던 것이리라.

그런데 그 11월 1일은 요시쓰네가 사이고쿠로 가기 위해 쿄토를 떠나려던 날이었다. 스노마타가와의 나루터에 무슨 대비가 필요하겠는가? 요시쓰네가 토고쿠로 올 것이라고 생각했던 것은 요리토모 자신의 마음을 이야기한 것 외에 아무것도 아니었다. 요시쓰네는 사정이 생겨서 출발을 하루이틀 미루고 있었는데 2일에 법황이 있는 곳으로 찾아가 타카시나 야스쓰네를 통해서,

"신이 지금 쿄토에 머물며 토고쿠 병사를 막는다면 쿄토는 필시 소란에 빠질 터이니 잠시 사이고쿠로 피하겠습니다. 바라옵건대 인젠144)을 받들어 큐슈 주민들에게 보이고 싶습니다."라고 말했다. 법황은 이를 허락하고 요시쓰네를 큐슈의 지토145)로, 유키이에를 시코쿠의 지토로 삼았으며, 시코쿠·큐슈의 주민들은 두 사람의 말에 따르라고 명령을 내렸다.

3일 아침이 되었다. 요시쓰네는 붉은색 비단옷에 연두색 갑옷을 입고, 유키이에는 벚꽃 무늬가 들어간 갑옷을 입고, 길 떠날 채비를

---

144) 院宣. 상황 또는 법황이 내린 선지.
145) 地頭. 전국의 장원·공령에 두어 토지관리·조세징수 등을 맡던 자.

전부 마쳤다. 쿄토를 떠나 사이고쿠로 가기 위해 저택에서 나왔으며 마지막 인사를 하기 위해 법황에게로 사자를 보내,

"카마쿠라도노의 견책을 피하기 위해 지금 사이고쿠로 떠납니다. 다시 한 번 용안을 뵙고 싶으나 몸에 무장을 했기에 이로써 인사를 드리겠습니다."라고 말하게 하고 그대로 쿄토를 출발했다. 더없이 정숙하고 더없이 고상한 태도였다. 지금까지 이와 같은 태도로 쿄토를 떠난 자는 아무도 없었다.

그리고 6일, 셋쓰의 다이모쓰(大物) 항구에서 바다를 건널 생각이었으나 갑자기 바람이 거칠어져 파도가 배를 뒤집어놓았기에 어쩔 수 없이 바닷길은 포기하고 일행은 거기서 흩어져 각자 몸을 숨기기로 했다. 처음 요시쓰네가 쿄토에서 나왔을 때는 2백여 기를 데리고 있었으나 도중에 타다 유키쓰나(多田 行綱) 때문에 얼마간을 잃었고, 폭풍 때문에 여러 병사들을 잃어 이때 요시쓰네를 따르는 자는 이즈 우에몬(관)노조 아리쓰나(伊豆 右衛門尉 有綱)·호리 야타로(堀 弥太郎)·무사시보 벤케이(武蔵坊 弁慶)·시즈카146) 등 4사람뿐이었다.

한편 요리토모가 보낸 칸토의 병사가 쿄토로 들어가보니 유키이에도 요시쓰네도 거기에는 없었기에 싸움 한 번 하지 않고 그대로 물러나버리고 말았다. 요리토모도 그 보고를 듣고 키세가와에서 발걸음을 돌렸다.

폭풍으로 커다란 타격을 입은 후 요시쓰네와 헤어진 유키이에는

---

146) 静. 요시쓰네의 첩. 시즈카고젠(静御前)이라고 한다.

타고난 잔꾀도 더는 부릴 수 없었기에 곳곳을 돌아다니며 몸을 숨겼는데 이즈미노쿠니147)의 휴가 곤노카미 키요자네(日向 権守 清実)의 집에 숨어 있다는 사실이 알려졌기에 추포사[追捕使]인 호조 토키사다(北条 時定)가 그를 포박하기 위해 부하들을 데리고 갔다.

유키이에는 사람들이 온다는 말을 듣고 뒷산으로 달아나 한때는 민가에 숨어 있었으나 결국에는 발각되어 마침내 목이 떨어지고 말았다. 모치히토 왕의 영지를 각지의 겐지에게 전했던 유키이에의 참으로 비참한 최후였다. 유키이에의 힘으로 겐지에게 영지가 전달되었으며, 그 영지로 인해 각지의 겐지가 일어선 것이었다. 그 겐지가 헤이케 퇴치에 성공하여 이제는 겐지의 세력이 강대해진 순간, 첫 번째 공로자는 죄인이 되어 목이 떨어지고 말았으니 참으로 얄궂은 운명이다. 유키이에의 재지[才智]와 말솜씨가 겐지를 분연히 일어서게 했지만, 바로 그 재지가 유키이에로 하여금 요리토모를 떠나고 요시나카를 떠나서 요시쓰네에게로 가게 한 것이리라. 그리고 그처럼 한 곳에 머물지 못하고 전전하는 인생은 공을 칭찬받지 못하고, 수고만 한 채 얻는 것도 없이 덧없는 최후를 맞이하게 되는 것 아닐지. 한 곳에 머물지 못한다는 것은 참으로 가여운 사람이다.

---

147) 和泉国. 오오사카 부의 남부. 센슈(泉州).

(8) 각 지방에 슈고, 장원에 지토

한번 틀어진 요리토모와 요시쓰네의 감정은 끝끝내 풀리지 않고 사태는 더욱 커져가기만 했다. 요리토모는 강철과도 같은 의지로 요시쓰네를 압박했다. 요시쓰네는 유키이에 같은 소인배에게 얽혀서 본심과는 달리 형 요리토모 퇴치를 꾀하게 되었다. 끝끝내 풀지 못한 형제의 감정으로 인해 사태는 더욱 급박해졌으며 분규를 불러일으켰고, 헤이케 토벌의 대장군이었던 요시쓰네는 단노우라 전투 이후 반년도 지나지 않아 세상에서 몸을 숨겨야 하는 죄인이 되어 일본 전토가 아무리 넓다 해도 5척(150m) 작은 몸을 쉬게 할 곳도 없이 여기저기 떠도는 신세가 되어버리고 말았다. 이보다 더 가슴 아픈 일도 없으리라.

다이모쓰 항구의 폭풍 이후 따르는 자 넷을 거느린 요시쓰네는 텐노지(天王寺) 부근에서 하룻밤을 묵고 마침내 종적을 감춰버리고 말았다.

그 소식을 들은 요리토모는 스스로 깃발을 거두어 카마쿠라로 돌아가기는 했으나, 요리토모를 토벌하라는 명령을 내린 것도 그렇고, 요시쓰네에게 큐슈·유키이에에게 시코쿠의 지배를 허락한 것도 그렇고, 괘씸하다는 생각이 들었기에 사람을 쿄토로 보내 항의케 했다.

고시라카와 법황도 그러한 상황에 이르게 된 경위를 요리토모에게 설명할 생각이었으나 요리토모의 분노가 매우 크다는 말을

들었기에 11일에 우선은 킨키 지방의 코쿠시들에게,

"요시쓰네와 유키이에가 반역을 꾀한 채 사이카이로 향하던 도중 다이모쓰에서 역풍을 만나 난파했다는 풍문이 있으니 샅샅이 수색하여 얼른 잡아들이도록 하라."는 내용의 명령을 내렸다.

13일이 되자 칸토의 무사가 다시 쿄토로 들어왔는데, 쿄토에서는 칸토의 무사들이 어떤 행동을 취할지 소문이 소문을 낳아 민심이 흉흉해지기 시작했다. 특히 조정 사람들의 근심은 매우 커다란 것이었다.

이러한 때, 요시쓰네와 긴밀한 사이에 있던 타카시나 야스쓰네가 15일에 카마쿠라로 가서,

"유키이에·요시쓰네가 벌인 일은 천마[天魔]가 한 짓입니다. 요리토모를 토벌하라는 명령을 내리지 않으면 어떤 일이 벌어질지 알 수 없었기에 법황께서도 어쩔 수 없이 명령을 내리신 것이지 애초부터 법황의 진심에서 나온 것은 아닙니다."라는 뜻을 요리토모에게 전했다.

이때 요리토모에게는 단지 토벌 명령에 대한 것뿐만 아니라 따로 생각하는 바가 있었다. 지금은 요시나카도 멸망했고 헤이케도 멸망했으며 마음에 걸리던 요시쓰네도 몰락했기에 더는 두려울 것이 없었다. 이에 천하에서 카마쿠라의 세력을 지금까지보다 한층 더 강화해야겠다고 생각했다. 그것이 무슨 일이 벌어질 때마다 서서히 표면화되기 시작했다. 이번 일을 계기로는 겐지의 가신을 슈고[148] 및 지토[149]로 임명하게 해달라고 청해서 지방과 장원에 대한 명령권을 자신의 손에 쥐어야겠다고 생각했다.

이 슈고 및 지토에 관한 건은 11월 12일에 오오에 히로모토가 요리토모에게 헌책한 것이었다.

'세상이 시끄러워져서 모반자가 끊이지 않습니다. 토카이도는 카마쿠라의 위광이 미치기에 진압에 커다란 어려움이 없으나 일단 지방에서 소란이 일어나면 진압을 위해서는 군대를 내어야만 합니다. 그러면 사람도 번거로워지고 돈도 듭니다. 유키이에와 요시쓰네를 찾아야 하는 이번을 기회로 이용하여 각지에 슈고, 장원에 지토를 임명하시면 그러한 근심은 하지 않으셔도 될 것입니다.'라는 내용이었다.

여기에는 물론 요리토모도 적극적으로 찬성했다. 이에 28일에 호조 토키마사를 요시다 쓰네후사(吉田 経房)에게 보내,

"유키이에·요시쓰네가 행방을 감춘 이상 찾아내는 일은 좀처럼 쉬운 일이 아닐 것입니다. 그러하오니 허가를 얻어 겐지의 가신을 각지의 슈고와 장원의 지토로 임명하고, 키나이(畿内)·산인(山陰)·산요·난카이·사이카이 안의 26개 쿠니로부터 1단150)당 5되151)의 군량미를 거두었으면 합니다."라고 상주케 하였다.

조정에서도 여러 가지로 논의했으나 요리토모의 세력이 강성한 때이기도 하고 토키마사가 강력하게 청하기도 했기에 그 이튿날 허가가 떨어졌다. 이에 각지의 정치적 실권이 요리토모의 손안에 떨어지게 되었다.

---

148) 守護. 각 지방의 경비·치안을 담당했으나 후에 세력이 커져 영주화 되었다.
149) 地頭. 장원에서 조세징수·군역·수호를 맡던 관리.
150) [段] 토지 면적의 단위로 1단은 300평(991.74㎡).
151) 되는 부피의 단위로 1되는 약 1.8리터.

이처럼 중요한 개혁이 겨우 하루이틀 만에 결정되는 동안 요시쓰네는 7일, 텐노지에서 요시노의 산 속으로 들어가버렸다. 17일 밤에 요시노의 질이 좋지 않은 승려들이 법황의 명령에 따라서 산의 숲을 뒤지고 돌아다니다 산 속에서 시즈카고젠을 찾아냈기에 요시쓰네도 이 산 속에 있을 것이라 생각하고 여럿이서 다시 산과 골짜기를 구석구석 샅샅이 뒤졌다. 그러나 요시쓰네의 그림자조차 보이지 않았기에 사람들은 낙담하지 않을 수 없었다. 또한 쿄토에서 요시쓰네의 일행 가운데 한 명이 포박되었다며 떠들어대고 있는 동안 요시쓰네는 요시노에서 다시 눈을 헤치고 나아가 타후노미네(多武峯산)로 몸을 숨겼다. 다행히 그곳의 스님인 주지보(十字坊)가 그를 기꺼이 맞아주었으나 숨기에 썩 좋은 곳은 아니었기에 가신 8명의 보호를 받으며 다시 토쓰가와(十津川)로 향했다. 토쓰가와는 심산유곡으로 한동안 몸을 숨기기 좋은 곳이기 때문이었다.

한편 12월 6일에 요리토모는 쿄토에 기소쿠교(議奏公卿) 10명을 두었다. 그리고 종전에 요시쓰네에게 호의를 품고 있던 자를 벌해달라고 주청했다. 기소란 조정에서 주요한 사항을 상의하여 그 가부를 결정하는 역할이었다. 요리토모는 자신에게 호의를 품고 있는 공경을 뽑아 그 자리에 앉혔다. 그 결과 타카시나 야스쓰네를 비롯하여 수많은 관리가 요시쓰네를 도와 천하를 어지럽히려 한 악인이 되어 혹은 벼슬을 빼앗겼으며, 혹은 유배당하게 되었다. 그뿐만이 아니었다. 요리토모는 다시 요시쓰네의 가신은 물론 친교가 있던 자들까지 조사하여 그 교제의 깊이에 따라서 관위 있는 자는 그것을 빼앗고, 관위가 없어도 친하게 지내던 자는 그를 추방하여 쿄토에서 요시쓰네에게 마음을 준 자들을 일소하려 했다. 참으로 철저한 압박으로 냉혹하기 짝이 없는 일이었다. 이 모두가 요시쓰네의 재기를 막으려는 것이었으며, 강철과도 같은 통제의 뜻을 내보인 것이었다.

전략의 천재 겐쿠로 요시쓰네가 일단 세상의 표면에서 모습을 감춘 후의 변천은 참으로 커다란 것이었다. 이제 세상에서는 요리토모의 세력이 더욱 확대되어갈 뿐이었다. 요리토모의 세력 확대는 곧 카마쿠라 막부에 의한 무가정권이 구축되어가고 있다는 말에 다름 아니었다.

(9) 야스히라, 요시쓰네를 주살하다

일단 행방을 감춘 요시쓰네는 호랑이의 꼬리를 밟고 용의 수염을 건드린 듯한 심정으로 세상에서 몸을 숨긴 채 돌아다녔는데, 요시노에 있는가 싶으면 타후노미네에 있다는 소문이 들려오고, 그런가 싶으면 또 토쓰가와에 숨어 있다는 풍문도 있었으며, 나라에 있다는 말도 들려왔고, 소문이 소문을 낳아 그 종적은 마치 신출귀몰하는 것 같았다. 그러나 그 범위가 늘 킨키 지방을 벗어나지 않았던 것은 고시라카와 법황의 은총을 잊지 않았기 때문이고, 또 킨키 지방의 사원에 희망을 걸고 있었기 때문이기도 하리라. 따라서 요시노에서 시즈카를 비롯하여 사토 타다노부 등과 헤어졌을 때도 틀림없이 최종 목적지는 쿄토라며, 거기서 다시 만날 것을 약속했으리라.

요시노에서 붙잡힌 시즈카는 곧 쿄토로 보내졌다. 토키마사는 이야말로 좋은 포획물이라며 요시쓰네의 행방을 물었다. 그에 대한 대답은 다음과 같은 것이었다.

"다이모쓰 항구에서 커다란 바람을 만나 그날 밤은 텐노지에서 묵었는데 이요(지)노카미(요시쓰네)께서는 거기서 모습을 감추셨습니다. 그때 하루이틀은 여기에서 머물도록 하게, 그러면 사람을 보내서 불러오도록 하겠네, 그날이 지나도 사람이 오지 않으면 어디로든 가서 몸을 숨기게, 라고 말씀하셨습니다. 기다리고 있자니 저를 데리러 말이 왔기에 거기에 타자 요시노의 산으로 데리고 갔습니다.

거기서 5일 동안 머물다 서로 헤어진 채 그 후의 행방은 저도 모르겠습니다. 저는 그 후 산 속의 눈을 헤치고 간신히 자오도(蔵王 堂절)에 도착했는데 그곳의 승려에게 붙들려버리고 만 것입니다."

알듯 말듯 한 대답이었다. 아무리 노련한 토키마사라 할지라도 여기에는 애를 먹지 않을 수 없었다.

이처럼 곧 알 수 있을 것 같았던 요시쓰네의 행방을 전혀 알 수 없었을 뿐만 아니라 하루하루 소문이 바뀌었기에 그때마다 여기저기 뛰어다니던 무사들은 언제나 요시쓰네의 뒤만 쫓는 꼴이 되었으며, 완전히 지쳐버리고 말았다.

그러는 동안에도 요시쓰네는,

'어떻게 해서든 다시 한 번 쿄토로 들어가 고시라카와 법황에게 의지하지 않으면 안 된다. 또한 나라의 코후쿠지(절)와 히에이잔의 엔랴쿠지(절)에 의지하지 않으면 안 된다.'고 생각했다.

이에 엄중한 경계망을 뚫고 쿄토로 숨어들었다. 그리고 히에이잔의 법사와 동정을 품고 있는 조정의 신하들 사이에 숨어 있었는데, 그 사이에 요시쓰네에게는 소중한 사람인 이즈 사에몬(관)노조 아리쓰나가 전사하기도 하고 이세 사부로 요시모리(伊勢 三郎 義盛)가 죽기도 했기에 커다란 타격이 가해졌다.

그 후, 이치조 요시야스가 요시쓰네 밑에서 일하던 소년인 코킨마루(小金丸)를 붙들어다 심문을 하자,

"6월 20일 무렵까지는 틀림없이 히에이잔에 숨어 있었는데 그를 보호해주는 법사도 상당히 있었습니다."라고 자백했기에 요시야스가 크게 기뻐하며 당장 히에이잔에 문의를 해보니 히에이잔

의 대답은,

"이미 달아나서 지금은 없습니다."라는 것이었다. 그러나 그 후에도 아직 히에이잔에 있다는 소문이 무성했다.

또한 9월 20일에 호리 야타로 카게미쓰(堀 弥太郎 景光)를 붙들어 심문해보니,

"요시쓰네는 나라의 코후쿠지에 숨어 있습니다."라고 자백했다. 요시야스가 크게 기뻐하며 이번에야말로 놓치지 않겠다는 듯 병사 이삼백 기를 보내 코후쿠지를 포위한 채 구석구석 샅샅이 뒤지게 했으나 요시쓰네의 모습은 역시 보이지 않았다. 헛다리를 짚은 무사들은 맥없이 나라에서 물러났으나, 이 일로 인해서 요시야스가 코후쿠지 사람들의 격분을 샀기에 사건이 커지고 말았다. 코후쿠지는 옛날부터 무가에서 발을 들여놓지 않던 신성한 사원이었는데 요시야스가 병사를 보내 그 말발굽으로 유린한 것은 괘씸한 일이라 여겨졌기 때문이었다. 그 일로 화가 난 승려들이 카스가(春日) 신사의 의식에 출석하지 않았기에 의식이 행해지지 못했으며, 그 뜻을 법황에게 상주한 사건이 일어나고 말았다. 이는 쿄토와 나라에 요시쓰네에게 동정을 보내는 자들이 많다는 사실을 보여주는 것으로, 싸움에 임하면 적의 대군을 떨게 만들었던 대장군의 불우한 처지에 보내는 사람들의 눈물이라고 할 수 있을 것이다.

그러한 요시쓰네를 위해서 진력한 사람들은 단지 승려들뿐만이 아니었다. 조정에도 그러한 사람들이 있었다. 후지와라노 노리스에(藤原 範季)도 그런 사람 가운데 하나였는데 요리토모는 이 사실을 알자마자 조정에 말하여 노리스에의 관직을 박탈케 했다.

요시쓰네를 잡으라는 법황의 명령이 몇 번이고 내려졌다. 카마쿠라에서는 혈안이 되어 수색에 나섰다. 그러나 늘 뜬구름을 잡는 것 같아서 소문은 있으나 그림자조차 없는 곳만을 쫓아다니기에 바빴다. 요리토모는 심기가 불편해지고 말았다. 이에 마침내 조정에 대해서,

'지금까지와 같은 느슨한 방법으로는 도저히 요시쓰네를 추포할 수 없을 듯합니다. 그러니 2·3만의 병력을 보내 산과 절을 샅샅이 뒤지고 싶습니다. 그러나 그렇게 하면 천하가 소란스러워질 것입니다. 우선은 조정의 처분으로 요시쓰네를 잡을 방법이 있으시다면 들어보고 싶습니다.'라고 말했다.

이 상주문에는 조정도 크게 놀랐다. 이에 11월 8일, 법황의 전에서 대대적으로 평의가 열렸다. 그 결과 신불의 힘에 의지하는 수밖에 없다는 결론이 내려져 오단법[五壇法]이라는 기도를 행하기로 했다. 그리고 쿄토 안에서는 케비이시가 그를 찾기로 정했다. 그러나 신출귀몰하는 요시쓰네의 행방은 그래도 여전히 찾아낼 수가 없었다.

분지(文治) 2년(1186)도 그렇게 저물었다.

이처럼 요시쓰네는 킨키 지방에서 교묘하게 몸을 숨기고 있었는데 거기에는 살아남은 요시쓰네의 로도들이 요시쓰네를 얼마나 잘 섬겼는지를 헤아려보지 않으면 안 된다. 또한 요시쓰네를 비호한 사람들이 조정도 두려워하지 않고, 카마쿠라도 두려워하지 않고 요시쓰네를 위해서 얼마나 그 몸을 희생했는지를 살펴보지 않으면 안 된다. 나라 코후쿠지의 칸슈보 쇼코(勸修坊 聖弘)가 바로 그런

사람 가운데 한 명이었다. 쇼코는 앞서 요시야스가 보낸 병사들이 절을 포위했을 때는 이미 달아난 뒤였으나 훗날 사로잡혀 카마쿠라로 보내졌다. 그는 요리토모에게서,

"이요(지)노카미(요시쓰네)는 국가를 어지럽히려 하는 악인이오. 그가 달아나 행방을 감춘 이후로 각지의 산야에 이르기까지 수색하라는 법황의 명령이 수시로 내려졌소. 따라서 일본 국민은 모두 그에게서 등을 돌렸는데 스님만은 요시쓰네의 무운장구를 빌고 또 원조를 해주었다는 소문이오. 대체 무슨 일을 꾀하고 있는 건지, 명백히 밝혀주시오."라는 말을 들은 것에 대해,

"처음 이요노카미가 나리의 대리자로 헤이케 정벌에 나섰을 때, 전투에서의 승리를 위해 기도해달라고 간곡히 청하셨기에 그 무렵에는 열심히 기도를 올렸습니다. 이는 보국의 뜻이었습니다.

그 후, 이요노카미가 칸토에서 쫓겨나 도망을 다닐 때 기도를 올렸던 자를 의지하여 나라로 오셨기에 일단은 숨겨 추적을 면하게 한 뒤, 카마쿠라도노에게 사죄하라고 간언했으며 법사 한 명을 붙여 이가노쿠니[152]로 보낸 뒤부터는 그 소식을 전혀 듣지 못했습니다. 물론 소승은 이요노카미를 위해서 기도했으나, 결코 모반을 위해서 기도한 것은 아닙니다. 반역의 마음을 풀어드리려 간언했을 뿐입니다. 따라서 소승이 모반에 가담했다는 건 말도 되지 않는 소리입니다.

소승이 칸토 안전의 근본을 생각해보건대 이는 전부 이요 나리의

---

152) 伊賀国. 미에 현 서부. 가슈(賀州).

무훈에 의한 것 아니었습니까? 그런데 위에서 참람된 자의 말을 믿으시면 아래는 곧 봉공의 뜻을 잊고, 이유도 없이 은상으로 주셨던 땅을 거두시면 태만한 마음이 생기는 것은 인지상정 아니겠습니까? 즉시 지금의 노여움을 푸시고 이요 나리를 소환하시어 형제의 우애를 생각하시는 것이 나라를 다스리는 참된 양책이라 생각합니다. 이러한 말씀 모두 호간 나리의 편을 들기 위해서 드리는 것이 아닙니다. 오로지 천하와 국가의 태평을 위해서 드리는 말씀입니다."

과연 식견이 높은 승려의 말, 이를 들은 요리토모는 이치를 밝힌 말에 어떻게 대답해야 좋을지 몰라 한동안 침묵을 지켰다고 한다. 요시쓰네에게 동정을 보내는 자들 중에는 이런 사람도 있었다. 따라서 요리토모의 권력조차 이러한 인격의 힘을 정복할 수는 없었으며, 이는 곧 요시쓰네를 포박할 수 없다는 사실을 보여준 것이라 여겨진다.

아무리 그렇다 해도 조정과 카마쿠라에서 열심히 수색에 나섰기에 요시쓰네가 신변에 위협을 느낀 것은 어쩔 수 없는 일이었다. 이제 요시쓰네는 법황에게도 사원에도 의지할 수 없는 몸이 되어버리고 말았다. 이에 생각해낸 것이 오슈의 후지와라노 히데히라였다. 요시쓰네에게 있어서 히데히라는 잊을 수 없는 자비를 베풀어준 아버지와도 같은 사람이었다. 9년 전에 아쉬운 작별을 한 이후 아직 한 번도 그 따뜻한 모습을 보지 못한, 자애로운 아버지 같은 사람이었다. 단, 세상에서 몸을 숨겨야 하는 자에게는 곳곳이 적지,

그를 사로잡으라는 법황의 명령이 사원과 전국 각지에 내려진 상태였다. 그 경계선을 뚫고 가야 하니 그의 고심은 이만저만한 것이 아니었다. 그러나 그것 외에는 달리 방법이 없었다.

요시쓰네는 아내를 데리고 주위에 남은 로도인 무사시보 벤케이·카메이 로쿠로 등과 함께, 여자는 아이, 남자는 수행자의 모습으로 꾸며 오우미에서 에치젠으로 빠져나갔으며 거기서 오슈로 달아난 듯하다. 아타카(安宅)의 관문을 무사시보의 지혜로 무사히 통과한 이야기는 아직도 인구에 회자되고 있다.

요시쓰네가 히라이즈미(平泉)에 있는 히데히라의 집에 도착한 날짜는 전해지지 않는다. 아즈마카가미에는 분지 3년(1187) 2월 10일이라고 되어 있으나 정확한 날짜는 알 수 없다. 만약 그 사실이 분명히 알려졌다면 쿄토에서의 경계는 이미 느슨해졌을 것인데, 그 무렵 쿄토의 경계는 여전히 엄중했으며 각지의 신불에게 올리는 기원도 전과 다름없이 행해지고 있었다.

히라이즈미에 도착한 요시쓰네는 얼마나 마음이 놓였을지. 뿐만 아니라 요시쓰네를 맞아들인 히데히라도 얼마나 기뻐했는지 모른다. 그곳에 도착한 요시쓰네에게는 추손지(中尊寺절)의 종소리도 코로모가와(衣川강)의 물소리도 한없이 정겹고 한가롭게 들렸을 것이다. 더는 추격의 손길이 미치지 않는 별천지, 더구나 요시쓰네가 그곳에 있다는 사실조차 알려지지 않았을 때였으니 다이모쓰에서부터의 우수를 단번에 씻어낼 수 있었으리라.

그런데 안타깝게도 히데히라는 요시쓰네가 히라이즈미에 도착한 해의 10월 말에 세상을 떠나버리고 말았다. 죽음에 임해서

히데히라는 자식들에게,

"요시쓰네를 대장군으로 삼아 지휘를 받으라."는 유언을 남겼다. 야스히라(泰衡 히데히라의 아들) 등이 요리토모에 맞서 오우[153]를 지키려면 반드시 요시쓰네의 힘을 빌려야 한다고 생각했기 때문이었다.

해가 바뀌어 분지 4년(1188)의 봄이 되었다. 요시쓰네가 오우에 있다는 사실이 이때 비로소 명료해졌기에 코쿠시(지방의 장관)가 그 사실을 상주했다. 조정에서는 요시쓰네를 포박하라고 야스히라에게 명령했다. 그러나 야스히라는 오로지 사죄의 말만 했을 뿐, 그를 포박하지는 않았다. 이에 요리토모가 분노하여,

"반드시 요시쓰네를 포박하도록 하라. 그리하지 않으면 군대를 보낼지도 모른다."라는 명령을 내리라고 조정에 청하였다. 이에 야스히라는 아버지의 유언대로 요시쓰네를 대장군으로 삼아 요리토모와 일전을 치러야 할지, 아니면 요시쓰네를 살해하고 요리토모에게 사죄를 구해야 할지, 둘 중 하나를 선택해야 하는 처지에 놓이고 말았다. 어느 쪽을 선택해야 할지, 야스히라도 고민이 되었으리라. 그러다 마침내는 아버지의 유언을 어기고 요시쓰네를 살해할 결심을 하고 말았다.

돌아보건대 히데히라의 죽음으로 요시쓰네의 운도 다한 것이라 할 수 있다. 그 이후부터 누구랄 것도 없이 요시쓰네에 대한 야스히라 등의 변심을 이야기하는 자들이 있었다. 요시쓰네 역시 그러한

---

153) 奧羽. 무쓰노쿠니(陸奧国)와 데와노쿠니(出羽国)를 아울러 이르던 말.

말들을 흔쾌히 여기지는 않았으리라. 야스히라 등이 찾아와도 만나지 않는 일조차 있었다. 그러한 감정의 엇갈림이 마침내는 둘 사이에 메울 수 없는 골을 만들었다. 그러한 때에 요리토모로부터 편지가 왔다. 물론 요시쓰네를 얼른 살해하라는 내용이었다. 이때 야스히라 등은 마침내 요시쓰네를 버리고 요리토모를 취했다. 그래도 히데히라의 셋째 아들인 이즈미 사부로 타다히라(和泉三郎 忠衡)만은 아무래도 거기에 동의할 수 없었다. 둘째 아들인 니시키도 타로154)가 그를 설득하기 위해 온갖 말로 권했으나,

"요리토모 공에 대한 충절은 저희 주군(요시쓰네)에 대한 봉공이 되지 않습니다. 게다가 지금까지 몸을 의지하고 계신 주군에게서 등을 돌려 적이 되겠다니, 이 어찌 된 일입니까? 이는 일가의 더없는 치욕입니다."라고 강하게 반발했다.

"그럼 승낙하지 않겠다는 게냐?"

"저로서는 마음을 같이할 수 없습니다."

"그처럼 이치를 따져 말한다 해도 그건 도리에 합당한 말이 아니다."

"아니, 도리를 알기에 아버지의 유언을 어길 수 없는 것입니다."

"그렇다면 어째서 형의 말은 듣지 않는 것이냐."

"아버지의 유언을 어기라는 말씀, 그것이 형님의 말씀이라고는 여겨지지 않습니다."

이처럼 격론이 오갔지만 사부로는 아무래도 형들의 말에 동의할

---

154) 錦戶 太郞. 히데히라의 여섯째 아들로 알려져 있으나, 실존 여부는 불명.

수 없었다. 니시키도는 마침내 자리를 박차고 일어났다. 격분해서 떠나는 형의 뒷모습을 보며 사부로는 형제가 전쟁을 벌이지 않으면 안 될 불행을 마음속으로 슬퍼했다. 이에 아내를 불러 형들의 무분별함을 자세히 들려주고 그렇기에 형들을 적으로 삼아 일전을 치르게 되었다고 말했다. 그러자 여자이기는 했으나 아내도 도리를 알고 있었기에,

"그렇다면 지금 당장에라도 적군이 몰려올 수 있다는 말씀이십니까?"

"바로 그렇소. 그러나 나는 아버지의 유언을 지키려는 자, 여기서 한 걸음도 물러나지 않을 것이오. 당신은 어디든 상관없으니 몸을 숨기도록 하시오."

"그것은 참으로 지당하신 말씀이십니다. 마음만은 제아무리 용맹하다 할지라도 여자의 몸이기에 적이 밀려왔을 때 싸움에 방해가 되어서는 제 마음도 편치 않을 테니 저는 여기서 자결하도록 하겠습니다. 그 모습을 보시고 흔쾌히 싸우다 전사하시기 바랍니다."

"그거 참으로 기꺼운 각오, 싸움 뒤에는 나도 당신의 뒤를 따라갈 테니 그리 알고 자결하도록 하시오."

"알겠습니다."라며 마침 저물어가는 서쪽 하늘을 향해 합장한 뒤,

"아미타불, 거두어주시기 바랍니다."라고 기도하고 마침내 비수를 꺼내 가슴 부근을 찔렀다. 이를 본 사부로는 자신도 함께 따라가고 싶다는 생각에 숨이 끊어진 몸을 끌어안고 눈물을 흘렸다.

이때 멀리서 공격군의 것인 듯한 술렁임이 들려왔다.

"이즈미 사부로, 잘 들어라! 너는 순역[順逆]의 경계에서 방황하다 결국은 목숨을 내놓을 때가 되었다. 우리의 공격을 원망스럽게 생각지 말고 얌전히 배를 갈라 죽도록 하라."

마침내 형들이 보낸 군대가 왔기에 사부로는 갑옷으로 몸을 감싸고 커다란 칼을 찬 뒤 망루 위로 올라가 커다란 목소리로,

"주군을 중히 여기고 아버지께 효를 다하려는 내게 이러쿵저러쿵 떠들다니 가소롭구나."라고 외치자 흥분한 공격군의 병사들도,

"이러쿵저러쿵 말은 필요 없다. 얼른 목을 치자."라고 부르짖으며 공격을 시작했다. 이렇게 되자 사부로도 그냥 있을 수는 없었다.

"형제 사이의 전쟁을 바라는 건 아니지만 주군(요시쓰네)을 위해서는 아깝지 않은 목숨이다. 모두 나아가서 맞서라."라고 명령하자 이즈미의 병사들도 용감하게 나아가 맞섰다.

공격군의 병사는 충분한 준비를 하고 있었으며 용사들만 뽑아 똑바로 나아가게 했기에 이즈미의 군은 버텨낼 수가 없었다. 얼마간 밀리는 기색이 보였기에 사부로는 칼을 길게 빼들고 적 속으로 달려들어가 종횡무진으로 칼을 휘둘렀다. 그러나 중과부적, 안타깝게도 형세는 이즈미에게 불리해졌으며, 사부로도 수많은 부상을 입었기에 더는 버틸 수 없을 듯했다. 이에 갑옷을 벗어 거기에 던져놓고 평소 기도를 올리던 불당으로 달려 올라가,

"정토로 들어가게 해주십시오."라며 배를 갈라 목숨을 끊었다.

이는 분지 4년(1188) 11월 22일의 일이었는데 야스히라가 자신

에 대한 카마쿠라의 형세가 나날이 악화되어가는 것을 보고 요시쓰네에게 이심을 품은 결과였다. 이때부터 야스히라에게는 이미 아버지의 유언을 지키겠다는 마음이 없었던 것이다. 요시쓰네를 감싸면 자신의 집안이 멸망할 것이라 생각했으며, 또 요시쓰네를 죽여 상을 받겠다고 생각한 것이었다. 그러나 입술이 없으면 이가 시린 법, 그것은 결코 야스히라 자신을 위한 일이 아니었다.

 이러한 마음을 품은 야스히라는 분지 5년(1189) 윤4월 30일에 수백 명의 병사들을 이끌고 요시쓰네가 있는 코로모가와의 저택으로 가서 불시에 습격을 가했다. 요시쓰네가 제아무리 용맹하다 할지라도 너무나도 갑작스러운 일이었으며, 이제 운이 다했는지 칼이 부러지고 화살이 떨어졌기에 대세는 이미 결정되고 말았다. 그렇게 판단한 요시쓰네는 불당으로 들어가 우선 아내를 죽이고 자식을 찌른 뒤, 마지막으로 자신도 자결하고 말았다. 이때 요시쓰네는 31살이었다.

 그 목을 술에 담그고 검게 칠한 상자에 담아 카마쿠라로 보냈는데, 그것을 본 자와 그 소식을 들은 자 가운데 이 천재적 전략가의 덧없는 운명에 눈물을 흘리지 않은 자가 없었다.

제11장 오슈 정벌

원래 오슈는 일본에서 으뜸가는 금의 산지이자 명마로 유명했으며, 일본의 절반이라 불릴 만큼 커다란 지역이었다. 그랬기에 당시 야스히라는 17만 기의 대장이라 불릴 정도의 신분이었다. 그러나 그 오우 지방은 교통이 불편해서 거의 다른 나라처럼 여겨졌을 정도로 쿄토와의 관계는 깊지 않았다. 따라서 그곳으로 가려면 반드시 험한 길을 지나야 했기에 시간도 많이 걸렸다. 이러한 이유로 쿄토의 영향을 덜 받았으며 스스로 다른 세력을 유지하고 있었다.

　요시쓰네가 쿠라마에서 벗어나 히데히라에게 의지한 것도, 지금 다시 몸을 둘 곳이 없게 되자 이곳으로 돌아온 것도, 그보다 앞서 사사키 히데요시가 히데히라에게 의지하기 위해 도중까지 왔던 것도 전부 이러한 이유 때문이었다. 더구나 그 별천지의 후지와라 씨는 재력도 풍부하고 병사도 많았으니 당시에는 커다란 세력 가운데 하나였다. 그랬기에 예전에 헤이시는 법황에게 명령을 주청하여 뒤에서부터 요리토모를 치게 하려 했던 것이다. 그리고 지금은 요리토모가 이 커다란 세력을 깨부수어 자신의 세력하에 두려 하고 있는 것이었다.

요리토모는 요시쓰네가 후지와라 씨의 세력과 결탁하면 그것은 무시무시한 힘이 되리라는 사실을 알고 있었다. 그랬기에 요시쓰네가 살아 있을 때에는 야스히라로 하여금 요시쓰네의 목숨을 빼앗게 하려 했던 것이다. 그런데 지금은 그 요시쓰네가 제거되었기에 당장 야스히라를 퇴치하기로 결심하고 쿄토에 은밀히 상주했다. 하지만 요시쓰네가 주살당한 지금, 다시 야스히라 토벌을 서두를 필요는 없다며 좀처럼 허락을 해주지 않았다.

그러나 요리토모는 이미 정벌 준비를 착착 진행 중이었기에 6월 25일에 다시 토벌 명령을 내려달라고 쿄토에 청했다. 이 야스히라 퇴치에 대해서는 요리토모도 일을 매우 서둘러서, 그때 카마쿠라에는 이미 1천 기의 세력이 모여 있었을 뿐만 아니라, 오슈로 가는 길목에 있는 무사시와 시모쓰케의 무사들에게는 편리한 곳에서 합류하라고 명령을 내려놓은 상태였다.

또한 쓰루가오카 하치만의 방생회는 매년 8월 15일에 행해졌는데 그 해에만은 오슈 정벌에 나서야 한다며 7월 1일에 행했고, 그것은 전승을 위한 기도회가 되었다. 또한 평소 존숭하던 애염명왕 신상을 무사시의 히키고오리(比企郡)에 있는 지코우지(慈光寺절)로 보내 그것을 본존으로 삼아 전승을 위한 기도를 올리라고 벳토에게 명령하는 등 빈틈없이 준비를 진행해나갔다.

이처럼 카마쿠라에는 전쟁의 기운이 넘쳐나고 있었으나 법황의 명령이 떨어질 기색이 보이지 않았기에 어느 날 요리토모는 오오바 헤이타 카게요시를 불러,

"벌써 법황의 뜻을 물었건만 아직도 허락이 떨어지지 않았네.

허락이 떨어지지 않는 한 이처럼 군병들이 모여 있어도 출발을 할 수가 없네. 어찌하면 좋겠는가?"라고 상의했다. 카게요시는,

"그 일이라면 걱정하실 것 없습니다. 야스히라는 대대로 겐지의 가신이었으니 법황의 명령 없이 정벌해도 문제는 없을 것입니다. 특히 모여든 군병이 이처럼 무익하게 날을 보내면 오히려 만인의 근심거리가 됩니다. 한시라도 빨리 출발하는 것이 좋을 듯합니다."라고 대답했다. 그래도 요리토모는 여전히 출발시켜야겠다고는 생각지 않았다.

7월 8일이 되자 치바(지)노스케가 명령을 받아 제작한 백기를 헌상하기 위해서 왔다. 길이는 조상인 요리요시가 쓰던 깃발과 같아서 1장 2척(360㎝), 2폭이었는데 위에는 이세다이진구(伊勢大神宮)·하치만다이보사쓰(八幡大菩薩)라는 글씨가 커다랗게 적혀 있었고 아래에는 비둘기 2마리가 마주보고 있는 모습을 하얀 실로 수놓았다. 이는 지난 지쇼 4년(1180)에 쓰네타네가 대군을 이끌고 가담한 이후 일본 전국을 평정한 뒤 제작을 명령한 것으로 그 깃발의 천은 오야마 토모마사에게 헌상케 한 것이었다. 미우라 요시즈미에게 그 깃발을 쓰루가오카 하치만의 벳토에게로 가져가게 해서 7일 동안 기도를 올리게 했다.

시모코우베 유키히라에게는 갑옷을 새로 장만하라고 명령했는데 이도 완성이 되었다.

이처럼 준비는 착착 진행되고 있었다. 그러나 법황의 명령은 아직도 떨어지지 않았다. 이에 사자를 급히 보내서,

"앞서 추나곤 쓰네후사 경을 통해서 오슈의 야스히라 토벌에

관한 건을 청했습니다만, 필시 칙허가 있으리라 생각하여 바로 군세를 모아 기다리고 있습니다. 만약 칙허를 내리실 생각이시라면 이 사자에게 그 뜻을 전해주시기 바랍니다."라고 청했다.

그런데 그 사자가 쿄토에서 받아온 대답은,

"야스히라 정벌에 관해서는 셋쇼 이하의 사람들이 거듭 상주했으나, 이번에 다행히 요시쓰네를 처리했으니 굳이 토벌할 필요는 없을 듯합니다. 함부로 토벌군을 일으키면 천하가 소란스러워질 터이니 올해 이후로 미루는 것이 좋을 듯합니다."라는 것이었다. 이를 들은 요리토모는,

"참으로 답답한 일이로구나. 벌써 군세도 모였기에 그 비용도 만만치 않다. 더는 미룰 수 없다. 이렇게 된 이상 더는 어쩔 수 없으니 곧 출발하도록 하라."

그리고 그 이튿날인 17일 아침부터 회의를 시작하여 공격군을 세 갈래로 나누기로 했다.

토카이도로 내려갈 군세의 대장은 치바(지)노스케 쓰네타네와 핫타 우에몬(관)노조 토모이에(八田 右衛門尉 知家)로, 이와기(磐城)에서 아부쿠마가와(阿武隈川강)를 건너 본진에 합류하기로 했다.

호쿠리쿠도는 코즈케노쿠니의 높은 산지. 히키 요시카즈(比企能員)·우사미 사네마사가 대장이 되어 코바야시(小林)·타이코(大胡)·사누키(佐貫) 등의 무사들을 이끌고 에치고에서 데와노쿠니의 네즈가제키(念種関)로 나아가 전투를 벌이기로 했다.

요리토모가 본군을 이끌고 가기로 했으며 그 선진은 하타케야마

지로 시게타다로 정했다.

다음으로 전투에 대해서 상의를 했는데 제아무리 용맹한 무사라 할지라도 병력이 부족해서는 훌륭하게 싸울 수 없기에 그러한 용사에게는 따로 군세를 붙여주기로 하고, 카토 카게야스(加藤景康)와 카사이 키요시게(葛西 淸重)에게 무사시·코즈케 세력을 붙여주었다.

카마쿠라는 미요시 야스노부를 장관으로 미요시 야스키요(三善康淸)·후지와라노 쿠니미치·사사키 쓰네타카·오오바 카게요시 등에게 지키게 했다.

19일에 드디어 전군이 출발하게 되었다. 이때 카지와라 카게토키가,

"조 시로 나가모치는 맞설 자가 없는 용사입니다. 포로이기는 하나 이러한 때에는 데리고 가는 것도 괜찮을 듯합니다."라고 말하자 요리토모도,

"옳은 말이오."하고 승낙했기에 이러한 사실을 나가모치에게 말했다. 나가모치도 크게 기뻐하며 바로 승낙했기에 함께 출발하게 되었다. 그러나 포로였기에 겐지의 깃발은 쓰지 않고 자신의 깃발을 쓰기로 했다. 나가모치는 매우 만족스럽다는 듯,

"이 깃발을 보면 앞서 달아났던 로도들도 전부 모여들 것이오."라고 말했다.

이 조 시로 나가모치의 집안은 대대로 에치고의 호족이었다. 키소 요시나카가 시나노에서 일어났던 지쇼 4년(1180)에 그와 싸워 대패했기에 간신히 목숨만 건져 에치고로 달아났었는데,

요시나카가 맹렬히 공격을 가하자 이번에는 아이즈(会津)를 향해 달아났었다. 헤이케가 멸망한 뒤 요리토모는 나가모치를 생포케 했으며, 한동안 카지와라 카게토키에게 맡겨두었었다. 그런데 이번에 요리토모가 오슈로 향하게 된 것을 계기로 카게토키는 나가모치에게도 기회를 주고 싶었기에 요리토모와 상의한 것이었다.

요리토모 군이 출발한 순서는 선진에 하타케야마 시게타다가 섰는데 인부 80명에게 화살과 쟁기·곡괭이를 들고 앞장서게 했으며, 그 다음으로는 말 3필을 끌고 가게 했고, 다음이 시게타다, 뒤이어 가신 5기를 따르게 했다.

그 다음이 요리토모였다. 요리토모를 따르는 무사로는 미카와(지)노카미 노리요리를 비롯하여 1기당 1천 명의 병사를 거느리고 약 1천 기. 25일에 시모쓰케노쿠니의 코타하시(古多橋) 역마을에 도착했다. 우선 우쓰노미야 묘진(宇都宮 明神)께 참배하고 이번 싸움에서의 승리를 기원했다. 이때 오야마 마사미쓰 뉴도(小山 政光 入道)가 합류하여 식사를 대접했다. 요리토모가 식사를 할 때 감색 옷을 입은 무사가 시중을 들었다. 이를 본 마사미쓰가,

"이분은 누구십니까?"라고 묻자 요리토모가,

"이 사람은 일본에 맞설 자가 없는 용사, 쿠마가이 코지로 나오이에(熊谷 小次郎 直家)일세."

"그것 참 과장된 말씀이십니다. 어찌하여 일본에 맞설 자가 없다고 말씀하십니까?"

"지난번 헤이케를 토벌할 때, 이치노타니 이후의 전투에서 쿠마가이 부자가 목숨을 아끼지 않고 싸운 일이 종종 있었기 때문일세."

이를 들은 마사미쓰가 껄껄 웃으며,

"주군을 위해서 목숨을 버리는 것은 용사의 기본 소양이지 나오이에 나리에게만 한정된 것은 아닙니다. 나오이에 나리는 심복이라 할 만한 로도를 가지고 계시지 않기에 스스로의 손으로 싸워 자신의 이름을 떨친 것인 듯합니다. 저는 그저 로도를 지도하여 충성을 독려하기만 하면 됐기에 이름을 떨치기 어려웠던 것입니다."

이렇게 말하고 자신의 아들인 토모마사·무네마사(宗政)·토모미쓰(朝光)를 돌아보며,

"얘들아, 이번 싸움에서는 로도를 앞세우지 말고 우리들이 직접 싸워 천하무쌍이라는 이름을 얻도록 하자."라고 말했다. 요리토모도 이를 듣고,

"오호, 그거 재미있겠군."이라며 웃었다.

선진을 다투어 공명을 쌓으려는 토고쿠 무사의 면모를 잘 알 수 있는 장면이다.

이튿날 출발하자 사타케 시로(佐竹 四郞)가 히타치노쿠니에서 나와 합류했다. 무늬가 없는 백기를 세우고 있었기에 요리토모는 겐지의 백기와 같은 것을 책망하고 이것을 붙여 구별할 수 있도록 하라며 부채 하나를 주었다. 사타케 시로는 황공해하며 당장 자신의 깃대 위에 그것을 묶었다. 사타케의 깃발에 부채가 묶여 있는 것은 이러한 연유에서다.

오슈가 가까워졌기에 군세의 숫자를 헤아려보았다. 가신들 모두가 자기 병사들의 숫자를 적어 제출했다. 그 가운데 조 시로의 로도가 2백여 명이나 되었다. 요리토모가 놀라서,

"지금까지 포로였던 나가모치가 그와 같은 숫자를 데리고 있다니 놀랍구나."라고 말했더니,

"나가모치의 로도는 원래 수백 명이나 되었으나 일단 포로가 되었기에 모두 뿔뿔이 흩어졌었습니다. 그런데 지금 사죄를 받아 전투에 참여하게 되었다는 소식을 들었기에 그들이 모여든 것입니다. 특히 이 부근은 그의 영지와 가까운 곳이기에 더 많은 자들이 몰려온 것입니다."라고 카게토키가 자랑스럽다는 듯 말하자 요리토모도 크게 만족스러운 듯한 모습을 보였다.

이튿날인 29일, 전군이 시라카와 관문을 넘었다. 요리토모는 우선 그곳의 신사를 참배하고, 참배를 마친 뒤 주위의 풍광을 바라보다 카지와라 겐타 카게토키를 불러,

"어떤가 겐타, 이곳은 이름 높은 시라카와의 관문일세. 초가을에 와서 보니 노인[155] 법사가 떠오르는군. 한 수 읊어보겠는가?"라고 말하자 카게토키는 말을 쓰다듬은 뒤,

〈가을바람에 초목의 이슬을 털고

주군이 넘으시면 관문의 문지기도 없네〉라고 읊었다.

8월 7일, 무쓰노쿠니 다테고오리의 아쓰카시야마(阿津賀志山) 부근에 있는 쿠니미(国見) 역마을에 도착했다.

요리토모 군은 이처럼 순조롭게 행군해 나갔고, 한편 후지와라 야스히라 쪽에서는 요리토모가 온다는 소식을 듣고는 아쓰카시야

---

155) 能因(988~1050). 헤이안 중기의 승려·가인. 시라카와의 관문에 관해서 읊은 자신의 시가 마음에 들었으나 그곳을 여행한 적이 없었기에 그곳으로 여행을 떠났다는 소문을 흘리고 자신은 집에 숨어서 여행자처럼 살을 태웠다고 한다.

마에 성을 쌓아 요해지를 굳건히 했으며, 이 산과 쿠니미야마 사이에 너비 5길(15m)쯤의 해자를 판 뒤 아부쿠마가와(江)의 물을 끌어와 야스히라의 이복형인 쿠니히라를 대장으로 하여 그곳을 지키게 했다. 총 병력은 2만여, 부근 30리 안팎이 병사들로 가득했다. 또한 야스히라는 코쿠부가하라(国分ヶ原)의 무치타테(鞭楯)에 진을 치고 수천의 용사들을 배치하여 요소요소를 지키게 했다.

요리토모 쪽에서는 8일 새벽에 선진이 공격을 시작하기로 했다. 하타케야마 시게타다가 80명의 인부를 지휘하여 산을 깎고 그 흙을 옮겨 해자를 메우게 하여 인마가 지날 수 있도록 했다. 그리고 콘고벳토 히데쓰나(金剛別当 秀綱)가 수천 기의 병사로 지키고 있는 아쓰카시야마 앞의 진으로 공격해 들어가 함성을 지르며 활을 쏘았다. 히데쓰나도 한동안은 방어했으나 밀려드는 대군에 더는 버티지 못하고 마침내 정문을 통해 성으로 돌아가 대장 쿠니히라와 함께 계략을 펼치기로 했다. 한편 이시고오리(石郡)의 언덕 위에 진을 친 사토 쇼지(佐藤 莊司)는 해자를 두르고 물을 채워 굳게 지켰으나, 이곳도 선진을 다투는 겐지 병사들의 공격을 받아 쇼지 이하 18명의 주요한 부하 모두가 전사하고 말았다. 이에 요리토모 군은 이튿날 밤을 기하여 아쓰카시야마를 넘어 전투를 치르기로 했다.

이렇게 되자 선진을 다투는 칸토 무사는 그대로 얌전히 있을 수 없게 되었다. 미우라 요시무라(三浦 義村) 등 7명이 상의 끝에 오늘 밤 은밀히 산을 넘어 누구보다 먼저 앞장서자며 그대로 출발했다. 이 7기는 밤새 산을 넘었다. 그리고 성 앞으로 달려가 저마다 커다란 목소리로 자신의 이름을 밝혔다. 불의의 습격을 받은 쿠니히라 군은 얼마간 당황했으나 그들 역시 오우의 무사, 앞다투어 달려나가 그들을 상대했다. 여기저기서 엉겨붙어 싸우기 시작했는데 한동안은 승패를 가늠할 수 없었으나 역시 쿠니히라 군에서 다수의 사상자가 나왔다.

10일 아침, 요리토모는 아쓰카시야마를 넘어 쿠니히라의 성으로 향했다. 대장의 깃발이 가까이로 다가오자 성 안의 병사들도 밖으로 나가 거기에 맞섰다. 성의 지세도 그렇고 군의 규율도 그렇고 쉽게 깨부술 수 있을 것 같지 않았다. 부르짖는 목소리, 화살 나는 소리에 산야가 흔들리고 향촌이 떨 정도로 무시무시한 광경이 펼쳐졌으나 칸토 군의 기민함은 놀라운 것이어서 정문 위쪽, 쿠니히라 진의 뒤편에 있는 산을 넘어 불시에 함성을 지르며 활을 쏘았기에 성 안은 크게 당황했으며 쿠니히라 이하 병사들은 뿔뿔이 달아나고 말았다.

이처럼 싸움에 패하여 너나 할 것 없이 걸음아 나 살려라 달아나는 중에도 홀로 씩씩하게 남아 방어전을 펼치는 무사가 있었다. 아침안개 깊은 가운데서 싸우는 늠름한 모습, 얼굴을 보니 소년이었기에 이름을 물었으나 이름은 밝히지 않았다. 전장이었기에 곧 목숨을 잃고 말았으나 그는 콘고벳토의 아들 타로 히데카타(太郎 秀方)로 13세의 소년이었다. 힘이 장사였기에 언제나 어른만큼의 활약을 하던 자였다. 이 싸움에서 콘고벳토도 오야마 토모미쓰에게 목숨을 잃고 말았다.

요리토모는 달아나는 쿠니히라를 추격했다. 군사 가운데 하나인 와다 코타로 요시모리가 앞장서서 달려나가자니 붉은 갑옷에 흑마를 탄 무사의 모습이 보였다. 요시모리가 뒤따라가서,

"그곳의 무사, 나의 칼을 받아라."라고 외쳤는데 그가 바로 쿠니히라였다. 쿠니히라의 말은 오슈에서도 비할 데가 없는 준마였으나 요시모리가 쏜 화살에 놀란 것인지, 혹은 시게타다의 대군에 놀란 것인지 논 속으로 뛰어들어가 아무리 채찍을 휘둘러도 움직이지 못했기에 쿠니히라도 결국은 목이 떨어지고 말았다.

그 사이에 야스히라는 멀리로 달아나버리고 말았다.

이번 싸움과 관련하여 칸토 무사에 대해서 알 수 있는 재미있는 일화가 전해진다. 쿠니히라의 목을 벤 것은 하타케야마 시게타다 군 소속의 오오쿠시 지로(大串 次郎)였기에 쿠니히라의 목을 시게타다가 요리토모에게 바쳤다. 요리토모가 그 목을 보고 크게 기뻐하고 있자니 와다 요시모리가 앞으로 나서며,

"그 쿠니히라는 저의 화살에 맞아 목숨을 잃은 것이니 공은 제게 있지 시게타다에게 있지 않습니다."라고 말했다. 그러자 이를 들은 시게타다가 웃으며,

"요시모리 나리는 참으로 그럴듯한 말씀을 하십니다. 그렇다면 그 증거는 어디에 있습니까? 제가 이 목을 가져왔다는 것이 가장 커다란 증거 아닐지요?"

"물론 목을 가져온 것은 틀림없이 나리이십니다. 그러나 누가 뭐래도 쿠니히라는 제가 쏜 화살에 맞아 목숨을 잃었습니다. 그때의 갑옷을 살펴보시기 바랍니다. 그 화살자국이 무엇보다 커다란 증거입니다."라고 격론이 시작되었다. 이에 그 갑옷을 가져다 살펴

보니 아니나 다를까 화살자국이 끌로 구멍을 뚫어놓은 것처럼 남아 있었다. 이에 요리토모가 시게타다에게 화살을 쏘았는지 묻자 시게타다는,

"저는 화살을 쏘지는 않았습니다."라고 대답했다. 그러자 요리토모는 누구의 편도 들지 않고 그대로 입을 다물어버리고 말았다.

화살자국이 뚜렷하게 남아 있으니 시게타다가 화살을 쏘지 않았다면 그것은 요시모리의 화살임에 틀림없을 터였다. 그러나 시게타다는 결백한 성격을 가진 무사였기에 그 역시 거짓을 고할 리는 없었다. 따라서 누가 옳다고도 말할 수 없었다. 요시모리가 쏜 화살이 쿠니히라에게 맞았으나 커다란 부상을 입히지 못했으며, 그런 그의 목을 시게타다의 부하인 오오쿠시 지로가 친 것일지도 몰랐기에 입을 다물어버리고 만 것이었다.

선진을 다투고 공명을 겨루는 칸토 무사들의 모습을 이러한 일화 속에서도 생생히 엿볼 수 있다.

8일부터 시작된 싸움에서 야스히라 군은 산산이 패했으며 대장 야스히라는 간신히 목숨을 건져 이와이군(岩井郡)의 히라이즈미로 달아났다. 카마쿠라 군은 대장을 잡기 위해 비바람을 뚫고 그 뒤를 쫓았다. 20일이 되자 요리토모는 서장 하나를 선진에 있는 무사에게 보내어,

〈적을 쫓아 쓰쿠게하시(津久毛橋)까지 갔는데도 적이 그 땅을 떠나 히라이즈미로 들어갔다면 필시 성을 쌓아놓고 세력을 모아 일전을 치르려 할 터이니 후진이 오기를 기다렸다가 나가야 할 것이오. 2만 기의 군졸을 모아 기세등등하게 나아가지 않으면

안 될 것이오.〉라고 주도면밀하게 주의를 주었다.

21일에는 커다란 비가 내렸으나 카마쿠라 군은 이 기회를 놓치지 않고 돌격해 들어갔다.

야스히라 군이 쿠리하라(栗原)와 그 외의 요해지에 버티고 서서 방어전을 펼쳤으나 승세를 탄 카마쿠라 군을 막아낼 수는 없었다. 대부분이 전사하거나 생포되고 말았다.

대장 야스히라는 히라이즈미에 있는 자신의 저택으로까지 달아났는데, 패군의 장수에게는 거기에 머물며 적을 막겠다는 용기조차 없었기에 그곳을 그대로 지나쳤으며 사람을 보내서 보물창고에 불을 지르게 했다. 살구나무 들보, 계수나무 기둥, 훌륭한 건물도 전부 불에 타 할아버지 대부터 3대를 이어오던 옛 모습도 삽시간에 연기가 되어버리고 말았다.

실로 인재가 없으면 영화도 연기가 되어 사라지며, 덧없이 사라진 꿈이란, 이를 두고 하는 말이 아닐까?

뒤를 쫓던 카마쿠라의 대군이 비를 뚫고 와서 보니 야스히라도 없고 저택도 없었다. 우선은 불타고 남은 자리에 진을 쳤는데 장병 모두 감회에 젖지 않을 수 없었다.

둘러보니 불에 타지 않고 남아 있는 창고 한 동이 있었다. 요리토모가 사람을 보내서 살펴보게 하니 침목·자단을 비롯하여 여러 가지 당목으로 만든 궤짝이 몇 개고 있었다. 또한 우옥156)·코뿔소의 뿔·상아로 만든 피리·무소의 뿔, 감색 유리로 만든 홀[笏]·황금

---

156) 牛玉. 소의 머리나 배에 생긴다는 구슬 모양의 덩어리.

구두·옥으로 만든 깃발·황금 화만[華鬘] 등 온갖 진기한 보물들이 헤아릴 수도 없이 소장되어 있었다. 하나같이 후지와라 씨의 전성기를 떠올리게 하는 물건들뿐이었다.

이튿날, 우선은 전령을 보내 전투 상황을 쿄토에 보고케 했다. 물론 히라이즈미에 도착했으며, 야스히라를 토벌하겠다는 내용이었다.

들려오는 소문에 의하면 야스히라는 깊은 산 속에 숨어 있다는 것이었다. 25일까지 병사들을 사방으로 보내서 찾게 했으나 아무래도 찾아낼 수가 없었다. 그러던 26일 새벽에 한 하인풍의 사내가 요리토모의 진 가까이까지 와서 편지 한 통을 던지고 달아났다. 그 내용을 보니,

〈아버지이신 뉴도께서는 이요 나리(요시쓰네)를 도우라 하셨습니다. 아버지가 돌아가신 뒤에는 나리의 명령을 받아 이요 나리를 주살하였습니다. 이는 저의 훈공입니다. 그런데 아무런 죄도 없는 저를 지금 정벌하시다니 이 어찌 된 일입니까? 지금 누대의 거처에서 떠나 산림 속에 계시는 것은 불편한 일 아니십니까? 2개 지방이 정벌을 당한 지금, 야스히라는 용서를 얻어 가신이 되려 합니다. 그도 아니라면 죽음만은 면하게 해주시어 먼 곳으로 유배보내주시기 바랍니다. 만약 인정을 베푸실 요량이시라면 이 근방에 답장을 놓아두시기 바랍니다. 그 대답에 따라서 곧 항복하도록 하겠습니다.〉

겉에는 '진상 카마쿠라도노 야스히라 올림'이라고 적혀 있었다.

이에 대해서 평의가 열렸는데 의견이 분분했다. 답장을 써서

근방에 놓아두었다가 그것을 주우러 온 자를 사로잡아 야스히라가 어디에 있는지 자백하게 만들자는 자도 있었고, 그럴 필요도 없는 것이 이 근방에 답장을 놓아두라 했으니 야스히라도 틀림없이 이 근방에 있을 것이라고 말하는 자도 있었다. 이렇게 해서 우선은 근방을 찾아보기로 했다.

9월 2일, 요리토모는 히라이즈미를 떠나 쿠리야가와(厨川) 부근까지 진군했다. 그 부근은 선조가 전후 12년 동안이나 싸웠던 곳, 또한 쿠리야가와 성채는 사다토우에게 승리를 거둔 곳157), 야스히라도 이 부근에서 사로잡을 수 있지 않을까 여겨졌다.

사면으로 적을 맞은 야스히라는 한시라도 목숨을 이어가기 위해서 쥐처럼 에조지마(夷狄島홋카이도)로 달아나려 했으나 그 도중에 로도인 카와다 지로(河田 次郎)라는 자에게 시해당하고 말았다. 그는 당시 35세였다.

6일이 되자 카와다 지로가 주군의 목을 가지고 겐지의 진으로 찾아왔고, 카지와라의 손을 거쳐 헌상되었다. 요리토모는 이를 요시모리와 시게타다에게 살펴보게 한 뒤 포로로 잡힌 아카다 지로(赤田 次郎)에게도 보여 틀림없이 야스히라의 목이라는 사실을 확인케 했다.

요리토모는 카게토키로 하여금 카와다 지로에게 이렇게 말하게 했다.

---

157) 미나모토노 요리요시와 그의 아들인 요시이에가 승리를 거둔 젠쿠넨노에키(前九年の役) 및 고센넨노에키(後三年の役)를 아울러 12년. 쿠리야가와는 적이었던 아베 사다토우를 물리친 곳. 겐지는 이 전투로 칸토에서의 기반을 확고히 다졌다.

"너의 이번 행동은 공명인 듯 보이나 결코 그렇지가 않다. 우리가 야스히라를 사로잡는 일은 독 안에 든 쥐를 잡는 것이나 다를 바 없는 일이었다. 너의 힘을 빌릴 필요는 어디에도 없었다. 그런데도 너는 대대로 입어온 은혜조차 잊고 주군의 목을 쳤으니 그 죄는 결코 면할 수 없을 것이다. 상은커녕, 후대의 본보기로 삼기 위해 죄를 묻기로 하겠다."

이렇게 꾸짖고 오야마 토모미쓰에게 맡겼다가 잠시 후 참수형에 처했다.

그 이튿날 우사미 사네마사가 야스히라의 로도인 유리 하치로(由理 八郎)를 사로잡아 데리고 왔다. 그런데 아마노 노리카게(天野則景)가 유리를 생포한 것은 자신이라며 나섰기에 이번에도 다시 논쟁이 시작되었다. 요리토모는 카즈에(관)노카미 유키마사(主計頭 行政)에게 명령하여 사네마사와 노리카게가 탔던 말의 색과 갑옷의 색을 적어놓게 한 뒤, 카게토키로 하여금 유리를 심문하게 했다. 카게토키가 유리를 끌어내서,

"그대는 야스히라의 로도 가운데서도 용맹한 자라 들었으니 결코 거짓은 하지 않으리라 여겨지오. 대체 어떤 색 갑옷을 입은 자에게 생포당한 게요. 있는 그대로를 말해보시오."

하얀 옷에 자줏빛 끈이 달린 관을 쓴 사내가 무례한 투로 물었기에 유리는 발끈해서,

"그렇게 말하는 너는 효에(관)노스케 나리의 가신이냐? 주제도 모르고 떠들다니, 원래 야스히라 공은 히데사토(秀郷) 장군의 적류로 위로 3대는 친주후쇼군(鎮守府将軍)이라 불렸던 몸이다.

그렇다면 너희 주인이라 할지라도 그렇게는 말하지 못할 것이다. 너와 나 사이에 위계의 높고 낮음은 없을 것이다. 용사에게 무운이 다하여 포로가 되는 것은 늘상 있는 일. 카마쿠라도노의 가신으로 참으로 기괴한 말을 하는구나. 이래서는 대답을 할 수가 없다."

카게토키가 얼굴이 새빨개진 채 요리토모 앞으로 가서,

"그놈은 악담만 퍼부었을 뿐, 아무런 대답도 하지 않았습니다." 라고 고했다. 요리토모는 차분하게,

"화가 난 모양이로구나. 시게타다 없느냐?"라며 시게타다를 대신해서 보냈다. 시게타다는 모피 깔개를 깔고 유리를 앉힌 뒤,

"유리 나리이십니까? 무기를 쥔 자가 적의 포로가 되는 것은 중국에서나 일본에서나 마찬가지로 결코 수치스러운 일이 아닙니다. 요리토모 나리도 요시토모 나리께서 횡사하신 뒤 일단은 포로가 되어 순순히 헤이케의 집에 머무시다 결국은 이즈로 유배까지 가셨습니다. 그러나 무운이 다하지 않았기에 지금은 천하를 쥐게 되셨습니다. 귀하께서도 그처럼, 지금은 포로가 되셨으나 언제까지고 이대로 계시지는 않을 것입니다. 이 오우에서 귀하의 성함은 매우 높으신 것이기에 용사들이 공명을 세우고 싶다는 생각에서 저마다 자신이 귀하를 사로잡았다고 다투고 있습니다. 하여 갑옷의 색, 말의 색을 여쭈어 그 진상을 파악하라는 명령이 있으셨습니다. 어떤 색 갑옷을 입은 자에게 사로잡히셨는지, 분명히 들려주셨으면 합니다."라고 매우 정중하게 청했기에 유리도 이번에는 입을 열어,

"귀하는 하타케야마 나리이십니까? 이처럼 정중하게 대해주시니 말씀드리도록 하겠습니다. 검은색 갑옷을 입고 누런색 말에

사로잡힌 유리 하치로

탄 무사가 가장 먼저 저를 붙들어 말에서 끌어내렸습니다. 그 뒤로 몇 명인가가 달려왔으나 그 색은 기억하고 있지 못합니다."라고 대답했다. 이에 사네마사가 유리를 사로잡았다는 사실이 밝혀졌다. 이 사내에 대한 이야기를 들은 요리토모는,

"참으로 강용한 자인 듯하구나. 묻고 싶은 것도 있으니 이리로 데려오도록 하라."라고 명령했다. 시게타다가 유리를 데리고 요리토모 앞으로 갔다. 요리토모는 둘 사이의 막을 거두게 하고,

"그대의 주인인 야스히라는 2개 쿠니 사이에서 세력을 떨치고 있기에 토벌이 쉽지 않으리라 각오하고 왔는데 이렇다 할 로도가 없는 탓인지 카와다 지로 한 사람에게 간단히 목숨을 잃고 말았소. 2개 쿠니를 영유하고 있으며 17만 기의 대장인데 20일 만에 멸망하다니 참으로 무기력한 야스히라였소."

"말씀 그대로였습니다. 의지할 만한 로도도 얼마간은 있었으나

젊은 자들은 곳곳의 요해지로 가서 농성했으며, 노인들은 보행이 자유롭지 못해 길을 가다 자결했고, 저처럼 우둔한 자들은 사로잡힌 몸이 되어 마지막까지 모실 수가 없었습니다. 하지만 사마(관)노카미 나리(요시토모)께서는 카이도 15개 쿠니를 영유하고 계셨으나 헤이지의 난에서는 하루도 버티지 못하고 달아나는 몸이 되셨으며, 수만 기의 주인이셨으면서도 오사다 한 사람에 의해서 간단히 주살당하지 않으셨습니까? 물론 시대의 차이는 있으나 서로 크게 다를 바 없는 일이라 여겨집니다. 주군 야스히라의 영지는 겨우 2개 쿠니였는데 그것으로 수십 일을 싸웠으니 불찰이었다고는 말할 수 없을 듯합니다."라고 날카롭게 말했기에 요리토모도 달리 할 말을 찾지 못하고 그대로 둘 사이의 막을 내리게 한 뒤,

"유리는 시게타다에게 맡길 테니 정중히 대하도록 하라."

* * * *

27일에 요리토모는 코로모가와사쿠(衣河柵)의 아베 요리토키와 관련된 유적을 둘러보았다. 수십 정에 달하던 저택지에는 가을 풀만 무성할 뿐, 당시의 모습은 이미 이끼 속에 묻혀버리고 말았다. 선조들의 일을 생각하고, 동생의 일을 생각하면 요리토모도 여러 가지로 솟아오르는 감회를 억누르지 못했으리라.

이후 그곳을 출발한 요리토모는 10월 24일에 카마쿠라로 돌아왔다. 아베 씨 이후 100여 년, 키요히라(淸衡) 이후 100년에 이르렀던 오우 지방의 독립도 완전히 무너져 일본의 절반이라 불리던 널따란

지방도 카마쿠라를 따르게 되었다.

   요리토모는 이렇게 해서 일본 전국을 자신의 위광에 복종케 하기에 이르렀다.

제12장 세이이타이쇼군 미나모토노 요리토모

(1) 요리토모의 쿄토 입성 ①

 켄큐(建久) 원년(1190) 9월 15일, 요리토모가 다음 달에 쿄토로 들어간다고 했기에 그 준비에 대한 회의가 카마쿠라에서 열렸다. 그해에는 전국에 홍수와 가뭄이 들어 민심이 안정되지 못했기에 쿄토로 들어가는 것도 연기되는 게 아닐까 싶었으나 이번 쿄토행은 이전부터 고시라카와 상황에게 상주한 일이니 이제 와서 뒤로 미룰 수 없다며 예정대로 행해지게 되었다.

 10월 3일, 마침내 카마쿠라를 출발하게 되었다. 수행할 무사들이 남쪽 정원에 하나둘 모여들기 시작했고 마침내 출발 시각이 다가왔다. 그런데 어떻게 된 일인지 히타치노쿠니의 핫타 토모이에만은 아직 모습을 드러내지 않았다. 그를 기다리느라 시간도 점점 흘러가 버리고 있었다. 요리토모의 얼굴에는 벌써 불쾌한 기색이 드러나 있었다.

 정오 무렵이 되어서야 토모이에도 마침내 그곳에 도착했다. 토모이에도 매우 급했던지 무카바키[158]도 벗지 않은 채 남쪽의

---

158) 行縢. 여행이나 사냥 때 발을 감싸기 위해 만든 가죽옷.

정원을 지나 신을 벗는 곳까지 와서 무카바키를 벗고 곧장 요리토모 앞으로 가서 무릎을 꿇고 앉았다. 그러자 기다리고 있던 차였기에 요리토모가 먼저 입을 열었다.

"토모이에, 그대에게 명할 것이 있어서 출발도 미룬 채 기다리고 있었는데 무슨 일로 늦은 겐가? 게으름을 피운 것 아닌가?"

"아니, 그건 아닙니다. 얼마 전부터 병을 얻어서."라고 변명한 뒤,

"선진과 후진은 누구에게 맡기셨습니까? 그리고 어떤 말을 타고 가실 생각이십니까?"라고 묻자,

"선진은 하타케야마 시게타다가 맡기로 했네. 후진을 누구에게 맡겨야 좋을지 생각하고 있던 차일세. 말은 카게토키의 쿠로자메(黑鮫)를 타고 가기로 했네."

"선진은 잘 정하신 듯합니다. 후진은 노련한 쓰네타네에게 명하시는 것이 어떨까 합니다. 다음으로 말에 대해서 말씀드리자면, 쿠로자메도 좋은 말이기는 하나 갑옷의 색과 어울리지 않을 듯합니다. 비록 초라한 말이기는 하나 제가 한 필 끌고 왔으니 타보시는 것이 어떨까 합니다."라고 말한 뒤 말을 내어오게 하여 보여주었다. 검은빛의 키가 큰 말이었는데 요리토모도 크게 마음에 들었기에,

"참으로 좋은 말이로구나. 하지만 이 말은 쿄토로 들어가는 날 타기로 하고 길을 갈 때는 역시 쿠로자메를 타기로 하겠네."

그리고 쓰네타네를 그 자리로 불러 로쿠로 타네요리·헤이지 쓰네히데(平次 常秀)를 데리고 후진을 맡으라 명하고, 시간이 지체되었다며 바로 출발했다.

겨울 해는 쉽게 저물기에 그날은 사가미노쿠니의 후즈(府津)에서 묵었다. 행렬이 길게 이어져 후진은 아직 카마쿠라를 떠나지 못했을 정도였다.

25일에는 오와리노쿠니로 들어갔으며 그곳 가신의 안내를 받아 아버지 요시토모의 무덤을 찾았다. 이미 황폐해져 있으리라 생각했으나 뜻밖에 절도 훌륭하게 서 있었으며 승려들도 나란히 앉아 독경을 하고 있었다. 요리토모가 이상히 여겨 물어보니 예전의 호간이었던 타이라노 야스요리 뉴도(平 康賴 入道)가 이 쿠니의 슈고로 있을 때, 요시토모의 덧없는 최후를 슬퍼하여 건물을 세우고 논 30정을 기부하여 명복을 빌게 한 일이 있었다는 것이었다. 물론 요리토모도 그 사실은 알고 있어서 예전에 그 공로에 대한 보답으로 마을 하나를 내린 적이 있었지만, 그래도 상당히 오래 전의 일이었기에 지금은 염불 소리조차 끊겼을 것이라 생각하여 쿄토로 가는 길에 그 당을 수선도 할 겸 들른 것이었는데 뜻밖에도 모든 것이 훌륭히 지켜지고 있었기에 야스요리의 친절을 기뻐하고, 급히 수십 명의 승려들에게 청하여 대법사를 열었다. 그에 대한 보답으로는 각 승려에게 면포로 지은 옷 2벌·무명 10필씩을 주었다. 예전에 헤이케의 무네키요에게 사로잡혀 언제 목이 달아날지 알 수 없었을 때, 하급 무사인 탄바 토조 쿠니히로에게 작은 칼과 노송나무를 얻어 솔도파를 만들려 했던 것도 이 요시토모의 명복을 빌기 위해서였다. 그때와 지금을 생각해보고 요리토모도 틀림없이 남몰래 눈물을 흘렸으리라.

27일에는 목욕재계하고 아쓰타 신사를 참배했다. 요리토모의 어머니는 이 아쓰타 신사의 신관이었던 후지와라노 스에노리의 딸이다. 요리토모는 그러한 점도 생각하여 한층 더 정성을 다한 것이리라.

29일에는 미노노쿠니의 아오하카에 도착했다. 요리토모에게 있어서 아오하카는 잊을 수 없는 땅, 겨울날의 쓸쓸한 기억을 떠올렸으리라. 요리토모는 바로 역참의 장자인 오오이와 그의 딸을 불러 그들을 만났다. 그리고 여러 가지 선물을 하사했다. 돌아보면 참으로 오래 전의 일이었다. 헤이지 2년(1160)의 봄도 벌써 30년 전으로 아버지가 가신의 손에 목숨을 잃고, 어머니가 헤이지의 난 9개월 전에 세상을 떠났으며, 두 형도 목숨을 잃었다고 들은 13세 소년은 당시 틀림없이 죽음을 각오하고 있었으리라. 요리토모가 헤이케에 사로잡혀가는 모습을 본 요리토모의 이복 여동생은 당시 11세였으나 어머니와 할머니를 내버려둔 채 쿠이세가와(杭瀬川강)에 투신하지 않았는가? 모든 것이 비통함으로 가득했던 겐지의 운명이었다. 그랬던 그가 지금은 천하의 요리토모가 되어 그 아오하카 땅을 다시 밟게 된 것이었다. 참으로 감개무량했을 것이다.

11월 7일에 드디어 쿄토로 들어갔다. 아침부터 내리던 비가 오후에는 개었으나 바람만은 세차게 불어댔다. 그래도 카마쿠라도노의 입경을 기다리는 상하의 사람들로 쿄토는 떠들썩했다. 말로만 듣던 요리토모의 얼굴을 보기 위해 근방의 사람들도 뒤섞여 카모가와 강변은 구경꾼들로 인산인해를 이루었다.

오후 4시가 되자 선진이 조용히 모습을 드러내기 시작했다.

산조 거리를 서쪽으로, 강변을 남쪽으로 지나 로쿠하라로 나아갔다. 가장 앞에는 헌상할 황금을 다리 달린 궤에 넣어 실은 수레가 있었다.

불이 밝혀질 무렵 전군이 로쿠하라의 새로 지은 저택에 도착했다. 새로 지은 저택이란 요리모리 경의 옛 저택이 있던 자리에 새로 지은 것이었다.

이틀 뒤인 9일에 로쿠조덴(六条殿)에서 고시라카와 법황을 배알하고 곤다이나곤(權大納言)에 임명되었으며, 같은 달 20일에는 우콘에(관)노타이쇼(右近衛大将)를 겸하게 되었고, 12월 1일에 타이쇼 임명에 대한 축하식을 마쳤다. 화려한 옷에 칼을 차고 홀을 들고 수레에 올라 앞선 자 6명, 뒤따르는 병사 8명을 이끌고 궁궐로 들어가는 모습이 쿄토 사람들의 시선을 끌었다. 그러나 두 개의 직 모두 곧 사퇴하겠다고 말했다. 다이나곤에 임명하겠다는 말은 칸토에 있을 때부터 가끔 들려온 얘기였으나 그때마다 전부 사퇴했었다. 또한 다이진(대신)이든 타이쇼(대장)든 원하는 직이 없느냐고 물어왔기에 스스로 깊이 생각한 뒤에 타이쇼 직을 받았던 것이다.

요리토모가 이 타이쇼 직을 받아들인 일은 무가에 대해서 참으로 좋은 본보기가 되었다. 원래 요리토모는 조정의 높은 자리에 앉는 것을 달가워하지 않았다. 그래도 타이쇼의 자리에만은 올랐다. 토고쿠 사람은 애초부터 무사였다. 문과는 그들의 장기가 아니었다. 요리토모도 역시 무인의 동량이었다. 조정에서 만약 관위로 우대를 해줄 생각이라면 타이쇼로 삼아달라고 말한 것은 요리토모의 진심이었을 것이다.

  이렇게 해서 요리토모는 쿄토에 약 40일 동안 머물다 12월 14일에 칸토를 향해 출발하여 29일에 카마쿠라에 도착했다. 이 약 40일 동안 몇 번이고 법황을 배알하여 허심탄회하게 이야기를 나누었기에 때로는 법황도 하루 종일 곁에 둔 적까지 있었을 정도였다.

(2) 후지에서의 사냥

천하를 평정한 요리토모는 일단 쿄토로 들어가 높은 관위를 받았으나 곧 그 영광스러운 자리를 사퇴하고 카마쿠라로 돌아왔다. 처음부터 요리토모는 자신을 잘 알고 있었기에 무사로 이 세상에 선 자는 무사로서의 그 임무를 충분히 다하지 않으면 안 된다고 생각하고 있었다. 그런데 헤이시는 무사이면서 조금 출세하기 시작하자 오만해져서 화려한 쿄토에 머물며 높은 관위만을 바랐기에 결국에는 무사이면서 전쟁도 제대로 하지 못하게 되어버리고 말았다. 요리토모는 이러한 사실을 잘 알고 있었다. 그랬기에 요리토모는 높은 관위를 바라지 않았으며, 화려한 쿄토로 가지 않고 칸토의 카마쿠라를 근거지로 정한 뒤, 그곳으로 무사의 세력을 모은 것이었다.

조정에서 만약 높은 관위로 우대할 생각이라면 타이쇼가 되겠다고 청한 사실만 봐도 자신은 어디까지나 무사의 동량이라는 사실을 인식하고 그것을 지키려 했다는 사실을 알 수 있다. 무사의 동량인 요리토모가 부하들을 훌륭한 무사로 키우겠다고 생각한 것은 지극히 당연한 일이었다. 이른바 무사도의 장려가 바로 그것이다. 즉, 무사는 무를 숭상하고 충효를 중히 여기고 은의를 잊지 않고 신의를 지키며 소박함과 검약을 신조로 삼아야 한다고 엄격하게 규제한 것이다. 무의 숭상을 위해서는 무예를 장려했는데 궁시로의 놀이·수영·씨름 등을 장려했으며, 때로는 후지의 스소노(裾野)와 나스노(那須野) 등에서 몰이꾼을 동원한 사냥을 하기도 했다. 이는 전부 무사의 용기를 기르기 위한 것이었다.

켄큐 4년(1193) 5월, 요리토모는 가신 수십 기를 데리고 후지의 스소노에서 사냥을 했다. 때는 요리토모의 전성시대, 헤이시를 멸망시키고 요시쓰네를 멸망시키고 야스히라를 멸망시킨 뒤 위풍당당하게 쿄토로 들어간 지도 3년이 지난해였다.

이때 적자인 요리이에(賴家)는 12세였는데 사슴 한 마리를 쏘아 수많은 사람들로부터 커다란 갈채를 받았다. 아버지 요리토모도 크게 기뻐했으며 바로 사자를 보내 이 소식을 카마쿠라에 있는 어머니 마사코에게 전했다. 기쁜 소식을 전하러 간 사자였기에 자랑스럽다는 듯 카마쿠라에 도착하여 그 소식을 전했으나 참으로 뜻밖에도 마사코는 조금도 기뻐하지 않았을 뿐만 아니라 약간 언짢다는 듯,

"무장의 적자가 들판의 짐승 한 마리 쏜 것이 뭐 그리 대수란 말입니까? 그런데 이렇게 요란스럽게 멀리서 일부러 사람까지 보내다니, 요즘에는 너무 다정하신 듯합니다."

사자는 이 뜻밖의 대답을 가지고 돌아와 그것을 요리토모에게 보고했다. 기뻐한 것도 부모의 마음, 기뻐하지 않은 것도 부모의 마음이었으리라.

같은 달 28일의 일이었다. 아침부터 보슬비가 내려 찌뿌둥한 밤, 이토 지로 스케치카의 손자인 소가 주로 스케나리(曽我 十郎 祐成)와 소가 고로 토키무네(五郎 時致) 두 사람이 불시에 사냥터의 진을 습격하여 쿠도 사에몬(관)노조 스케쓰네(工藤 左衛門尉

祐経)와 비젠노쿠니159) 사람으로 키비쓰(吉備津) 신사의 신관인 오우토나이(王藤内)를 살해한 사건이 벌어졌다.

오우토나이는 원래 헤이케의 가신인 세오 카네야스(瀬尾 兼康)의 가신으로 얼마 전까지 포로로 잡혀 있었는데, 스케쓰네의 주선으로 방면되었기에 자신의 땅으로 돌아가기에 앞서 스케쓰네를 향응하기 위해 그날 밤에는 테고에(手越)의 키세가와 부근에서 유녀를 불러 주연을 베푼 뒤 스케쓰네와 같은 방에서 자다 살해당한 것이었다.

자신들의 뜻대로 스케쓰네의 목을 벤 스케나리와 토키무네는,

"소가 형제가 아버지의 오랜 원수인 쿠도 사에몬(관)노조 스케쓰네의 목을 베었다."라고 외쳤다. 이 갑작스러운 외침을 듣고 곳곳의 막사에서,

"침입자다!"라고 떠들어댔으나 워낙 28일 밤의 일이었기에 비 내리는 하늘에는 달조차 없었으며, 진영의 모닥불도 이미 꺼진 뒤였고, 무시무시한 천둥과 번개가 치고 있기도 했다. 그랬기에 어디에 누가 있는지조차 알 수 없었으며, 같은 편끼리 칼을 맞댈지도 모를 커다란 소동이 벌어졌다.

닛타 타다쓰네(仁田 忠常)가 주로 스케나리를 베었으나 고로 토키무네는 맹렬한 기세로 요리토모의 거처를 향해 달려갔다.

이 소란에 요리토모도 칼을 쥐고 나서려 했다. 그러나 부하들이 이를 보고 말리는 사이에 힘이 장사인 고쇼노 고로마루(御所 五郎

---

159) 備前国. 오카야마 현 동남부. 비슈(備州).

丸)가 토키무네를 사로잡았다.

이튿날인 29일, 요리토모는 고로 토키무네를 끌어내 심문하기로 했다. 요리토모의 좌우 양편에는 겐지와 헤이시 사이의 전투에서 산전수전 다 겪은 칸토의 장수들이 수십 명 늘어서 있었다. 토키무네가 그곳으로 끌려나왔다. 요리토모는 카리노스케 신카이 지로(狩野介 新開 次郎)에게 명령하여 야습을 감행한 이유를 묻게 했다. 그러자 토키무네는 낯빛을 바꾸어,

"할아버지인 스케치카 법사가 주살당한 이후 자손 모두 몰락하여 나리 앞으로는 가까이 다가갈 수조차 없는 몸이 되었으나 마지막으로 직접 얼굴을 뵙고 드리고 싶은 말씀이 하나 있다. 너희 같은 자들에게는 말할 수 없다. 당장 물러나라."라고 화를 냈다. 수많은 무사들이 일제히 토키무네를 노려보았다. 이에 요리토모가 부드럽게,

"생각한 바가 있다면 망설이지 말고 직접 말해보아라."라고 말하자 고로가 무릎걸음으로 다가와,

"이번에 스케쓰네를 친 것은 아버지의 죽음에 관한 수치를 씻기 위해서였습니다. 형 스케나리가 9세, 저는 7세였을 때부터 이 마음은 지워지지 않았습니다. 기쁘게도 어젯밤에 그 때를 얻어 생각대로 소망을 이룰 수 있었습니다. 뒤이어 나리 곁으로 접근한 것은, 나리께서 스케쓰네를 총애하실 뿐만 아니라 할아버지인 스케치카는 나리의 노여움을 사 목숨을 잃고 말았습니다. 스케쓰네를 총애하신 일과 할아버지에 대한 처사에 원한을 품었기에 어젯밤에 직접 뵙고 살해하려 했던 것입니다."

대답하기 짝이 없는 이 토키무네의 말에 듣는 사람 모두 혀를 내두르며 놀랐으나 요리토모는 아무런 말도 하지 않았다. 그곳으로 닛타 타다쓰네가 어젯밤에 벤 스케나리의 목을 가져와 토키무네에게 보여주자, 토키무네는 눈물을 흘리며 형의 목이 맞다고 대답했다.

요리토모는 토키무네의 말을 듣고 생각한 바가 있었으며, 고로는 참으로 아까운 무사이니 죄를 용서하고 그대로 쓰자는 의견도 있었으나, 스케쓰네의 아들인 이누보마루(犬房丸)가 울며 호소했기에 요리토모는 울며 마속을 베는 심정으로 그의 목을 치게 했다.

이들 형제는 이토 스케치카의 적자인 카와쓰 사부로 스케야스(河津 三郎 祐泰)의 아들인데, 아버지인 스케야스는 그때로부터 19년 전에 이즈의 오쿠노 사냥터에서 뜻밖에도 화살에 맞아 목숨을 잃고 말았다. 그것은 쿠도 스케쓰네가 꾸민 일이었다. 스케쓰네가 스케야스를 죽인 이유는, 스케쓰네와 스케치카는 사촌형제였는데 스케쓰네가 쿄토에서 타이라노 시게모리를 섬기고 있을 때 자신의 영지인 이토의 장원을 스케치카에게 횡령당했기에 사람을 보내서 오쿠노의 사냥터에서 돌아갈 때 스케치카 부자를 사살케 한 것이었다. 이때 스케치카는 가벼운 부상을 입었을 뿐이었으나, 스케야스는 마침내 목숨을 잃고 말았다. 그때 스케야스에게는 스케나리와 토키무네 두 아들이 있었는데 형은 5세, 동생은 3세였다. 이 형제가 아버지의 원수는 쿠도 스케쓰네라는 사실을 알게 되었고, 오래도록 마음에 새긴 보람이 있어서 이번에 그 소망을 이룬 것이었다.

이튿날인 30일, 요리토모는 사람을 카마쿠라로 보내서 이 소동을 아내인 마사코에게 알렸다. 또한 형제가 이번 일을 위해 출발하기에 앞서 자신들의 어머니에게 보낸 편지를 읽어보고 형제가 어렸을 때부터 복수를 다짐했었다는 사실을 알게 되었는데, 요리토모는 자신의 처지와 비교해서 형제의 마음에 감격하지 않을 수 없었다. 이에 그 편지를 기념하기 위해 오래도록 문고에 보관하기로 했다.

형제의 양아버지는 소가 타로 스케노부로, 요리토모를 수행하여 그때 사냥터에 있었는데 어떤 처치가 내려질지 크게 걱정하지 않을 수 없었다. 그러나 스케노부는 복수에 동의하지 않았다는 사실이 밝혀졌기에 특별히 책망은 듣지 않았다. 뿐만 아니라 카미소가(上曽我) 장원의 연공을 면제해줄 테니 두 형제를 위해 명복을 빌어주라는 명령을 받았다. 이러한 사실로 요리토모가 소가 형제의 무용과 효행에 얼마나 감탄했는지를 알 수 있다.

(3) 카바노카자 노리요리의 최후

소가 형제의 복수는 여러 형태의 소문이 되어 카마쿠라 안에 전해졌다. 반역자가 요리토모의 침실로 숨어들어 요리토모를 죽였다는 말이 떠돌기도 했으며, 혹은 지금 전투 중이라는 소문도 떠도는 등 여러 가지 풍문이 있었다. 카마쿠라에 있는 무사는 물론 근린의 무사들까지 이 소문을 듣고 앞다투어 카마쿠라로 달려갔기에 말들이 땀을 흘리며 동서로 달렸고 갑주를 입고 무기를 든 병사들이 남북으로 분주히 뛰어다녔다. 이 소동을 보고 세상에 또 소란이 벌어진 것이라 지레짐작하여 가재도구를 챙겨 산촌으로 옮기는 자, 노인과 아녀자를 데리고 달아나는 자 등, 일대 소란이 벌어졌다.

앞서 요리이에가 사슴을 쏘아 잡았다는 보고에 요즘은 너무 다정한 듯하다며 침착했던 마사코도 이 때 아닌 혼란에는, 만약 요리토모의 몸에 이변이라도 일어나서는 큰일이라며 비탄에 잠겼는데, 그 모습은 차마 옆에서 지켜볼 수 없을 정도였다. 이에 카마쿠라를 지키고 있던 노리요리가 보다 못하여,

"설령 커다란 변고가 일어났다 할지라도 이 노리요리가 있으니 결코 근심하실 필요 없습니다."라고 위로했다.

그 후 스소노에서 전령이 달려와서 소동의 진상을 알게 되었고 요리토모가 무사하다는 사실도 알게 되었기에 모두가 놀란 가슴을 쓸어내렸다.

이러한 일 이후, 마사코를 위로하기 위해서 노리요리가 했던 말에 대한 이야기를 듣고 요리토모는, 이는 틀림없이 노리요리가 카마쿠라의 주인이 되려는 속내를 품고 있는 것이라고 참으로 엉뚱한 의심을 품게 되었다. 그런데 운이 안 좋을 때는 안 좋은 일이 연달아 일어나는 법이어서 그 무렵 카마쿠라에는 노리요리가 요리토모를 제거하려 한다는 소문이 돌기 시작했다. 정직하고 순종적인 노리요리는 애를 태우기 시작했다.

일이 이렇게 되자 요리토모도 그대로 방관하고 있을 수만은 없었다. 노리요리에게 직접 그 진위를 물어보기로 했다. 이에 노리요리는, 저는 결코 역심을 품고 있지 않습니다, 라고 서약서를 써서 요리토모에게 바쳤다. 이는 8월 2일의 일이었다.

이 서약서는 오오에 히로모토를 통해서 요리토모에게 전달되었다. 그 서약서를 훑어본 요리토모가 크게 화를 내며,

"여기에 미나모토노 노리요리라고 적다니, 이 어찌 된 일이란 말이냐. 제 분수도 모르고 겐지의 일족이라 생각하고 있었단 말이냐. 무례하기 짝이 없는 놈이다. 이것부터가 서약서의 취지와는 다르지 않더냐. 사자에게 이러한 뜻을 전하도록 하라."

이에 히로모토가 노리요리의 사자에게 이러한 뜻을 전달했다. 그러자 사자가,

"이거 참으로 뜻밖의 말씀이십니다. 미카와(지)노카미(노리요리) 나리는 돌아가신 사마(판)노카미(요시토모) 나리의 자제분이시니 카마쿠라도노의 아우이심은 말할 필요도 없는 사실 아니겠습니까? 겐랴쿠 원년(1184)의 가을, 미카와노카미 나리께서 헤이케 토벌을 위한

사자가 되어 쿄토로 들어가셨을 때 카마쿠라도노께서 아우인 노리요리를 사이카이의 추토사로 삼아달라고 조정에 청하셨기에 그 내용이 관부에도 틀림없이 기록되어 있습니다. 그러니 일족이라고 말하는 것도 결코 방자한 일은 아닌 듯합니다."라고 정곡을 찌르는 말로 해명했다.

이러한 말을 히로모토가 요리토모에게 전하자 요리토모는 한마디도 대답을 할 수가 없었다. 사자가 돌아가 이 모든 사실을 노리요리에게 고했다. 그러자 노리요리는 크게 당황하며 어찌해야 좋을지 몰라 근심이 더욱 깊어졌다.

그런데 8월 10일 새벽에 카마쿠라를 발칵 뒤집어놓은 것 같은 소동이 벌어지고 말았다. 무슨 일인가 물었더니 막부에 자객이 침입했다는 것이었다. 가신들 모두 서둘러 갑옷을 입고 막부로 달려갔다. 수많은 사람들이 몰려들었을 무렵에는 자객도 이미 잡힌 뒤였다. 잡고 보니 그 자객은 미카와(지)노카미 노리요리의 가신인 타이마 타로(当麻 太郎)라는 자였다.

그가 대담하게도 요리토모의 침실 바닥 아래까지 숨어들었던 것이다. 이를 눈치챈 요리토모는 조용히 가신을 불러 그를 생포하게 했다. 이러한 소식이 빠르게 전해져 가신들이 달려왔기에 커다란 소동이 벌어지고 만 것이었다.

날이 밝은 뒤 타이마 타로를 끌어내 신문해보니,

"주군이신 미카와노카미께서 서약서를 바치셨는데 단 한마디도 내리시지 않으셨기에 주군의 근심이 이만저만이 아니십니다. 사태가 이런데 어찌 해야 좋을지 생각조차 떠오르지 않으니 한마디라도 나리의 내심을 들을 수만 있다면 몸의 안부도 알 수 있을 것이라며 거듭 한탄하셨습니다. 그래서 어쩌면 다른 일을 말씀하시다가 혹시라도 주군에 대해서 언급하실지 모르겠다는 생각이 들어, 있을 수 없는 일이라고는 알고 있었으나 그러한 곳까지 숨어든 것입니다. 애초부터 커다란 음모가 있어서 한 짓은 아닙니다."

정에 의지하여 듣자면 딱하게 여겨질 만도 할 말이었으나, 그의 행동은 가벼이 볼 것이 아니었으며 노리요리에게는 좋지 않은 시기였기에 곧 커다란 문제가 되어버리고 말았다.

"평소부터 의심스러운 점이 있었는데, 역시 괜한 의심은 아니었구나. 특히 타이마는 미카와노카미의 고굉지신이자 궁술과 검술로 이름을 얻은 자 아니냐. 그런 자를 방고래로 숨어들게 하다니 아무런 뜻이 없을 리 없다."라며 엄하게 문초한 뒤 그 외에 동조한 자가 없는지도 취조하였으나 타이마 타로는 입을 굳게 다문 채 한마디도 대답하지 않았다.

그달 17일에 노리요리는 이즈의 슈젠지(修善寺)로 가게 되었고, 카노우스케·우사미 스케모치 등이 그 일을 맡았다. 언제 카마쿠라로 돌아갈 수 있을지, 그야말로 귀양살이를 하는 자와 조금도 다를 바가 없었다.

노리요리는 이처럼 슈젠지에 갇혀 있다가 그 후 카지와라 부자의 습격을 받아 마침내는 목숨을 잃고 말았다.

노리요리가 마사코를 위로한 말에 그렇게 깊은 의미가 담겨 있었다고는 여겨지지 않으나, 사실은 그 전에도 사건이 하나 있었다. 노리요리는 사이카이에 머무는 동안 단 한 번도 요리토모의 명령을 거스른 적이 없는 순종적인 동생이었으나, 요리토모로부터 요시쓰네를 치라는 명령을 받았을 때만은 제아무리 순종적인 노리요리라 할지라도 흔쾌히 대답을 할 수 없었기에 그 역할을 고사했다. 하지만 요리토모가 아무래도 받아주지 않았기에 어쩔 수 없이 군대를 이끌고 나섰는데 그가 떠나기에 앞서 요리토모가,

"앞으로는 네게 일을 부탁하지 않겠다. 너도 영 믿을 수가 없구나. 훗날에는 요시쓰네처럼 될 듯하다."라고 말했기에 정직한 노리요리는 커다란 근심에 잠겼다.

이러한 일이 있었기에 마사코를 위로한 말이 요리토모에게는 의미가 담긴 말로 들렸던 것이리라.

(4) 요리토모의 쿄토 입성 ②

켄큐 3년(1192) 3월 13일에 고시라카와 법황이 세상을 떠났기에 고토바 천황이 친정을 행하게 되었다. 그해 7월 12일, 요리토모는 세이이타이쇼군에 임명되었다.

켄큐 6년(1195) 2월 14일, 요리토모는 나라 토다이지(東大寺절)의 낙성을 축하해 올리는 공양에 참석하기 위해서 처자를 데리고 쿄토를 향해 출발했다. 선진은 하타케야마 시게타다, 선진의 즈이헤이부교(隋兵奉行)는 와다 요시모리, 카지와라 카게토키가 후진이 되었으며, 행렬의 모습은 전부 예전과 다를 바 없었다.

토카이도를 무사히 지나 3월 4일에 고슈의 카가미를 출발하여 세타의 카라하시(唐橋) 부근에 다다르자 히에이잔의 승도 여럿이 다리 맞은편에 모여 이쪽의 행렬을 바라보고 있었다. 한편 쇼군 쪽에서도 어떻게 해야 할지, 다리 동쪽에 말을 세워놓고 평의를 시작했다. 말에서 내려 승도들에게 일단 인사를 해야 하는 것인지가 논의되었다. 그러다 결국에는 오가시마 키미나리(小鹿島 公業)를 보내서 인사를 시키기로 결정했다.

승도들이 있는 곳으로 간 키미나리가 무릎을 꿇고,

"이번에 카마쿠라의 쇼군께서 토다이지 건립을 축하해 올리는 공양을 위해 상경하시는 길인데, 승도들께서는 어떤 일로 이렇게 모이신 것입니까? 저희 쇼군께서 크게 놀라셨습니다. 하지만 무장의 예법에 따라서 이러한 경우에는 말에서 내려 예를 표하지 않고 말을 타신 채 그냥 지나치실 것입니다."라고 예를 갖추어 말했다.

잠시 후 쇼군 요리토모가 말을 타고 다가오다 승도들 앞에 이르자 활을 고쳐 쥐고 간단히 목례를 했다. 그러자 승도들은 납작 엎드려 답례했다. 이 키미나리는 어렸을 때부터 쿄토에서 살아서 무슨 일에나 전거로 삼을 만한 옛일에 밝았기에 이번에도 예의가 바르게 말솜씨를 발휘하여 그 승도들까지 감탄케 한 것이었다.

이렇게 해서 카라하시를 무사히 지난 일행은 저물녘에 쿄토에 도착했다. 구경 나온 사람이 예전보다 더 많아 인산인해를 이룰 정도였다.

9일, 어가보다 앞서 나라의 토다이지로 내려가 11일에 쌀 1만 섬·황금 1천 냥·비단 1천 필을 바치고 말 1천 필을 토다이지에 기진했다.

12일에는 새벽부터 와다 요시모리·카지와라 카게토키 등이 수백 기를 이끌고 가서 절의 사면을 경호했다. 동이 틀 무렵이 되자 쇼군 요리토모가 수레를 타고 와서 참배했다.

오야마 토모마사는 검을 들고 사사키 쓰네타카는 갑옷을 입고, 아이코 스에타카(愛甲 季隆)는 무구를 걸치고, 사마(頭)노카미 타카야스 아손(左馬頭 隆保 朝臣)과 에치고(守)노카미 요리후사 아손(越後守 頼房 朝臣)은 수레를 타고 따라왔다. 그 외에도 수백 명의 수행병사들이 거리의 길목과 절 안팎을 굳게 지켰다. 그 가운데서도 운노 유키우지(海野 幸氏)·후지사와 키요치카(藤沢 清親) 이하 궁술에 뛰어난 자들은 절의 정문 양옆에 늘어섰다. 마침내 쇼군 요리토모가 수행병사 28기와 함께 당 앞의 천막에

착석하자 요리토모의 모습을 보기 위해 문 안으로 몰려든 한 무리의 승도들이 있었다. 그들이 경호하는 무사들에게 여러 가지로 무례한 짓을 했기에 장내가 점점 소란스러워지기 시작했다. 이에 카지와라 카게토키가 그들을 진정시키러 갔는데 그것이 오히려 승도들을 화나게 만들어 서로 말다툼이 시작되었고 당장에라도 뜻밖의 사건이 벌어질 것 같았다.

그러자 요리토모가 유키 토모미쓰(結城 朝光)를 불러,

"저들을 진정케 하라."라고 명령했다.

토모미쓰는 공손하게 승도들 앞으로 가서 무릎 꿇고 엎드려,

"저는 우다이쇼 집안의 사자입니다."라고 인사했다. 그러자 지금까지 소란을 피우던 승도들도 토모미쓰의 정중함에 감탄하여 곧 마음을 가라앉혔다. 이에 토모미쓰는,

"원래 이 절은 헤이쇼고쿠 키요모리에 의해 불탄 이후 초석 외에 아무것도 남지 않았었으니 이는 스님들께 있어서 더할 나위 없는 근심이었을 것이라 여겨집니다. 그런데 겐지가 조영의 시작에서부터 오늘의 건립을 축하하는 공양에 이르기까지 조금이나마 힘을 보태고, 또 이렇게 수 천 리 길도 마다하지 않고 산과 강을 넘어 공양식에 참석했으니, 이는 스님들의 기쁨이라 여겨집니다. 도리에 어두운 무사들조차도 이처럼 부처님과 연을 맺기를 바라고 있기에 천재일우의 공양을 보게 된 것을 마음 깊이 기뻐하고 있습니다. 그런데 도리에 밝으신 스님들께서 스스로 소란을 일으키시어 절 재건을 방해하려 하시다니 참으로 이해할 수 없는 일입니다. 바라건대 스님들의 의견을 들려주셨으면 합니다."

이 말에는 그처럼 거칠던 승도들도 지금까지의 난폭함을 후회한 것인지, 수천에 이르는 무리 모두가 쥐 죽은 듯 조용해졌으며 한마디 대답도 하지 못했다.

그러는 동안에 고토바 천황이 도착했다. 조정의 신하 여럿이 함께 따라왔다.

공양은 오후 2시부터였다. 닌나지(절)의 법친왕160)을 비롯하여 각 절의 고승 등 참례한 자가 1천여 명, 참으로 성대한 공양이었다.

그 후, 요리토모는 쿄토로 다시 돌아갔고 27일에 궁궐에 들었다. 이번에는 100일 동안이나 쿄토에 머물렀으며 6월 24일에 떠나겠다는 인사를 하기 위해 다시 궁궐에 들어갔다. 그리고 그 이튿날 쿄토를 출발하여 7월 8일에 카마쿠라로 돌아왔다. 이것이 요리토모의 마지막 상경이었다.

---

160) [法親王] 황족 가운데 출가한 이후 친왕이 된 자.

(5) 카마쿠라 막부

막부란, 예전에는 정벌에 나선 장군(쇼군)이 어디든 필요한 곳에 막을 치고 본영으로 삼아 거기서 전투를 지휘하던 곳을 말했으나, 요리토모 때부터는 세이이타이쇼군이 정치를 행하는 관청을 막부라 부르게 되었다. 물론 요리토모는 세이이타이쇼군이 되기 전부터 무사를 단속할 필요가 있었기에 근거지인 카마쿠라에 막부를 설치했었다.

요리토모는 카마쿠라에 다음과 같은 관청 3개를 설치하여 일문 및 가신들을 통제했으며 아울러 조정에서 위임받은 정무를 다루게 했다.

1) 사무라이도코로(侍所)

요리토모는 지쇼 4년(1180) 11월에 이것을 설치했다. 장관을 벳토라고 했으며, 차관으로 벳토를 보좌하는 자를 쇼시(所司)라고 했다. 전쟁 때는 쇼군의 대리로 이쿠사부교(戰奉行)가 되었으며, 평시에는 막부의 경호와 죄인의 신문과 치안 보호에 임하는 등 무사를 지휘하는 대부분의 일을 이 관청에서 맡았는데, 쇼군의 직접적인 지휘를 받아 일을 행했다. 벳토는 와다 요시모리였다.

2) 만도코로(政所)

겐랴쿠 원년(1184) 11월에 처음으로 쿠몬조(公文所)를 설치하고 벳토와 요류도(寄人)를 정했다. 벳토는 장관이고 요류도는 참여관이다. 카마쿠라 막부가 조정으로부터 위임받은 정무에 관해서 발하는 공문의 의정과 발령을 담당했다. 요리토모가 쿄토로 들어가 곤다이나곤에 임명된 후 카마쿠라로 돌아온 켄큐 2년(1191)에 만도코로라고 관명을 변경했다. 벳토는 오오에 히로모토였다.

3) 몬추조(問注所)

소송을 판결하는 곳이었다. 겐랴쿠 원년(1184)에 이를 설치했다. 그 장관을 시쓰지(執事)라고 했다. 토지의 권리에 관한 일, 신분에 관한 일 등은 전부 여기서 재판했다. 그러나 중요한 사항을 다룰 때는 만도코로와도 협의한 듯하다. 시쓰지는 미요시 야스노부였다.

이들은 무가정권에 일정한 형식을 부여한 것으로 후세의 모범이 되었다. 요리토모는 절대로 한 치 앞만을 내다보고 일을 처리하지 않았다. 담당 관청의 존재와 권한을 분명히 정하고 확실하게 일을 처리했다. 단지 우직함과 간편함만을 추구한 것이 아니었다. 일정한 법규에 따라서 조직적으로 규율에 맞게 당당히 처리해야겠다고 생각했던 것이다.

그리고 토고쿠 무사만으로는 그처럼 조직과 규율에 따른 방법으로 일을 처리하기란 불가능하다는 사실을 알고 있었기에 오오에 히로모토를 만도코로의 벳토로 삼고 나카하라 치카요시(中原 親

能)·후지와라 유키마사를 그 담당관으로, 미요시 야스노부를 몬추조의 시쓰지로 삼았던 것이다. 그리고 가신을 통솔하는 사무라이도코로의 직에는 토고쿠 무사가 적임이라고 생각했기에 와다 요시모리를 벳토로, 카지와라 카게토키를 쇼시로 삼은 것이었다. 요컨대 조정으로부터 위임받은 정무를 토고쿠 무사들이 처리하는 것은 적당치 않다는 사실을 알고 있었기에 쿄토로부터 그 방면에 적합한 사람들을 맞아들이고, 가신의 단속은 토고쿠 무사가 행하는 것이 적절하다고 생각했기에 가신 가운데서 그에 적당한 사람을 뽑은 것이었다.

(6) 슈고와 지토

요리토모가 자신의 가신을 전국의 슈고, 혹은 지토로 삼아야겠다고 생각한 것은 오오에 히로모토의 헌책에 의한 것으로, 유키이에와 요시쓰네가 종적을 감추었을 때 조정에 청하여 칙허를 얻어냈다. 즉, 요시쓰네가 요리토모를 추토하라는 인젠을 받은 이후인 분지 원년(1185) 11월 25일에 요리토모는 호조 토키마사를 쿄토의 슈고로 삼아 쿄토로 들어가게 했다. 그리고 28일에 추나곤인 후지와라 쓰네후사로 하여금,

"유키이에와 요시쓰네가 종적을 감춘 이상 이들을 찾아내기란 쉬운 일이 아닙니다. 또한 지방에서 모반 등이 일어날 때마다 토고쿠의 가신을 보내어 진정시키는 것도 그리 만만한 일은 아닙니다. 따라서 토고쿠의 가신을 각 쿠니에는 슈고, 각 장원에는 지토로 미리 임명해두면 유키이에와 요시쓰네의 수색에도, 그리고 앞으로 모반을 가라앉히는 데에도 매우 편리할 것이라 여겨집니다. 또한 키나이·산인·산요·난카이·사이카이 각 도의 26개 쿠니에서 1단당 5되씩의 군량미를 징수하는 것이 어떻겠습니까?"라고 상주하게 했다.

조정에서는 이를 허락해야 할지 말아야 할지 커다란 논의가 벌어졌다. 그처럼 중대한 정치상의 권력을 요리토모에게 쥐어준다는 것은 물론 매우 커다란 문제였다. 하지만 한편으로는 요리토모의 뜻에 거스르면 어떤 사건을 야기하게 될지 알 수 없었기에 결국에는

그것을 허락하기로 결정하고 이튿날인 29일에 각 쿠니의 슈고 및 지토와 병량미에 관한 건을 승낙하겠다고 호조 토키마사에게 바로 통보했다.

이는 일본 정치상의 커다란 문제였다. 슈고는 코쿠후에 머물며 코쿠시와 함께 관할권 내의 경찰사무를 담당했으며, 지토는 공령과 장원 모두에 배치되어 연공 징발을 주요한 직무로 삼았으니, 즉 코쿠시의 권력이 슈고에게로 옮겨가고 장원의 영주도 지토에게 실권을 빼앗기게 된 것은 당연한 일이었다. 이는 쿄토에서 행하는 것 이외의 정치가 카마쿠라에서 행해지게 되었다는 사실을 의미한다. 이렇게 해서 정치의 실권이 카마쿠라로 옮겨가 황실의 위광은 나날이 그 빛을 잃어가게 되었다.

종전에도 물론 이 슈고·지토가 한 것과 같은 역할을 담당하던 자도 있었다. 하지만 그러한 관리는 대부분 지방의 호족이었기에 일단 모반 등이 일어나도 자신의 힘으로 그것을 진압하지 못하는 경우에는 그 반란이 더욱 확대되어가곤 했었다. 그러나 요리토모가 행한 이러한 방법에 있어서는, 카마쿠라의 엄중한 명령이 지방의 관리에게도 미치기에 만약 관리의 힘으로 그 반란을 잠재우지 못할 때는 그보다 더욱 강력한 힘으로 그것을 잠재울 수 있기에 그들 사이에 체계적으로 통일된 힘이 존재하게 된 셈이다.

또한 이렇게 되면 그 동안에는 지방의 호족이 그 토지의 이익을 독점하여 납부해야 할 조세를 납부하지 않는다거나 납부해야 할 양을 속인다거나, 혹은 토지를 횡령한다거나 여러 가지 분쟁이 늘 조정과 공경들을 난처하게 만들었으나, 이후로는 그러한 일들도 자연스럽게 사라지게 될 터였다.

그러나 이는 단지 정치적인 면만의 일이고, 이를 문화라는 점에서 보자면 실로 위대한 변화를 가져오게 했다.

전장에 임해서 죽음조차 두려워하지 않는 용맹한 정신, 죽어야 할 장소에서는 깨끗하게 목숨을 버리는 고결한 정신, 체면을 중히 여기고 수치를 알며 조상의 무공을 가문의 명예로 생각하는 용감한 정신, 두 주인을 섬기는 것을 부끄럽게 여기고 두 마음을 품는 것을 경멸하는 마음, 적에 대한 예를 알고 항복한 자에게 연민을 베풀 줄 아는 다정한 마음, 이러한 것 모두 토고쿠 사람들이 자신들의 고향에서 양성해온 일종의 관습이었다. 그러한 무사도를 훈련해온 토고쿠 무사들이 전국의 슈고·지토가 되었다. 이전까지 유지되었던 쿄토의 풍속을 뒤집어엎고 강건하고 질실[質實]한 무사의 정신을 심은 것은 말할 필요도 없는 일이었다. 풍속은 물론, 종교·문학 등에도 실로 커다란 혁명이 일어나게 되었다.

이후부터 조정과 막부 사이에서 여러 가지로 불편한 일들이 벌어지기도 했으나 중국 원나라의 침입이라는 국난에 직면했을 때 무사들이 나라를 위해 목숨을 바친 일은, 부패한 문화를 뒤집어엎고 거기에 씩씩하고 강건한 문화를 심은 카마쿠라 문화의 공적이라고 하지 않을 수 없다.

(7) 우다이쇼 요리토모의 죽음

타카쿠라노미야 모치히토 왕의 영지에 따라 이즈에서 병사를 일으킨 요리토모는 그로부터 20년 동안 계속되는 고난 속에 있었다. 그리고 마침내는 무사의 통일을 완성했으며, 그 세력으로 조정에 상주하여 전국에 슈고와 지토를 두어도 좋다는 허락을 얻어냈다. 이제 요리토모에게 남은 문제는 조정과 카마쿠라 사이의 관계를 조금 더 친밀하고 아름다운 것으로 만드는 일이었다.

요리토모는 조정에 충성하고 순종하는 것이 신하의 도리라는 사실을 알고 있었다. 서쪽을 정벌 중이던 노리요리에게 보낸 편지에서도 천황과 니이노아마(키요모리의 아내)에게 탈이 없도록 잘 모시라고 말했다.

그리고 분지 2년(1186) 2월, 고시라카와 법황의 환갑 때에는 고급 비단 300필, 지방에서 만든 비단 500필 외에도 수많은 물건을 헌상하여 그 의식을 도왔다. 켄큐 2년(1191) 12월, 법황이 병에 걸렸을 때에는 스스로 목욕재계하고 법화경을 송독하여 치유를 기원했으며, 이듬해 봄이 되어 더욱 중태에 빠졌다는 소식을 접했을 때에는 오오에 히로모토를 사자로 보내 문안케 했고, 그해 3월 13일에 법황이 세상을 떠나자 카마쿠라에서 칠칠일의 법사를 행하고 스스로 목욕재계한 뒤 경문을 읽었다. 또한 사십구재를 카마쿠라의 미나미노미도에서 행했는데 칸토 지방의 유명한 절들에서 스님들을 모셔와 공양하여 추도의 성의를 내보였다. 그리고 켄큐 4년

(1193) 3월의 1주기 때에는 더욱 많은 스님들을 모셔와 공양했을 뿐만 아니라 수렵까지도 금지하게 했다고 한다. 이러한 점들만 봐도 요리토모가 결코 황실을 경멸하지 않았다는 사실을 알 수 있다.

법황이 세상을 떠난 이후 켄큐 6년(1195)에는 두 번째로 쿄토에 들어가 100일 동안 머물렀는데 그 사이에 고토바 천황을 2번이나 배알했다. 그러나 이때 요리토모는 조정과 막부의 관계가 아직 충분히 친밀하지는 않다고 생각했다. 따라서 이번에는 딸을 궁중에 넣어 친목을 한층 더 도모해나가야겠다고 생각했다. 그런데 장녀가 세상을 떠나서 그 일이 미루어지고 있는 사이에 이번에는 요리토모가 세상을 떠났기에 그 생각은 끝내 실현되지 못하고 말았다.

켄큐 9년(1198) 12월, 이나게 시게나리는 세상을 떠난 아내의 명복을 빌기 위해 사가미가와(相模川)에 다리를 놓아 공양했다. 시게나리의 아내는 호조 토키마사의 딸로, 요리토모의 아내인 마사코의 동생이었다. 요리토모도 그 공양에 참석했다가 돌아오는 길에 야쓰마토가하라(八的ヶ原)에서 낙마했는데 그것이 원인이 되어 마침내는 중병을 얻게 되었다.

그해도 저물어 새로이 맞이하게 된 쇼지(正治) 원년(1199) 정월 13일에 병이 깊어져 53세를 일기로 세상을 떠나고 말았다. 지쇼 4년(1180)부터 이 해까지 20년, 한때의 병으로 아직 50세를 조금 넘겼을 뿐인 한창 때의 사내가 덧없이 세상을 떠났다는 것은 참으로 안타까운 일이었다. 카마쿠라 장사들의 슬픔은 말할 것도 없었으며, 특히 마사코의 비탄은 각별한 것이어서 마침내는 머리를 깎고 비구니가 되어 요리토모의 명복을 빌었다. 만약 요리토모가 10년만 더 살았더라면 그의 진면모를 볼 수 있었을 것이며, 겐지의 기초도 군건해졌을 텐데 이는 참으로 안타까운 일이 아닐 수 없다.

제13장 인기를 얻지 못한 요리토모

세이이타이쇼군 니이 젠다이나곤 우다이쇼(征夷大将軍二位前大納言右大将) 미나모토노 요리토모라고 관위를 이야기하면 참으로 위대하게 들리지만, 어떻게 된 일인지 사람들로부터는 그다지 인기를 얻지 못했다. 700년이 지난 오늘날까지도 요리토모는 냉혈한, 인정이 없는 자라며 사람들로부터 인기를 얻지 못하고 있다.

요리토모는 어째서 고금의 사람들로부터 인기를 얻지 못한 것일까? 아마도 골육을 많이 죽였기 때문일 것이다. 숙부인 유키이에를 비롯하여 동생인 요시쓰네, 역시 동생인 노리요리를 죽였다. 그리고 키소 요시나카·요시타카·이치조 지로 타다요리(一条 次郎 忠頼), 오우 사람으로는 후지와라 야스히라·쿠니히라, 가신 가운데는 오오바 카게치카·카즈사(지)노스케 히로쓰네 등 이름이 있는 자만해도 100명 이상이나 목숨을 빼앗았다. 이러한 점만 놓고 보자면 요리토모는 참으로 잔인하고 가혹한 사람으로 그런 사람에게 정2위네, 우콘에(관)노타이쇼네 하는 것들은 너무 과분한 듯 여겨진다.

세상 사람들로부터 특히 미움을 받는 것은 요시쓰네를 죽였기 때문이다. 요시쓰네는 독창적 전술의 천재로 요시나카를 토벌한 이후 이치노타니 전투·야시마 전투·단노우라 전투에서 진력을

미나모토노 요시쓰네

다해 싸워 승리를 거두었으나, 결국에는 대면조차 허락받지 못하고 코시고에에서 쿄토로 되돌아가야 했으니, 이를 들은 사람들로서는 분개하지 않을 수 없으리라. 뿐만 아니라 다이모쓰의 포구에서 종적을 감추자 그 수색은 천하의 문제가 되었으며, 결국에는 야스히라에게 살해당해 목은 카마쿠라로 보내지고 말았다. 그런 요시쓰네의 우여곡절 가득한 일생, 운명의 손에 농락당하는 모습에 세상사람들은 눈을 반짝이고 손에 땀을 쥐었으며 그 결과에 동정의 눈물을 보내고 있지 않은가. 요시쓰네가 이처럼 고금의 사람들로부터 동정을 얻는 만큼, 박해자였던 요리토모는 증오의 대상이 되는 것인 듯하다.

하지만 요리토모는 정말 그처럼 피도 눈물도 없는 사람이었던 것일까? 전설은 우리에게 꽤나 흥미로운 재료를 제공해준다.

요리토모는 처음 히루가코지마로 갔을 때부터 그곳에서 생활한 20년 동안에는 매일 천백번씩 부처님의 이름을 외웠다. 그 천

번은 망부 요시토모를 위해서, 그 백 번은 아버지와 함께 세상을 떠난 가신 마사이에를 위해서 행한 것이었다. 20년 동안 7천 수백 번, 매일의 근행은 결코 쉬운 일이 아니다. 그것을 해냈다는 데서 요리토모의 효심을 읽을 수 있다. 또한 노마에 있는 요시토모의 무덤이 황폐해져 찾아오는 사람도 없는 것을 안타까이 여겨 타이라노 야스요리 법사가 당 하나를 세우고 공양했는데, 요리토모는 그에 대한 보답으로 분지 2년(1186) 7월에 야스요리 법사를 아와노쿠니 오에(麻殖)의 호시[161]로 삼았다. 또한 켄큐 원년(1190)에 쿄토로 올라가는 도중에는 스스로 노마의 무덤 앞에서 불사를 행하고 정중하게 명복을 빌었다. 그리고 분지 3년(1187)에는 아버지 요시토모의 유모인 마마노쓰보네(摩摩の局)를 불러 아버지 생전의 모습을 여러 가지로 들으며 추억에 잠긴 일도 있었다. 이 모든 것이 아버지를 그리워하는 효심의 발현이 아니고 무엇이겠는가?

요리토모 자신이, '머리카락은 코케쓰 겐고 덕분에 붙어 있는 것'이라고 말했을 정도로 이즈로 유배가는 도중에 겐고가 한 충언은 꽤나 마음에 남아 있었던 듯하다. 만약 이 충언이 요리토모의 마음을 일깨우지 않았다면 요리토모는 어쩌면 스님이 되었을지도 모른다. 그랬다면 요시나카나 요시쓰네에게도 무사로서 당당하지는 못했을 것이며, 어쩌면 요시쓰네가 세이이타이쇼군이 되었을지도 모른다. 그랬기에 요리토모는 코케쓰 겐고에게 미노노쿠니의

---

[161] 保司. 예전의 지역 행정단위였던 호(保)를 관리하던 관인.

다키노쇼(多紀の庄)와 카미나카무라(上中村)를 주어 감사의 마음을 표했다.

주에이 시절에 헤이케가 사이카이로 달아나 거의 멸망하려던 때에, 요리토모는 이케노젠니와 함께 자신의 구명을 위해 진력했던 이케노젠니의 친아들 요리모리와 이케노젠니에게 여러 가지로 청을 해준 야헤이 효에 무네키요 두 사람을 칸토로 불렀다. 요리모리는 헤이케가 모두 멸망해가는 가운데 자기 혼자서만 칸토로 갈 수는 없다고 사양했으나, 결국은 칸토로 가서 원래의 영토를 안도[162]받았다. 또한 무네키요는 요리토모에게,

"전장으로 오라고 말씀하신다면 기꺼이 달려가 선진에 설 수도 있습니다만, 헤이케가 몰락해가고 있는 지금 칸토로는 부끄러워서 들어갈 수가 없습니다."라고 말하고 야시마로 가서 무네모리 군에 속했다.

요리토모는 이케노젠니에게도 은혜를 갚고 싶었으나 그녀는 벌써 세상을 떠난 뒤였기에 그렇게 할 수가 없었다. 이에 이케노젠니의 조카딸을 카마쿠라로 불러,

"뭔가 소망은 없는가? 있다면 무엇이든 들어주겠네."라고 묻자,

"이렇다 할 소망은 없습니다만, 여승방 하나를 세워주시기 바랍니다. 세상에는 불행한 여자들이 많고, 개중에는 커다란 어려움을 겪고 있는 사람들도 있습니다. 그러한 여자들을 구하기 위해 그 절로 받아들여 모든 인연을 끊고 전심으로 부처님을 섬기게 하고

---

162) 安堵. 소유지나 옛 영토의 소유를 인정받음.

싶습니다."라고 탄원했다. 이에 요리토모는 타이헤이지(大平寺)라는 절을 지어주었다.

　요리토모가 이케노젠니 덕분에 목숨을 건질 수 있었던 이유는 물론 무네키요의 인정에 의한 것이었으나, 그 무네키요가 인정을 베풀게 된 것은 탄바 토조 쿠니히로가 누구보다 먼저 동정하여 무네키요에게 여러 가지로 이야기를 했기 때문이었다. 요리토모에게는 이 역시 잊을 수 없는 고마운 일이었다. 그랬기에 이 탄바 토조에게는 탄바노쿠니의 호소노고(細野郷)를 주어 감사의 마음을 표했다.

　요리토모가 두 번째로 목숨을 잃을 뻔한 것은 이토 스케치카 때문이었는데, 이를 구해준 것은 스케치카의 아들인 스케키요였다. 요리토모는 그에게도 적잖은 고마움을 느끼고 있었다. 지쇼 4년(1180) 10월, 타이라노 코레모리가 대군을 이끌고 후지가와로 진군해왔을 때, 스케치카 일족은 코레모리를 도와 요리토모를 치려 했다. 이때 스케치카의 운도 다하여 일족이 요리토모의 병사에게 생포당하고 말았다. 그 가운데는 스케키요도 있었다. 이에 요리토모는 은혜를 갚기 위해 스케키요에게 상을 내리려 했으나,

　"아버지가 이미 적이 되어 있는데 그 아들이 어찌 상을 받을 수 있겠습니까? 인자함을 베푸시어 놓아주신다면 아버지의 뜻을 이어 헤이케를 위해 일하고 싶습니다."라고 말했기에 어쩔 수 없이 그것을 허락했다. 스케키요는 그 후 헤이케 군에 가담해서 요시나카와 싸우다 전사하고 말았다.

　이 외에 전장에서 눈부신 활약을 펼치다 목숨을 잃은 사람을

위해서도 적잖은 감사의 뜻을 표했다. 예를 들어 이시바시야마 전투에서 비장한 죽음을 맞이한 요이치 요시타다를 위해서는 쇼보다이지(證菩提寺절)를 세워 영혼을 위로했으며, 키누가사 성에서 전사한 미우라 오오스케를 위해서는 미우라고오리(三浦郡) 야베고(矢部鄕)에 사당을 세웠고, 요시쓰네 토벌에 나섰다가 허무한 죽음을 맞이한 토사노보 쇼슌을 위해서는 그 어머니를 불러 노후를 위로했다.

켄큐 4년(1193) 5월 28일 밤에 소가 고로와 주로 형제가 후지의 스소노에서 아버지의 원수인 쿠도 스케쓰네를 살해했다. 소가 형제는 요리토모가 깊은 원한을 품고 있던 이토 스케치카의 손자일 뿐만 아니라 그의 총신인 쿠도를 살해했으니 원래대로 하자면 용서할 수 없었을 테지만, 인정을 베풀어 그들을 용서했을 뿐만 아니라 형제가 어머니에게 보낸 편지를 보고는 감동의 눈물을 흘렸으며 그것을 문고에 보관하게 했다.

이러한 일들을 생각해보면 요리토모도 반드시 냉혹한 인간, 다정한 마음이 없는 사내라고만은 여겨지지 않는다.

단, 요시쓰네와 노리요리에 대해서도 정을 베풀어 용서를 해주었으면 좋았을 텐데 그렇게 하지 못한 것은 요리토모의 강한 의지가 작용했기 때문인 듯하다. 원래 싸움은 어느 한쪽의 잘못만으로는 일어나지 않는다. 그런데도 각지를 떠도는 요시쓰네를 끝까지 추격했으며, 결국에는 그 목숨까지 빼앗고 말았다. 그 철두철미함에는 놀라지 않을 수 없다. 아마도 거기에는 요리토모로서는 한 걸음도 양보할 수 없는 강한 의지의 힘이 작용했던 것이리라.

그 강한 의지란 무엇이었을까? 그것은 무사를 통일하겠다는 의지였으리라.

무사를 통일하여 카마쿠라의 절도에 따르게 하겠다는 의지, 그것을 위해서는 어떠한 희생도 감수하지 않을 수 없었던 것이다. 그것을 위해서 후세 사람들이 잔혹하다고 생각할 정도로까지 모든 무사에게 절대적인 순종을 요구했던 것이다.

지쇼 4년(1180) 9월, 카즈사(지)노스케 히로쓰네가 2만의 병사를 이끌고 스미다가와로 왔을 때, 자신의 병사가 적어 응원을 와줄 세력의 합류가 매우 시급했음에도 불구하고 요리토모는 히로쓰네가 온 것이 늦었다며 그를 질책하지 않았는가?

요시나카는 요리토모와 전후해서 병사를 일으켰으나 요리토모의 명령에 따라서 병사를 일으킨 것은 아니었다. 그런데도 요리토모는 요시나카까지도 자신의 절도에 따르게 하려 했다. 그리고 유키이에를 내어 자신에게 보내거나, 혹은 요시나카의 아들을 인질로 보내거나, 그도 아니면 서로 승부를 보거나, 셋 가운데 하나를 택하게 했다. 요시나카는 지금 그 문제로 다투는 것은 커다란 일 앞에서 작은 일 때문에 다투는 것이라 생각했기에 사랑하는 아들을 인질로 보내고 자신은 북국으로 물러났다.

또한 요리토모는 겐랴쿠 원년(1184) 3월 25일에 오오쿠라쿄 타카시나 야스쓰네에게 글을 보내,

"지금 급히 킨키의 무사들을 보내어 헤이케를 치게 하고 싶습니다. 그러나 훈공에 대해서는 차후 요리토모가 조처하도록 하겠습니다."라고 말했다.

무릇 무사라 이름 붙은 자의 상벌은 반드시 자신이 재량해야겠다고 생각했기 때문이었다. 그랬기에 요시쓰네가 형의 추거도 얻지 않고 조정으로부터 관을 받은 것을 흔쾌히 여기지 않았던 것이다. 아니, 그것은 비단 요시쓰네에게만 그랬던 것이 아니다. 요리토모의 추거 없이 조정으로부터 직접 관을 받은 자는 오와리의 스노마타 강 동쪽으로 넘어올 수 없다고 엄중하게 선포를 해두었다.

이는 모든 무사를 카마쿠라의 절도에 따르게 만들겠다는 요리토모의 철과 같은 마음으로, 그 명령과 의지 앞에는 골육도 혈연도 없었던 것이다.

요리토모는 이 의지 앞에서는 그 무엇도 돌아보지 않고 모든 것을 희생으로 삼았다. 카즈사(지)노스케 히로쓰네는 이것 때문에 목숨을 잃고 말았다. 카이 겐지인 이치조 타다요리는 공을 앞세워 방자한 행동을 했기에 목숨을 잃었다. 이처럼 카마쿠라의 절도에 따르지 않는 자는 일문이든 가신이든 용서하지 않았다.

하지만 요리토모는 이처럼 위엄을 내보이면서도 사람의 마음을 사로잡기 위한 일종의 관대함도 가지고 있었다. 원래 하타케야마 지로 시게타다는 요리토모에게 있어서 커다란 적이었는데 일단 항복을 하자 그를 크게 대우하여 이튿날에는 시게타다를 선진으로 삼았다. 또한 거병한 지 얼마 지나지 않았을 때, 시모우사의 코쿠후에서 치바(지)노스케 쓰네타네를 곁에 앉히고,

"지금부터는 치바노스케를 아버지로 모시겠다."라고 말한 사실이나, 이시바시야마 전투에서 이이다 고로 이에요시가 헤이케의 가신인 이토 무샤의 목을 가지고 오자,

"이에요시는 일본에 비할 자가 없는 용사다."라고 칭찬했다는 사실에서 볼 수 있는 것처럼 요리토모는 이와 같은 관대함을 내보이면서도 그와 함께 어디까지나 무조건적인 순종을 요구했다. 타키구치 사부로 쓰네토시가 참수형에 처해지려 하자 쓰네토시의 어머니는 자신이 요리토모의 유모였다는 연고에 의지하여 아들의 목숨을 구해보려 했으나 요리토모는 연고의 친소에 따라서 죄를 바꾸는 것을 허락하지 않았다. 요리토모는 참으로 통쾌하고 철두철미한 인물이었다.

그러한 인물은 때로 직언을 반기는 법인데, 요리토모 역시 그러한 인물 가운데 한 명이었다. 요시쓰네가 모습을 감춘 분지 3년(1187) 3월, 요시쓰네의 행방에 대한 물음에 답하기 위해서 카마쿠라로 불려온 나라 코후쿠지(절)의 쇼코 스님은,

"형제간의 우애는 치국의 양책[良策]."이라며 요리토모의 폐부를 찌르는 말을 했다.

또한 분지 5년(1189) 8월, 오슈 정벌 때 생포한 야스히라의 로도 유리 하치로를 끌어내 하타케야마 시게타다로 하여금,

"야스히라는 오우(무쓰와 데와) 2개 쿠니를 다스리고 있으며 17만 기의 동량인데, 한 명의 로도인 카와다 지로에게 목숨을 잃었을 뿐만 아니라 스무날 만에 패주하다니 너무 허무하게 패한 것 아니오."라고 말하게 하자 하치로 역시,

"요시토모 공은 카이도 15개 쿠니를 다스렸으나 헤이지의 난 때 단 하루 만에 패주하였으며, 수만 기의 주인이었으나 오사다 한 사람의 칼에 쓰러지지 않았습니까?"라고 아픈 곳을 찔렀기에

요리토모는 말없이 막을 내리게 했으나, 그를 시게타다에게 맡겨 정중히 대접하게 했다.

그 외에 소가 고로 토키무네도 원수를 갚은 이튿날 요리토모 앞으로 불려나와 복수에 대한 경위를 묻는 질문에,

"카마쿠라도노께서는 적 스케쓰네를 총애하셨을 뿐만 아니라, 할아버지인 스케치카는 노여움을 사 목숨을 잃었습니다. 이러한 일들로 나리께 묵은 원한이 있었습니다. 그랬기에 어젯밤 직접 뵙고 살해하려 했습니다."라고 대담하게 대답했다.

이들 쇼코와 유리 하치로와 고로 토키무네 모두 요리토모의 아픈 곳을 찔렀으나 그럼에도 불구하고 그 자리에서 목을 베라고 명령하지 않았을 뿐만 아니라, 자신이 그들을 쓰고 싶다고까지 생각했을 정도였다.

가만히 살펴보면 인기를 잃은 요리토모에게도 이처럼 동정심과 넓은 도량이 있었으며, 조상의 명복을 비는 효심이 있었고, 은혜에 보답하려는 의리가 있었으니 그는 역시 피와 눈물 모두를 갖춘 사람이었다.

이처럼 동정심이 있고 인간미가 있고 의리를 지킬 줄 알았던 요리토모가 어째서 세상 사람들로부터는 냉혹하고 가혹하고 피도 눈물도 없는 인간이었던 것처럼 여겨지게 되었을까? 그것은 말할 필요도 없이 강철처럼 굳은 의지, 한 번 움직이면 그 무엇도 용서하지 않는 강한 의지의 힘 때문이었으리라. 커다란 반석을 뒤엎는 듯한 커다란 희생조차 마다하지 않는 요리토모의 굳건한 모습이 여기에 있다. 요리토모의 이러한 의지 앞에는 형도 없고, 동생도

미나모토노 노리요리

없고, 붕우도 없고, 친척도 없고, 인연을 맺은 자도 없고, 오랜 벗도 돌아볼 여유가 없었던 것이다. 이렇게 해서 마침내 무사의 통일이 가능했으며, 전국의 무사로 하여금 자신의 절도에 따르게 할 수 있었던 것이다. 그리고 그 성공은 곧 일본 역사의 대전환이었으며, 인순고식[因循姑息]한 문명에 한 줄기 활로를 부여한 것이었다.

돌아보면 요시쓰네에 대해서, 그리고 노리요리에 대해서 조금 더 인정을 베풀었다면 요리토모의 공적은 한층 더 빛을 발했을 것이라 여겨진다. 이지가 과하면 모가 나고, 정이 과하면 휘둘리기 쉬운 사람의 세상이기는 하나, 골육에게까지 인정을 베풀지 않았다는 점 때문에 세상 사람들로부터의 인기를 잃은 것이 아닐까 여겨진다.

하지만 고금의 사람들로부터 미움을 받으면서도 무가정치의 확고한 지반을 다져 역사의 대전환기를 마련한 영웅, 후세에 자신을 알아줄 자가 나타나기를 기다린 것이 바로 요리토모였다.

제14장 요리토모의 일화

(1) 민력의 휴양

분지 원년(1185) 8월 14일, 서쪽으로 원정을 나가 있던 시모코우베의 쇼지163)인 유키히라는 소망이 이루어져 카마쿠라로 돌아오게 되었다. 당초 유키히라는 노리요리의 군에 속해 사이카이로 가서 수차례에 걸친 전투에서 공을 세웠을 뿐만 아니라, 다른 장수들은 원정이 길어지자 진력이 나서 카마쿠라로 돌아왔으나 그만은 끈질기게 남아 있었기에 요리토모도 그 노고에 감탄하여 이번에는 돌아오는 것을 허락한 것이었다.

유키히라는 오랜만에 막부로 들어가 우선 술과 안주를 바친 뒤 요리토모를 대면하고 선물로 큐슈 으뜸이라 불리는 활을 하나 헌상했다. 그 자리에는 무사시(지)노카미 요시노부와 호조 토키마사 등과 같은 자들도 있었다. 그런데 유키히라가 헌상한 이 물건들을 본 요리토모는,

"이거 기껏 보내준 물건이네만 받을 수는 없겠네. 이번에 서쪽으로 원정을 갔던 무사들은 모두 군량이 부족하여 대장군까지 버리고

---

163) 莊司. 장원의 영주로부터 임명받아 장원의 관리 및 모든 잡무를 처리하던 관인.

돌아왔을 정도였네. 그대의 영지와 큐슈는 왕복에만 몇 개월이 걸리는 거리에 있으니 살진 말을 타고 온 것만 해도 이상한 일이거늘, 오늘은 이렇게 술까지 가져오고 선물까지 내어놓다니, 이는 큐슈에서 물품을 받지 않았다면 있을 수 없는 일일 것일세. 거기에 부정한 점이 있었을지도 모르기 때문일세."라며 매우 언짢은 표정을 지었다. 공손히 듣고 난 유키히라가,

"지당하신 말씀이십니다. 저도 큐슈에 머물 때는 역시 군량이 부족하여 로도들을 먹이기 위해 갑옷 등속을 전부 팔아야 했습니다. 또한 바다를 건너 분고노쿠니164)로 들어갈 때 저희는 미카와(지)노카미(노리요리) 나리의 배에 탔는데 저는 충성심을 품고 있었기에 딱 한 벌 남겨두었던 갑옷까지도 매각해 그것으로 작은 배 한 척을 구하여 갑옷도 입지 않은 채 가장 먼저 배를 저어 가서 미키사부로(美気 三郎)를 물리쳤습니다. 그 외의 몇 번에 걸친 공명은 대장군께서도 인정하신 바입니다. 그런 이후 오늘 부름을 받고 이곳으로 들어오게 되었으나 무엇 하나 바칠 물건을 가지고 있지 않았습니다. 참으로 애석하게 생각하고 있던 차에 예전부터 큐슈의 이름 높은 화살이라고 들었던 이 화살을 그 주인이 매각하려 내놓았다는 말을 들었기에 이야말로 맞춤한 물건이라 생각하여 입고 있던 옷 2벌 가운데서 1벌을 벗어 바꾸어가지고 온 것입니다. 그때 미카와(지)노카미 나리의 가신이 작별인사를 하러 왔다가 감탄을 했으니 이러이러한 자들을 불러 확인해보시기 바랍니다.

---

164) 豊後国. 오오이타 현. 호슈(豊州).

다음으로 술과 안주는 시모우사노쿠니에 남겨두었던 로도가, 이번에 제가 돌아온다는 소식을 듣고 군량을 준비하여 마중을 나왔는데 그가 가져온 술과 안주를 먹지 않고 선물로 헌상한 것입니다."라고 말했기에 그 기특한 마음 하나하나에 감탄한 요리토모는 눈물을 글썽이며 기뻐하였다. 그리고,

"유키히라는 천하에 비길 자가 없을 정도의 명사수이니 활을 보는 눈 또한 비길 자가 없을 테지. 이 활은 귀한 보물로 중히 여기겠네. 히로사와 사부로, 시위를 걸어보아라. 나도 시험 삼아 당겨보아야겠으니."라고 명령하여 시위를 걸게 한 뒤 그것을 당겨보고는,

"과연 마음에 드는 활일세."라며 기뻐했기에 처음의 언짢았던 표정이 오히려 흡족한 표정으로 바뀌었다. 그리고 유키히라를 한 쿠니의 슈고로 삼겠다는 말이 곧 나왔을 정도였다고 한다.

요리토모는 아무리 믿는 무사라도 뇌물을 받거나 인민을 괴롭히는 일만은 엄격하게 규제했다. 요리토모의 정치가적 미담으로, 그가 슈고와 지토를 각지에 두어도 좋다는 허락을 받고 난 뒤의 이야기다. 요리토모는 조정에 상주하여,

"지쇼 시절 이후부터 각지의 인민은 병란에 시달리느라 농사조차도 잊고 살았습니다. 특히 칸토의 무사는 전쟁 때문에 가장 분주한 날들을 보냈습니다. 이에 이들 궁민을 안정시키기 위하여 요리토모가 지급받은 지역들, 즉 사가미·무사시·이즈·스루가·카즈사·시모우사·시나노·에치고·분고 등에서는 작년 이전의 미납세를 면해주고 올해부터는 각 지역의 사정에 응해서 세를 거두기로 했습니다.

무릇 이 9개 쿠니뿐만 아니라, 병란에 시달린 것은 모두가 똑같으리라 여겨지니 조정에서도 같은 처분을 내려주셨으면 합니다."라고 민력에 대해서 이야기했다.

요리토모는 야스히라를 정벌할 때도 오우의 인민에게 피해를 줄까 크게 염려되었기에 카마쿠라를 출발해서 돌아올 때까지 장병들을 단속하여 난폭한 행동을 하지 못하게 했으며, 이를 어긴 자는 용서하지 않고 처벌했다. 당시 우사미 헤이지의 하인이 코스이지(高水寺절)의 벽에서 판자 13장을 뜯어낸 일이 있었다. 그러자 그를 잡아다 양손을 잘라버렸다. 잔혹한 듯하지만 그 명령의 엄격함을 지키기 위해서는 한 걸음도 물러서지 않았던 것이다.

(2) 요리토모의 효행

'효는 백행의 근본'이라고 요리토모는 생각하고 있었다. 이러한 점에서 요리토모의 일생은 실로 반짝이는 것이었다.

헤이지의 난으로 아버지 요시토모를 잃은 뒤부터는 매일 독경하며 아버지의 명복을 빌었다는 것은 매우 유명한 사실로 이 책에서도 앞서 이야기한 바가 있다.

헤이케 토벌이 순조롭게 진행된 이후 요리토모는 조정으로부터 종2위라는 높은 위를 받았다. 이때 효심 깊은 요리토모는 새로이 절을 세워 그곳에 망부의 영을 모시고 싶었기에 그 사실을 고시라카와 법황에게 여쭈었다. 법황도 요리토모의 훈공을 치하하여 이를 곧 들어주었으며 호간 요시쓰네에게 명령하여 히가시의 옥문 부근에서 요시토모의 목을 찾게 했고, 거기에 카마타 마사이에의 목까지 더하여 요리토모에게 돌려주었다.

그것이 카마쿠라에 도착한 것은 분지 원년(1185) 8월 30일이었다. 요리토모는 카타세가와(片瀨川) 강 부근까지 나가서 이를 맞았다.

유골은 몬가쿠 상인의 제자가 목에 걸어 가지고 왔다. 요리토모는 하얀 옷을 입고 나가서 그것을 받았으며, 9월 3일에 미나미노미도의 경내에 묻었다. 목을 옮기는 도중에는 수많은 사람들이 그 행렬을 따랐으나, 사원 안에는 무사시(지)노카미 미나모토노 요시노부·모리 칸자 요리타카·사가미(지)노카미 코레요시 3사람만 들였을 뿐,

그 외의 사람들은 들이지 않았다.

  요시노부는 헤이지의 난 때 요시토모를 따랐던 사람이며, 요리타카의 아버지인 무쓰(지)노칸자 요시타카는 요시토모를 대신해서 목숨을 잃은 사람이었고, 코레요시는 요시노부의 큰아들이었다. 모두 겐지 혈통을 물려받은 자들로 깊은 인연이 있었기에 참배를 허락받아 영전에 머리를 조아린 것이었다.

  몬가쿠 상인이 요시토모의 백골을 가지고 이즈로 가서 유배 중이던 요리토모에게 거병을 권했다고 『겐페이 성쇠기』에는 기록되어 있으나 사실에 부합하는지는 모르겠다. 그러한 내용이 다른 책에는 기록되어 있지 않다. 아마도 카마쿠라에 묻었을 때의 이야기와 혼동한 것이 아닐까 여겨진다.

(3) 화미함을 경계한 요리토모

겐랴쿠 원년(1184) 11월 21일, 요리토모는 용무가 있어서 치쿠고(지)노카미인 후지와라노 토시카네(藤原 俊兼)를 불렀다. 원래 화려한 것을 좋아하던 토시카네는 그날 한층 더 화려하게 차려입어서 옷을 10겹이나 겹쳐 입었으며, 소매 끝과 목깃으로 여러 가지 아름다운 색이 내보였다.

그렇게 차려입은 그를 보자마자 요리토모는,

"토시카네, 그대의 칼을 여기에 내놓게."라고 말했다. 그 말에 따라 토시카네가 칼을 내놓자 요리토모는 그것을 받아 칼집에서 뽑아들더니 토시카네 옆으로 성큼성큼 다가가서 무슨 생각을 한 것인지 그의 옷자락을 슥 베고,

"토시카네, 그대는 지혜와 학문을 갖춘 자이면서 어찌 검약을 하지 않는 겐가? 쓰네타네나 사네히라 같은 자들은 세상일에 어두운 무사들로 영지도 애초부터 그대에게는 미치지 못하네. 그러나 의복은 간소한 것을 입으며, 들리는 말에 의하면 저축도 하고 있고 로도도 네다섯 명 기르고 있어서 만약의 사태가 벌어지면 충성을 다하려 마음먹고 있다고 한다네. 그런데 그대에게는 검약을 해야겠다는 마음이 전혀 없는 듯하군. 괘씸한 일일세."라며 화를 냈다. 토시카네는,

"네."라고만 대답한 채 머리 숙여 황공해 할 뿐이었다. 그러자 요리토모가,

"토시카네, 앞으로는 사치하지 않겠다고 말할 수 있겠는가?"라고 물었다.

"그렇게 하겠습니다. 앞으로는······."이라는 말밖에 더는 나오지 않았다.

헤이시가 유약함으로 흘러 급격히 멸망했다는 사실을 돌아보고 요리토모가 부하의 사치를 경계했으며, 무사정신을 단련하기 위해 힘썼다는 것은 유명한 이야기인데, 이 일화는 요리토모의 그런 정신을 잘 보여주는 일화 가운데 하나다.

(4) 재능을 갖춘 인재

스와 다이후 모리즈미(諏訪 大夫 盛澄)는 야부사메165)에 있어서는 두 번 다시 얻기 어려운 명수였다. 그런데 모리즈미는 헤이케에 속해서 여러 해 쿄토에 머물렀으며 종종 도성의 남쪽에 있는 토바 조난지(城南寺절)의 야부사메 등에 참석했기에 자연스레 칸토로 들어오는 날이 뒤로 미루어지고 있었다. 이 일로 요리토모는 마음이 매우 언짢았다. 그랬기에 칸토에 온 뒤에도 죄인으로 취급했다. 그러나 모리즈미의 목숨을 빼앗으면 야부사메의 명수를 잃게 되기에 섣불리 사죄를 내릴 수는 없었다. 이는 요리토모도 잘 알고 있었다. 이에 그 처치에 대해서 적잖이 고심하고 있었다.

분지 3년(1187) 8월 15일에 쓰루가오카의 방생회가 열렸다. 모리즈미는 갑자기 불려나와 야부사메를 행하라는 명령을 받았다. 모리즈미는 오늘이야말로 솜씨를 내보일 때라며 특별히 청하여 마구간에 있는 말 가운데서도 가장 거친 말을 내어달라고 했다.

모리즈미가 마침내 그 말에 오르려 하자 마구간에서 일하는 자가 가만히 다가와 모리즈미에게,

"이 말은 표적 앞까지 가면 반드시 오른쪽으로 달릴 터이니 그리 아시기 바랍니다."라고 말했다. 아니나 다를까 말은 한 표적 앞까지 가더니 오른쪽으로 비껴서 달렸다. 그러나 모리즈미는

---

165) 流鏑馬. 말을 달리며 우는 살을 쏘아 과녁을 맞히는 무예.

그 방면의 달인이었기에 그러한 일에는 조금도 연연하지 않았다. 곧 그것을 쏘아 맞혔다. 그 다음으로는 작은 술잔 3개를 5치(15㎝)쯤 되는 꼬챙이에 끼워 나란히 늘어놓았는데 모리즈미는 이번에도 그것을 쏘아 맞혔다. 그러자 다음에는 그 꼬챙이 3개를 쏘라고 명령했다.

모리즈미는 마음속으로 스와 다이묘진(諏訪 大明神)을 외운 뒤 화살촉을 돌려 가로로 평평하게 하여 쏘았다. 그것이 날아가 5치쯤 되는 꼬챙이 3개를 전부 맞혀 부러뜨렸다. 지켜보던 자 모두 그 묘기에 감탄을 금치 못했다. 요리토모 역시 그 솜씨에 크게 감탄하여 사죄는커녕 이후부터는 죄인 취급하는 것을 면하게 해주었다.

이 일화로 알 수 있는 것처럼 요리토모는 하나의 길에 통달하여 천하에 유용한 인재는 죄가 있어도 함부로 목숨을 빼앗지는 않았다. 인재를 아끼는 요리토모의 마음은 참으로 각별한 것이었다고 할 수 있으리라.

(5) 무네모리와 요리토모

헤이케의 대장군인 무네모리 부자를 사로잡은 요시쓰네는 분지 원년(1185) 5월 15일에 사카와 역마을에서 그들을 토키마사에게 인도했다. 누가 뭐래도 헤이케의 대장군이었기에 곧 소문이 퍼져 양쪽 길가는 구경꾼들로 가득했다. 무네모리는 가마, 키요무네는 말, 가신들도 전부 말을 타고 있었다.

와카미야(若宮) 대로를 지나서 마키(槇)의 대로에 도착. 사람 하나가 한발 앞서 막부로 달려가,

"지금 막 도착했습니다."라고 보고하자,

"바로 데리고 들어오도록 하라."라는 명령이 떨어졌다. 이에 바로 숙소로 안내했다.

밤이 되어 오오에 히로모토가 요리토모의 명령에 따라 숙소로 가서 음식을 권했으나 무네모리는 젓가락을 들 기력조차 없는지 그저 울기만 할 뿐이었다.

한편 막부에서는 이 무네모리를 어떻게 해야 할지 평의를 열었는데 결국에는 참수를 하기로 결정했다.

그런데 예전에 시게히라를 대면한 예도 있으니 무네모리와도 대면을 하는 것이 어떨까 싶어 요리토모는 그러한 뜻을 오오에 히로모토에게 밝혔다. 그러자 히로모토는 역시 지혜로운 사람답게,

"이번 사안은 예전과 사정이 다릅니다. 주군께서는 국내의 내란을 평정하시어 이미 2위에 오르셨습니다. 그러나 무네모리는 조정

끌려온 무네모리

의 적으로 무위무관의 죄인입니다. 이번에 그를 대면하신다면 오히려 경솔했다는 비난을 받으시게 될 것입니다."라고 간언했다. 이에 결국은 발을 드리우고 그 안에서 바라보기로 했다.

무네모리가 하얀 옷에 관을 쓰고 서쪽 대기소의 문가로 끌려나와 참으로 얌전하게 앉아 있자니 막부의 인사들이 저마다 몰려들어 그를 바라보았다.

요리토모가 히키 요시카즈에게 명하여, 무네모리에게 말을 전하게 했다.

"원래 그대 일족에 대해서 나는 이렇다 할 원한도 품고 있지 않았으나 칙명에 의해 추토사가 되었기에 뜻과는 달리 이와 같은 변방으로 모시게 된 점 참으로 딱하게 생각하오만, 무사인 나로서는 가장 커다란 공로인 듯하오."

요시카즈가 무네모리 앞에 웅크리고 앉아 정중하게 이 말을 전하자 무네모리는 앉았던 자리에서 내려와 아첨을 하는 것이 아닐까 싶을 정도의 정중함으로 무엇인가 대답했으나 목소리가 너무 작아서 무슨 말을 하는 것인지 하나도 들리지 않았다. 단지,

"……목숨을 구해주신다면 출가하도록 하겠습니다."라는 말이 들려왔다.

그 애처롭고 철없고 겁이 많은 모습은, 이것이 정말 헤이쇼군(平将軍)으로 이름 높았던 사다모리의 4대손으로 무가를 이어받은 자, 다이조다이진 키요모리를 아버지로 두고 나이다이진 시게모리를 형으로 둔 자, 최고의 관록을 누리던 자일까 의심이 들 정도였다.

이 일화로 승리한 자의 기백과 패한 자의 무기력함을 잘 알 수 있으리라 여겨진다.

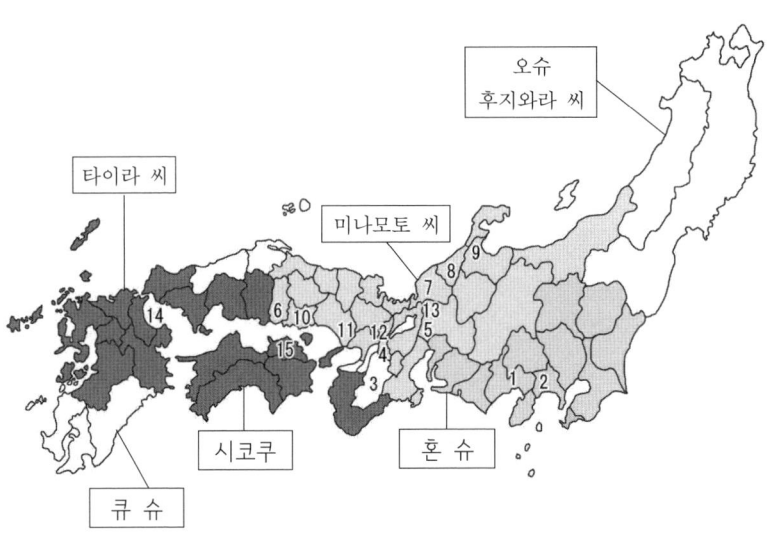

1183년 무렵의 세력도

주요 전투

1. 후지가와(1180)
2. 이시바이야마(1180)
3. 나라(1180)
4. 우지(1180·1184)
5. 스모마타(1181)
6. 미즈시마(1183)
7. 히우치(1183)
8. 시노하라(1183)
9. 쿠리카라(1183)
10. 코지마(1184)
11. 이치노타니(1184)
12. 쿄토(1184)
13. 아와즈(1184)
14. 단노우라(1185)
15. 야시마(1185)

카마쿠라 막부의 조직
(설치 연도)

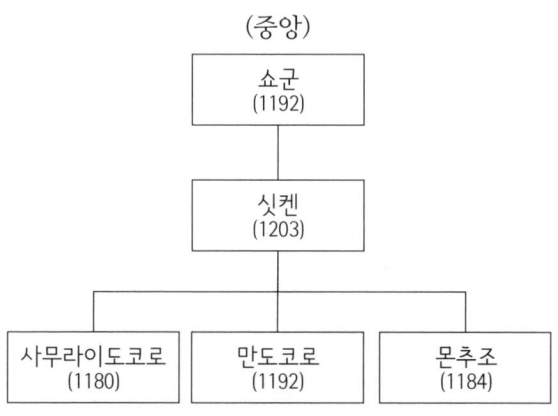

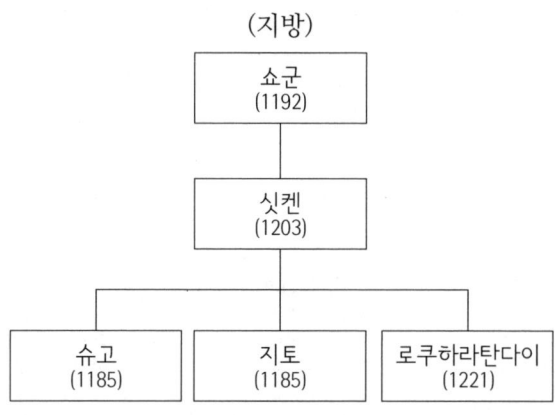

◎ 옮긴이의 말

대부분의 우리나라 사람들에게 아직은 낯선 일본의 역사 가운데 그나마 많은 사람들이 관심을 가지고 있으며, 또 그렇기에 비교적 여러 가지 정보를 접할 수 있는 시기는 전국시대[戰國時代]일 것이다.

그런데 그 전국시대에서 300여 년쯤 거슬러 올라가면 전국시대와 많은 부분에서 비슷한 양상을 내보이는 시기가 하나 나타난다. 바로 겐페이 전쟁(源平合戰)으로 대표되는, 헤이안 시대 말기에서 카마쿠라 막부 초기까지에 걸친 기간이다. 이 기간 남긴 사상 및 사건들이 일본인들의 정신 저변에 남아 아직까지도 그 근간을 이루고 있다는 느낌을 강하게 받는다.

이처럼 일본사에서는 상당히 중요한 자리를 차지하는 기간이기는 하나 당시의 사실을 정확히 기록한 역사서는 매우 드물며 심지어는 정사로 인정받는 역사서조차 없을 정도다. 따라서 당시의 역사에는 전설적인 요소가 상당히 가미되어 있다. 역사만을 놓고 보자면 상당히 아쉬운 부분이지만, 서사성을 놓고 생각하자면 읽는 이의 상상력을 자극하는 흥미로운 사건들로 가득한 기간이기도 하다.

그 기간 동안의 주역이라 할 수 있는 미나모토노 요리토모의 일생을 다룬 이번 책에서는 주로 일본의 역사에 익숙하지 않은 독자들을 위해서 당시 역사의 커다란 줄기만을 더듬어 나갔다. 당시의 역사를 조금이라도 알고 있는 독자에게는 내용이 매우 부족하게 느껴질지도 모르겠으나, 그러한 분들을 위해서는 조만간 『아즈마카가미』를 쉽게 풀어쓴 내용의 책을 제공하도록 하겠다. 우선은 이 책을 통해서 당시 상황을 전체적으로 파악해두시기 바란다.

약 700년 동안 일본을 지배했던 칼의 역사
사무라이 이야기(상, 하)
―문고간행회 편집부 엮음 각 권 15,000원

일본 최초의 무가정권을 수립한 기념비적 인물
(전기) 다이라노 기요묘리
―가사마쓰 아키오 지음 16,800원

전국시대 최고의 무장으로 꼽히는 다케다 신겐의 일대기
(소설) 다케다 신겐
―와시오 우코 지음 13,400원

치열했던 가와나카지마 전투, 그 중심에 섰던 우에스기 겐신의 인간상
(소설) 우에스기 겐신
―요시카와 에이지 지음 13,400원

오다 노부나가 전기의 최고봉
신장공기(오다 노부나가)
―오타 규이치 지음 18,000원

일본 역사상 최대의 미스터리인 혼노지의 변을 소재로 한 소설
(소설) 아케치 미쓰히데
―와시오 우코 지음 13,000원

오다 노부나가와 도쿠가와 이에야스의 어린 시절을 그린 소설
젊은 날의 도쿠가와 이에야스
―와시오 우코 지음 12,000원

혼돈의 전국시대를 평정한 진정한 영웅
(전기) 도쿠가와 이에야스
―나카무라 도키조 지음 14,000원

당대 최고의 지적 유희가 낳은 기서, 미시마 유키오가 극찬한 작품
가축인 야푸
—누마 쇼조 18,000원

일본을 대표하는 두 거장(소설+만화)의 만남
(삽화와 함께 읽는) 도련 님
—나쓰메 소세키 지음 / 곤도 고이치로 그림 11,200원

한 편의 시처럼 펼쳐놓은 '비인정'의 세계
풀 베 개
—나쓰메 소세키 지음 11,800원

인간의 심리를 날카롭게 파헤친 성장소설
갱 부
—나쓰메 소세키 지음 12,600원

일본의 국민작가 나쓰메 소세키의 주옥같은 단편
(개정증보판) 나쓰메 소세키 단편소설 전집
—나쓰메 소세키 지음 15,000원

인간 나쓰메 소세키의 정신세계를 엿볼 수 있는 한 권의 책
나쓰메 소세키 수상집
—나쓰메 소세키 지음 13,000원

현존 최고의 탐정, 셜록 홈즈를 낳은 작가
아서 코난 도일 자서전
—아서 코난 도일 지음 14,000원

독재는 어떻게 태어나는가? 파시즘의 창시자
(개정증보판) 무솔리니 나의 자서전
—베니토 무솔리니 지음 17,000원

옮긴이 **박현석**

  나쓰메 소세키, 다자이 오사무, 와시오 우코, 나카니시 이노스케, 후세 다쓰지, 야마모토 슈고로, 에도가와 란포, 쓰보이 사카에 등의 대표작과 문제작을 꾸준히 번역해 소개하고 있다. 국내 최초로 번역한 작품도 상당수 있으며 앞으로도 국내에 잘 알려지지 않은 작가·작품을 소개하여 획일화된 출판시장에 다양성을 부여할 계획이다.
  또한 일본 역사에 관한 책도 '인물과 사건으로 읽는 일본, 칼의 역사' 시리즈로 구성하여 우리에게 아직은 낯선 일본의 역사도 함께 소개할 예정이다. 이 시리즈를 통해서 일본인들의 저변에 흐르는 사상을 조금이나마 엿볼 수 있으리라 여겨진다. 시리즈로는 지금까지『사무라이 이야기』(상·하),『다이라노 기요모리』,『신장공기』,『도쿠가와 이에야스』 등을 출간했다.

미나모토노 요리토모

1판 1쇄 인쇄 2025년 11월 5일
1판 1쇄 발행 2025년 11월 15일

지은이 하야시 이사무
옮긴이 박현석
펴낸이 박현석
펴낸곳 玄 人(현인)

등 록 제 2010-12호
주 소 서울시 도봉구 덕릉로 62길 13, 103-608호
전 화 010-2012-3751
팩 스 0505-977-3750
이메일 gensang@naver.com

ISBN 979-11-90156-58-5

* 잘못 만들어진 책은 교환해 드립니다.
* 이 책 내용의 일부 또는 전부를 재사용하시려면
  반드시 玄人의 동의를 얻어야 합니다.